浙江省部校共建新闻学科项目

史量才研究

何扬鸣　主编

图书在版编目(CIP)数据

史量才研究 / 何扬鸣主编. —杭州:浙江大学出版社,2019.5
ISBN 978-7-308-19001-5

Ⅰ.①史… Ⅱ.①何… Ⅲ.①史量才(1878—1934)—人物研究—文集 Ⅳ.①K825.42-53

中国版本图书馆 CIP 数据核字(2019)第 039557 号

史量才研究
何扬鸣 主编

责任编辑 傅百荣
责任校对 杨利军 张振华
封面设计 周 灵
出版发行 浙江大学出版社
(杭州市天目山路 148 号 邮政编码 310007)
(网址:http://www.zjupress.com)
排　　版 浙江时代出版服务有限公司
印　　刷 虎彩印艺股份有限公司
开　　本 710mm×1000mm 1/16
印　　张 15.25
字　　数 282 千
版 印 次 2019 年 5 月第 1 版 2019 年 5 月第 1 次印刷
书　　号 ISBN 978-7-308-19001-5
定　　价 58.00 元

浙江大学出版社市场运营中心联系方式 (0571)88925591;http://zjdxcbs.tmall.com

目　　录

史量才研究

《申报》研究

其他研究

浅谈史氏家风在史量才先生身上的体现

史顺仁

一、溧阳史氏及其家风的概述

《说文解字》中对“史”字是这样介绍的:(史)记事者也。从又持中。中,正也。

溧阳史氏以官为姓,据有关历史资料记载,得姓始祖是三千多年前西周著名的政治家、周文王长孙周太史史佚之后。史佚是见于历史最早的史姓人物。他为人刚直、严正,与周公、太公、召公并称为四圣。流传了三千余年,被历代统治阶层作为施政信条的“天子无戏言。言则史书之,礼成之,乐歌之”这一著名论述,就是史佚最早提出来的。他终生在周朝任太史,子孙以官名为氏。春秋战国时期,曾有好几位史氏担任列国史官,史氏广泛分布于全国各地。记载历史,必须公正客观,不偏不倚,秉笔直书。从史佚开始养成的这一职业特征,一直得到了延续。

西汉时史佚后裔鲁国人史恭,因辅助汉宣帝有功,被封杜陵侯徙居杜陵(今陕西西安市长安区西北)。传四代至史崇。

史崇,字伯勤,生于公元四年农历七月十五日。他文韬武略,破王浔,平赤眉,降刘盆子,助光武帝刘秀中兴汉室建立功勋,封右将军,青、冀二州刺史加骠骑将军,后又被加封溧阳万户侯,举家迁至溧阳,是溧阳史氏的一世祖。他的后人便在溧阳繁衍生息了2000年,并不断向全国各地及海外扩散。溧阳成了史氏最大的散发中心。

史氏“刚直不阿,忠勇为国,谨身勤业,诗礼传家”的优良家风,正是史姓先贤们在两千年中,秉承儒家“修身,齐家,治国,平天下”的思想延伸积淀而成,并得到很好的传承、发扬。史姓人口在全国各姓氏排行中在第80位左右，但名人排行榜却在第7位。古代历史上，史姓人中得到封爵的有36位，担任宰执的有40位，三品以上高官有368位。据历史资料统计，自唐代开科取士以来，史氏先后考中状元的6位，进士有569位。这与史氏的优良家风是分不开的。

二、史量才先生及杨板桥村史氏溯源

史量才先生原名史家修，于1880年1月2日出生在江苏省江宁县杨板桥村（现属江苏省南京市江宁区），祖上原居江苏溧阳。杨板桥村当初只有史量才先生一家姓史。现在的14户史姓，也是从原来的一家繁衍而来，人数已有50多人。由于至今没能发现留下的族谱和其他相关资料，史量才祖上迁徙的确切时间尚不能确定。也由于始迁祖名号失考，《溧阳史氏宗谱》上也很难查清，所以至今对此尚不能确定清楚，溧阳史氏历史文化研究会还在继续考证。现有所知道的情况，是由史量才侄儿媳及其他后人，根据前辈口传所提供。史量才生前也知道自己的祖籍是溧阳。1934年，溧阳遭遇大旱，他曾与溧阳籍的狄平子先生联名募捐了一大批财物赈灾。溧阳城区宝塔湾原立有一“溧阳县旱灾赈济纪念塔”，塔文上记载着此事：“旅沪闻人狄平子、史量才二善士，情关桑梓，输款尤多。”

从时间上推算，有一点基本可以确定，史量才祖上的迁徙，与太平天国运动这一历史事件有关。1851年，洪秀全发动金田起义，攻占南京后建立太平天国，1864年，南京被清军攻陷。骄横的太平军及兵败后的游兵散勇（俗称“长毛”），多年在江浙一带杀人放火无恶不作，使得包括史姓在内的江浙百姓生灵涂炭。也有许多人为逃避战乱，扶老携幼，躲往外乡。溧阳是太平天国运动的重灾区之一。翻开《溧阳史氏宗谱》，上面清楚记载着，在太平天国运动的咸丰年间，许多人或灭门于战乱之中，或逃往他乡，造成十室九空的凄凉景象。杨板桥村的史姓，正是那个时期从溧阳迁徙过去的。囿于当时的交通与通信不便，外迁者与祖籍的联系就难以为继了。

但是，家风是汉族传统社会的典范教材，通过一代代家庭长辈的言传身教，深入每个中国人的血脉中，派生出来的氏族优良传统，会影响整个氏族的各个家庭。因此，不管迁徙到任何地方，是万里边关，还是广袤中原，是繁华都市，还是偏僻小村，人们都会把家风带到那里并传承下去，后人也就会从中受到启迪。迁徙到杨板桥村的史氏一家，也遵循着这一规律。

史量才少年丧母，父亲史春帆不甘困守在小乡村受贫，常年在外经商。史量才童年时期与其他家人生活在杨板桥村家中。近朱者赤，近墨者黑。浓郁的史氏家风氛围，使他从小耳濡目染受到熏陶，为他的人生走向打下了一定的基础。

三、史量才刚直不阿的人格

我们从许多专家学者的著作中可以得知，史量才身上史氏刚直不阿的高尚人格，随处可见。他著名的“人有人格，报有报格，国有国格。三格不存，人将非人，报将非报，国将非国”的论述就是最好的证明。他所处的旧中国，动荡不安，内战不休，民不聊生，黑白不分，曲直难辨。史量才立身处世始终刚直不阿。仅从他主办《申报》的过程就彰显出这一高尚人格。《申报》顺应民意，大量刊载抨击反动统治阶层的丑恶行径、揭露社会黑暗的檄文，像投枪、匕首一样刺中了统治阶级的神经，引起了他们的恐慌。反动当局使用一切手段压制封堵，威胁利诱，史量才不为所动，毫不退缩。他痛斥反动当局的收买，坚决抵制当局为控制《申报》欲派指导员办报，严正拒绝撤换自由栏目主编。面对当局最高统治者蒋介石亲自对他的施压，史量才不顾自己的安危，针锋相对给予回击：“你有百万军队，我有百万读者。”“你有枪，我有报。”

刚直不阿，是史氏先贤长期践行并教导后人的家风之一。中国历史上从古到今，史姓就涌现出了许多刚直不阿的范例：秉笔直书成语古典，就是称赞史氏的刚直不阿。春秋战国时期，齐庄公六年，崔杼杀了庄公，自封为相国，飞扬跋扈，专断朝政。但他对弑君之罪十分恐惧，担心被载入史册，留下千古骂名，便用威胁利诱的手段，令史官在史书上把齐庄公写成病死。太史伯、仲、叔兄弟三人，不为所动，前赴后继，秉笔直书，都因为不肯违背事实而被崔杼杀害。太史季补缺后，仍然据实记载，才使这一历史事件在史书上被真实地记录了下来。还有卫灵公时的史鱼，被孔子赞为“直哉子鱼！邦有道，如矢；邦无道，如矢”。唐代武则天篡位后的左纳言溧阳史氏二十一世史务滋，不愿与奸臣周兴、来俊臣同流合污陷害忠良，不惜以死明志。大书法家颜真卿为之感叹：“呜呼！人方罗织，我独平反。……俊臣惨刻吏，枘凿不相入。当年公已矣，民到于今称遗直。”南宋宰相溧阳史氏三十五世史浩，冒着极大风险，挑战赵宋王朝权威，力排众议，多次上书，为抗金英雄岳飞平反昭雪，成为流芳百世的美谈。新中国第一任司法部长、曾任全国人大常委会副委员长、“七君子”之一的溧阳史氏五十九世史良，新中国成立前始终站在反帝反封建的前沿，开展救亡运动，被反动当局迫害，两次入狱关押，仍不屈不挠。……史量才刚直不阿的人格，正是史氏这一家风在他身上的具体体现。

史量才刚直不阿的人格影响着他办的《申报》，决定了《申报》鲜明的报格，使《申报》成了不畏强权、贴近民心、针砭时弊的大众喉舌，深得广大读者的喜爱,也引起了反动势力的仇视。史量才成了反动势力的眼中钉、肉中刺。经过周密部署,于 1934 年 11 月 13 日,他们组织特务残忍地将史量才暗杀,制造了震惊全国的惨案。章太炎先生在为史量才写的墓志铭中赞道:“史氏之直,肇自子鱼。子承其流,奋笔不纡。”“唯夫白刃交胸,而神气自如。”这是对史量才一生的真实总结和正确评价。

四、史量才忠勇为国的胸怀

历史上的史氏,忠勇为国者屡见不鲜。溧阳史氏一世祖史崇,为东汉王朝的建立,跃马征战,出生入死。明代中后期,溧阳遭灾荒,四十四世史际广散家财赈灾。倭寇入侵至江浙,史际招募贤士,组织义军,自己出钱购买武器,并不顾年事已高,身先士卒,在溧阳、苏州、平湖附近,多次大败倭寇,杀得倭寇再也不敢轻易进犯当地。四十九世史可法,为抵御清兵,死守扬州,以身殉职,气壮山河。被孙中山先生赞为“共和革命第二烈士”的史坚如,为推翻腐败的清政府的黑暗统治,救国救民,不惜为国捐躯。抗日烈士溧阳史氏五十八世史蔚馥将军,战场上负伤落入日寇魔掌后,面对敌人的劝降破口大骂,痛斥日军的侵华罪行,被侵略者用刺刀活活捅死,为国捐躯,血洒疆场,壮烈牺牲……

作为史氏先贤的后代,史量才先生也具有忠勇为国的家国情怀。辛亥革命后,他曾担任上海海关清理处处长、松江盐政局局长。他清楚地看到,改朝换代时期,只有唤起民众觉醒,改变那种万马齐喑的局面,才能拯救中国。因而他放弃高官厚禄,投身报业救国、舆论救国的道路。《申报》收购成功后,作为报业家,他在外国列强欺侮,国内阶级矛盾激化,内忧外患,动荡不安,国将不国的旧中国,把救国救民作为己任,不但把《申报》办成唤起民众觉醒的舆论工具,吹响反帝反封建的号角,成为举世瞩目的一面旗帜,而且只要是利国惠民的事都积极参与。每当有地方受灾,他都慷慨解囊,先后为溧阳、海宁、苏北等地捐款捐物赈灾。他在担任江苏铁路公司路董时,积极发动并投身保路运动。“九一八”事变后,他抨击蒋介石“攘外必先安内”的政策,主张团结抗日。“一・二八”淞沪抗战爆发后他任地方维持会会长,领导、发动上海及全国民众、海内外华人华侨,积极支持十九路军抗日。他同时在《申报》上发表宋庆龄、鲁迅、巴金、老舍等进步人士的文章,反对独裁政治。……这些数不胜数的事例,都体现出他那颗忠勇为国的赤诚之心!

五、史量才谨身勤业的德操

谨身勤业,是史氏家风之一,亦是史氏先贤对后人的忠告。从古到今,谨身勤业在整个史氏家族中蔚然成风。仅在新修建的史侯祠“清廉堂”中，就陈列介绍了古代30多位史氏官员的简要事迹。他们遵循祖训，勤政清廉，严于律己，体察下情，以民为本，在历史上留下了许多美谈，得到了后人的称颂。受到家风熏陶的史量才，继承了史氏的优良传统，不管是担任公职，还是做实业，搞教育，办《申报》，都是勇于担当，殚精竭虑。

随着声望的迅速提高，史量才积累了很大一笔财富。他捐款赈灾，慷慨解囊，做公益事业，毫不吝啬，可自己日常却布衣长衫。特别是袁世凯窃取大总统一职后，深知舆论的厉害，以威逼与利诱并举，使报章为其恢复帝制宣传鼓吹。虑及东南巨埠上海的报章举足轻重，他便调拨专款15万大洋，派御用文人、《亚细亚报》总经理薛大可南下行贿报界。《申报》是其收买的首选对象，因该报是沪上资深大报，发行量达万余份，覆盖面广，影响力大，总经理史量才更是报界的名人。薛大可一到上海，即开始暗中活动。他请人带口信给史量才，大意谓：只要《申报》不发表反对帝制的议论，支持袁世凯做皇帝，可得到巨额津贴。尽管当时史量才正遭受一场冤屈官司，被罚大宗赔款，经济上陷于困顿境地，正缺钱用，但他不为所动，转告薛大可：报章职责高于天，但以良心立论，不受津贴。不仅于此，他还起草了“申报馆经理部主笔房同人启”的《本馆启事》，向社会大众公开了行贿者的阴谋，以及其拒绝贿买的心志，让行贿者碰了一鼻子灰。史量才公开拒贿，成为上海当时的美谈。史量才用自己的德操，为世人树立了立身处世的榜样。

史量才先生对于自己所从事的事业，勤勤恳恳。仅用《申报》的发展过程就可以说明：原来的《申报》经营不善，发行量仅7000多份，连年亏蚀，而他接手后，《申报》逐步实行现代化、企业化管理。史量才以超前的眼光，开拓广告业务，从而大大增加了报纸收入和社会影响。他以卓越非凡的经商头脑分析市场行情，适时囤积廉价纸张，以降低成本。经济效益、社会效益都取得了巨大的成功。

六、史量才诗礼传家的情怀

有两千多年历史的溧阳史侯祠内，穿过头门有一座“联登桥”，寓意希望后人能读书明理，能联袂登榜取得功名。史氏的家族历史上，因读书求知，取得功名，治国安邦者层出不穷。因为处于浓郁的诗礼传家的家风氛围中，著名的南宋史氏“一门三宰相，四世两封王”，以团队形式进入统治阶层的事例是其一。清代因尊知重教，溧阳史贻直祖孙父子，四代得中进士，空前绝后。

在封建社会，史氏不但在士大夫阶层提倡读书明理，重视诗礼传家，就是在处于社会底层的普通耕读之家，其诗礼传家的情怀也同样得到很好的传承。旧社会徐州丰县一户史姓普通农户，门上曾贴过这样一副楹联："几亩薄田少打食粮多纳税，数间旧屋不放农具也藏书。"

史氏诗礼传家的优良家风，在史量才先生身上也得到了充分的体现。他拥有聪慧的天智，又得到家风的熏陶，自小学习勤奋刻苦，进而成为知识渊博的学者。他 1899 年就在县试中考中了"秀才"。后为寻求兴国强邦之本领，他研修日文，学习理化，1901 年考入杭州蚕学馆，学习实用学科。同时，他更重视文化教育，曾受聘在上海工兵学堂、南洋中学和务本女学等学校教书育人。戊戌变法失败后，他更认识到加强教育，提高国人的文化知识进而促使世人觉醒的重要性，萌发了出资办学兴国的想法。1904 年，他节衣缩食，克服重重困难，办起了"上海女子蚕桑学校"。在经营《申报》获得巨大成功后，他又先后办起了"申报业余补习学校""申报妇女补习学校""申报新闻函授学校"等。

史量才先生是挺起民族脊梁的报业英雄。史量才先生也是继承史氏优良家风的楷模。今天，我们学习他，缅怀他，就是要像他那样做人做事。这在实现中华民族伟大复兴的新时代，有着十分重要的意义。

（作者：溧阳史氏历史文化研究会副会长）

参考文献

[1] 庞荣棣：《现代报业巨子史量才》，上海：上海教育出版社，1999 年。
[2] 史美珩：《中华姓氏谱·史姓卷》，北京：华艺出版社，2002 年。
[3] 史全生：《史贻直评传》，南京：南京大学出版社，2012 年。
[4] 溧阳史氏历史文化研究会：《溧阳史氏大同谱》，北京：中国文史出版社，2013 年。

史量才和宋庆龄的交往

秦绍德

一个人政治立场的转变，离不开大环境的影响和个人的偶然因素。我在纪念史量才遇害80周年的海宁研讨会上谈到了“九一八”以后史量才政治上“左”转的深刻社会背景，还谈到了影响他转变的3个人，就是黄炎培、陶行知、戈公振。那是我硕士论文的观点，提出于34年前。因史料发掘不够，探讨还不够深。今天要补充的，对史量才影响可能不亚于前3人的，就是宋庆龄。1931年以后，史量才和宋庆龄的交往日益增多，主要有以下几件事。

一、《申报》发表宋庆龄宣言

1931年12月20日，《申报》引人注目地在新闻版全文发表“宋庆龄之宣言”。宣言指出：“中国国民党早丧失其革命集团之地位，至今日已成为不可掩蔽之事实。亡国民党者，非其党外之敌人，而为其党内之领袖。”宣言接着批判说：“自十六年宁汉分立，因蒋介石个人之独裁与军阀官僚之争长，党与民众，日益背道而驰。藉反共之名，行反动之实，阴很(狠)险毒，贪污欺骗，无所不用其极，在中央则各据要津，营私固位，在地方则鱼肉乡里，作威作福。”宣言痛斥宁(蒋)粤(汪)双方两者皆依赖军阀，谄媚帝国主义，背叛民众，同为革命之罪人。所谓和平会议，不过是“和平分赃，统一作恶而已”。宣言最后说：“余深信惟真正以民众为基础，为民众而奋斗之革命势力，可以消灭军阀官僚，铲除帝国主义，实现社会主义。”

这是一个极其重要的宣言，标志着宋庆龄对孙中山先生创立的国民党1927年以后性质蜕变的认识，表明她和被蒋介石篡权的国民党作彻底的决裂。宋庆龄之所以有如此深刻的觉悟，是因为她在四五年间看清了蒋介石、汪精卫之流的所作所为，经过深入研读孙中山遗著和思考，才得出了这样的结论。而蒋介石悍然杀害国民党左派邓演达，又激起了宋庆龄的极大愤慨。这成为宋庆龄发表宣言的导火索。

由于宋庆龄在人们心目中的特殊地位，宣言的发表在社会上引起了极大的反响，给正在日益高涨的抗日民主浪潮添了一把火，使蒋介石国民党处于极其被动尴尬的境地。

宋庆龄为什么选择《申报》发表自己这么重要的宣言？此前，宋庆龄的公告、消息，一般都在上海的国民党党报《民国日报》上发表。而这一次，她选择了《申报》。《申报》当时是全国发行量最大的日报，大约为 15 万份。在《申报》上发表影响大，当然是不错的选择。但《申报》在政治上一向很保守，这时能登吗？现有史料表明，1929 年 6 月，宋庆龄为孙中山灵柩奉安回国以后，在上海曾多次和史量才接触。她之后又出国。1931 年 7 月，她为奔母丧又回到上海，居住较久。其间她与史量才晤谈较密。这时正值"九一八"事变爆发，国难深重。对于宋庆龄的政治倾向和态度，史量才很了解，并有自己的看法。史量才对宋庆龄的高尚品格和光明磊落的政治态度极为钦佩，他曾对身边的人说，孙夫人和我都在斗争中认识了国民党反动派的本质，但她的斗争历史长，经验丰富，站得高，看得远，认识深刻，见解透彻，政治主张明确、坚定，我完全拥护。史量才和《申报》的这些变化，显然宋庆龄也看到了。所以她选择《申报》发表宣言还是有可能的。

发表宋庆龄的宣言对于《申报》显然是有风险的。国民党蒋介石当政以后，对新闻界采取威逼和利诱两种手段，控制新闻报道和舆论。《申报》几经周折后主要骨干产生妥协情绪。史量才对此不太满意，遂于 1931 年组织总管理处，以陶行知为顾问，主持全馆事务。鉴于对宋庆龄人品和政治主张的认同，史量才决定冒风险刊登宋庆龄宣言。此前，他在上海日报公会的会议上慷慨陈词："宋庆龄是国父孙中山先生的夫人，她的宣言为什么不能发表？"史量才的这一态度，使得《申报》成为宋庆龄的一个政治讲坛。

二、淞沪抗战中的合作

1932 年 1 月 28 日，日本军队悍然进攻驻沪中国军队，十九路军奋起抵抗，拉开了淞沪抗战的序幕。由于蒋介石政府对日军的进攻采取妥协不抵抗政策，十九路军处于孤立无援的境地，上海市面、人心也比较混乱。1 月 31 日，由银行家、实业家组成，以史量才为理事长的壬申俱乐部发起并组织"上海地方维持会"，参加的有上海当时的各界头面人物，据报载有 94 人，推举史量才为会长。在整个淞沪抗战中，上海地方维持会广泛、积极开展活动，发动各界募集救国捐款，为十九路军筹军饷；控制报道，引导舆论，稳定人心，稳定金融市场；发动各界收容救济难民。上海地方维持会虽然是民间发起的一个临时组织，可是在短时内部办事机构建立得很完善，理事会下设总务、慰劳、救济、经济、交际各组。各项工作井井有条，十分活跃。上海地方维持会天天开会，汇总情况，分析形势，研究对策，俨然是一个战时政府机构。《申报》详细报道淞沪抗战的情况，天天发表言论，自然成为舆论指导机构，而史量才的号召力和组织才能也得到充分显现，他成为上海重要的地方领袖人物。

淞沪抗战爆发的时候，宋庆龄也在上海。她很快以一个战士的姿态，和上海市民一起，投入到支援十九路军抗战的工作中去。她冒着枪林弹雨，多次到真如前线、吴淞前线，慰问将士，发表演讲。她发动市民为前线将士缝制棉衣，5天内就募集到崭新的棉衣裤 3 万多套。宋庆龄还和何香凝等向国内外募集捐款。

在淞沪抗战中，宋庆龄和史量才又有合作。那就是筹办伤兵医院。由于战争突然爆发，政府又无准备，伤员不断增加，民间医院很难应对。宋庆龄决定筹办一所伤兵医院。宋庆龄、杨杏佛和史量才等人一起商议，决定将伤兵医院设在租界和华界交界的交通大学，这样，前线的伤兵可以直接从华界送到医院，而租界的医疗力量以及药品又可方便送到医院。而当时的交通大学校长黎照寰又是孙中山先生的好友，他很快借出交大部分校舍。由于宋庆龄的发起和《申报》的宣传，海内外人士踊跃捐款。在杨杏佛的主持下，一所有 300 张床位的伤兵医院很快被建立起来。这在当时，简直是个奇迹。

在淞沪抗战期间，由于战时活动的安排，宋庆龄和史量才又是主要头面人物，因此经常见面，一起商量支援前线、救济工作等事项。这对于史量才的进步有很大的帮助。

三、支持、配合“中国民权保障同盟”的活动

1932 年 12 月 30 日，宋庆龄、蔡元培、杨杏佛、林语堂等发起的“中国民权保障同盟”在上海正式成立，旨在反对蒋介石国民党压制民主，无视法制，肆意迫害进步人士的行为。成立民权保障同盟，是由国民党逮捕、残害共产国际工作人员牛兰夫妇以及逮捕、审判陈独秀引发的。由于宋庆龄的声望，许多进步人士纷纷加入民权保障同盟，其中有邹韬奋、胡愈之、鲁迅、周建人、茅盾、郁达夫、史沫特莱、王云五、王造时等 30 多人。

史量才也参与其中活动。在中国民权保障同盟筹备期间，宋庆龄、杨杏佛与史量才进行了多次商谈。宋、蔡、杨等人是一定要争取新闻界支持的。因为

同盟所进行的是一种依法和平呼吁，一定要争取舆论的支持，才能形成声势，对政府造成压力。正如蔡元培在成立大会上所说，新闻界与民权保障同盟有共同之使命，应有联合之战线与忠诚之合作。而宋庆龄与同盟的主张，和史量才当时的思想倾向一拍即合。在私下晤谈时，史量才表示，对同盟的目的完全赞同，对争取言论、出版自由绝对拥护。史量才还表示，将指定《申报》记者二人以个人名义参加同盟，约定《申报》的新闻报道和社论，密切配合同盟的行动。后来《申报》也做到了这一点。

史量才虽然没有在同盟列名，却以《申报》记者的身份出席了同盟的成立大会，并在会上作了发言，这是耐人寻味的。史量才虽然是个社会知名人士，但他在公众场合很少讲话。他出席民权保障同盟的成立大会并讲话，实际上向社会表明了他的政治态度。这也恐怕是他对付国民党高压政策的策略。作为一个民族资本家，这是很不容易的。正如事后史量才对旁人说，他接办《申报》后以记者身份为人民大众发言，这是第一次。

在中国民权保障同盟此后半年多的活动过程中，史量才实现了自己的诺言。《申报》几乎无一遗漏地报道了同盟的活动，发表同盟的宣言，并及时发表社评以在舆论上支持。就在 1933 年 2 月，江苏省主席顾祝同枪杀镇江《江声日报》经理刘煜生的消息传出，舆论界震惊了。民权保障同盟组织了抗议和追究凶手责任的行动。宋庆龄、杨杏佛亲自去史量才寓所，和史量才讨论了民权保障同盟的宣言，字斟句酌，反复修改，第三天在《申报》上发表。2 月 3 日，同盟召开记者招待会公布宣言，史量才出席记者招待会并代表上海日报公会发言，谴责此案。2 月 5 日，《申报》发表时评《顾祝同枪决刘煜生案》。时评说，顾氏此次枪决刘煜生“不啻直接蹂躏人权”，“新闻记者之职责，为诉说人民之痛苦，为传达公正之舆论。此种神圣之职责而苟失所保障，即我舆论界一日不能存立”。《申报》的时评一向是这种四平八稳的风格，能谴责就是很大的进步了。

1931—1933 年，对史量才而言，是他一生中很关键的年月。而在这一时期，他又获得了和宋庆龄频繁接触的机会。毫无疑义，宋庆龄的爱国情怀，对国民党蒋介石的透彻认识，以及刚正不阿、清纯如镜的品格，对史量才都有深刻的影响。他们在共同与国民党政府的斗争中，又增进了了解和友谊，使史量才看到了组织起来的人民的力量。这也是史量才此后继续走向进步不停留，不向国民党屈服的原因。

（作者：上海市社会科学联合会主席）

史量才从教育兴国转入报业救国原因浅析

傅德华　姚冰淳　戴金伟

史量才是中国新闻史上的著名报人，加之《申报》在中国报业史上的特殊地位以及史量才在主持《申报》期间的传奇经历，使得对史量才的研究成为近代史研究中的一个重要的命题。从复旦大学傅德华老师所编的《史量才研究论著目录：1934—2015年》[1]中可看出，对于史量才的研究大部分围绕着史量才的生平、史量才与《申报》以及史量才之死，其中尤以史量才与《申报》居多，涉及他的经营策略、报业实践、办报思想、新闻理念等诸多方面。但研究大多关注的是史量才作为报人的身份，探索其自身单一的发展历程，成果也大都是报业史方面的。[2]而针对其接办《申报》之前的活动，如受教育经历、社会活动，尤其在从兴办教育到从事新闻事业的转变等问题上，论著虽有所涉及，但是还缺少细致深入的研究。

回顾史量才的一生，他在早期曾经历过一次巨大的身份转变，即从以教育兴国为理念的教育家转变为以报业救国的报人。1910年，史量才将办了6年的上海女子蚕桑学校盘给昔日的同学郑辟疆，直到1912年接办《申报》为止他未再创办学校，史量才再次重拾教育事业是20年后的事情了。促成这一转变的不仅有其自身所处的小环境，也有当时国际与国内的时代大背景，他的转变始终与中国近代面临救亡图存的大危机分割不开，也与他早期的经历、周围的人事紧密相关。树有根而枝叶茂，水有源而百川流。史量才早期的教育兴国的历史是史量才报业救国的历史树之根、水之源。史量才早期办教育埋下后来史量才报业救国的盛与衰、强与弱、成与败、得与失之基因。个人和时代是交相辉映的，本文将从“小我”和“大我”、个人和时代的角度来浅析史量才从教育兴国转入报业救国的原因，并试图从这一转变中更深入地解读出当时整个时局和风气的变化，并且对于这一原因的研究亦可提供一个更大的视角，以审视动荡时代中知识分子命运的波澜。

一、学术界关于史量才兴办教育活动的研究

学界关于史量才的研究中直接或间接涉及其教育活动的内容对于我们关于这一选题的研究有重要的意义，因此需在展开研究前回顾并整理相关的论文及著作。

关于史量才教育思想的研究论文较少，即使涉及他的教育活动，也往往只是论文中的一节，所提及的也仅是他教育活动中的一部分。如《开发民智初育才：史量才养正小学之创始》一文，主要概述了史量才在接管《申报》之前的教育活动，并简要地从两方面分析了史量才最初创办养正学校的原因：一是史量才科举受挫，二是当时康梁变法的新思潮。[3]《史量才教育活动述评》一文则对史量才一生办教育的经历作了梳理，但是分析深度较浅。文章大多集中在事实的叙述上，仅在最后一部分归纳出四个共性特点，且后两个特点（启迪性、辅助性）似乎没有切中要害。[4]关于史量才在《申报》时期创办一馆三校，大部分研究都集中在申报流通图书馆上，如《史量才和申报流通图书馆》《申报流通图书馆述略》《浅谈史量才与申报流通图书馆》[5]等，但也比较浅显，文章之间重复的部分很多，而关于申报新闻函授学校、申报业余补习学校和申报妇女补习学校的研究几乎没有有分量的代表性文章。

另有两篇关于史量才女权思想和近代女子教育的研究，分别为《史量才先生的女权思想——略述史量才先生对女性的教育、使用和铭德感恩》[6]和《史量才与近代女子教育》[7]，主要罗列了史量才先生在女子教育方面的成就以及具有一定超越性的女权思想。

有关本文的主题，即史量才从早期以教育兴国转入新闻事业的原因的探索，在《对史量才社会角色的定位分析》和《史量才与中国现代报业经营》中都有涉及。《对史量才社会角色的定位分析》一文认为，这一转变有一定认识基础、背景和原因，主要归因于耳濡目染于身边报馆中人、清末报纸的兴盛以及官场和政治的黑暗，但是分析都比较笼统，没有对史料展开具体的分析。[8]《史量才与中国现代报业经营》所得出的结论也大致与前一篇相似，同样存在结论简单、没有展开具体分析的问题。[9]

笔者认为，史量才从教育兴国转入新闻救国的这一转变之所以重要，一是这是史量才人生的一个转折点，不能仅仅关注其在接管《申报》后的活动，将其早期的教育活动与后来的办报事业割裂开来；二是史量才的这一转变也迎合了当时大历史背景中从办教育到办报的时代浪潮，对于这一原因的研究可以提供一个更大的视角来审视一下整个时代的变迁。

二、问题的提出

19 世纪下半叶，以康有为、梁启超为代表的改良派积极推动一场以废科举、兴学校、开民智、育新人为核心的教育救国思潮。梁启超早在 1904 年的《变法通义》中就疾呼："变法之本，在育人才；人才之兴，在开学校；学校之立，在废科举。"后又在《三十自述》中指出"取其所挟持之数百年无用旧学更端驳诘，悉举而摧陷廓清之"。在这场教育救国的思潮中，年轻的史量才顺势而上，积极发挥作用，走上了教育救国的道路。

史量才的教育活动大体与《史量才教育活动述评》一文所总结的一致，分为两个时间段。一是清政府新政时期的教学办学活动：在泗泾创办米业养正小学，从杭州蚕学馆毕业后历任上海育才学堂理化学教员，到兵工学堂、务本女校、南洋中学教席，1904 年创办上海女子蚕桑学堂。二是在《申报》黄金时期创办一馆三校：申报流通图书馆、申报新闻函授学校、申报业余补习学校和申报妇女补习学校。[10] 1899 年史量才赴松江娄县应童子试，中秀才，却因被当地童生控告"冒籍赴考"[11]而被取消了秀才资格，再加之"时当清末，国势阽危，盱瞩世变"[12]，于是史量才放弃了科举进士的道路，选择西学和新式学堂，进入了杭州蚕学馆。次年他即在他的第二故乡泗泾办了一所小学堂——米业私立养正初级小学学堂。根据《泗泾镇志》记载："（史量才）光绪二十七年考入杭州蚕学馆。翌年寒假，与地方父老倡议兴新学，创办米业私立养正初级学堂。"[13] 1903 年秋，史量才从杭州蚕学馆毕业，"应上海王氏育才学堂聘为理化教员。旋膺兵工学堂、务本女学、南洋中学各校教席"[14]。1904 年，史量才先生创办了上海女子蚕桑学堂，开我国女子职业教育的先河，推行学以致用、学用结合的教育新方针，旨在培养新一代蚕桑人才。[15] 他从此开始参加社会活动，结识了《时报》主任狄平子，并成为《时报》馆息楼的常客，当时息楼常客中还有一大批如沈信卿、袁观澜、黄炎培等从事教育事业的有识之士。[16] 1905 年，史量才与黄炎培等人发起了江苏学务总会，专门研究教育工作。

史量才先生早期的教育活动硕果累累，他所创办的学校不仅直接培养了大量学生，而且在教学方法和风范上带动了当地教育的发展。弱冠之年的史量才在教育事业上取得了不俗的成就，如果继续沿着这一轨迹前行，足以实现他一直以来的教育救国理想，但是为什么史量才却在这般良好的势头下搁置了文教事业，转而将目光投向新闻事业，走上新闻救国的道路呢？

三、史量才事业重心转变的原因

史量才新闻事业从他 1908 年兼任《时报》的主笔开始。1904 年,《时报》创刊后,史量才经雷继兴介绍,在“息楼”结识了狄平子、黄炎培及诸多海归精英。“息楼”位于《时报》馆的二楼,这些留洋归来的知识分子为史量才提供了交流思想的机会,史应邀兼任《时报》编辑。此时的史量才,一边担任南洋中学、兵工学堂、务本女学的教师,一边为《时报》撰稿;编辑们则半义务地支持史量才办学。1908 年,史量才兼任《时报》主笔。

《时报》是 20 世纪初一份新兴的报纸,《申报》则不然,史量才盘下《申报》前,这份报纸已经走过了 40 年。《申报》是在 1872 年(清同治十一年)由英国人美查兄弟创立的,其办报的宗旨是所办之报皆卖与华人看,文字应从华人方面着想,报纸应把维护华人利益、为中国兴利除弊作为出发点。到 1888 年,《申报》已经发展成为旧中国影响最大、历史最悠久、销数最多的报纸,成为中国官民重要的日常读物。在美查兄弟去世后,《申报》馆企业的产权由外股而转入华洋合股时期,直至 1909 年产权全部售与国人席子佩为止,但席经营未几就因经费困难而于 1912 年转售给史量才。[17]

史量才说,他进入报业实属偶然,“民国肇始,我与申报偶然作合”[18]。但从史量才不失时机地接手《申报》,又在接管《申报》后进行一系列改革,并将后半生的大部分精力投入报业活动的情势来看,史量才盘下《申报》非一时兴趣,这位后来的报界巨子做出的决定,既是时代使然,又是个人经历所致,以下试做一点分析。

(一)国内外政治时局的动荡

从清末到民初是中国与外部世界,新旧中国之间发生巨大冲突与变革的一段特殊的历史时期。自 1840—1842 年鸦片战争后,外国对中国的侵略速度一直在加快,不到十五年又有英法联军之役,又过了十年左右,发生 1871 年俄国侵占伊犁河、1874 年日本夺取琉球事件;又不到十年,爆发了 1883—1885 年的中法战争;九年以后,日本在 1894 年中日甲午战争中大败中国,紧接着是 1898 年夺取租借地和 1900 年的义和团之役。[19]

1905 年后,列强侵略的扩大使得国家危机日益深重。1904—1905 年,日本与沙俄为了争夺中国辽东半岛和朝鲜半岛的控制权而进行了一场不义之战争。中国东北是双方陆上交锋的战场,对中国造成了巨大的损害。而在这场直接关乎中国领土利益的战争中,清政府却称日俄均系友邦,站在“局外中立”的立场,足见当时中国国势之衰弱和清政府的苟且偷安。1907年，日俄两国签订《日俄协约》，划定两国在东北的势力范围。1908年，澳门商人柯某购买日本军械由日轮"二辰丸"运抵澳门海面，被清朝缉获，最终清朝却迫于日本和葡萄牙的压力接受日方提出的所有无理要求。[20]1910年，日本与朝鲜政府签订《日韩合并条约》，正式吞并朝鲜，整个中国东北地区开始直接暴露在日本的大陆政策侵略威胁之下。[21]从上述事件来看，整个国际局势对于中国来说非常不利，周围列强对中国始终虎视眈眈，而清朝的无所作为，甚至对列强阿谀奉承，更加剧了这种局面的发生。

同时，日俄战争中日本以君主立宪小国战胜专制大国，对于中国来说是一个很大的冲击，"日俄之胜负，立宪专制之胜负也"[22]。因此，不出数月，立宪之议遍于全国。面对日益严峻的国际国内局势，清朝响应各地呼声，开始筹备立宪，分别于1906年和1908年颁布预备立宪诏旨和《钦定宪法大纲》。各地的立宪活动持续升温，"沪上政界、学界、商界、报界均行庆祝之典，悬旗演剧，盛极一时"[23]。其时史量才已是《时报》息楼常客，与息楼众人一起发起组织了立宪团体。但1911年皇族内阁的成立暴露了清朝以立宪为名行专制之实。史量才等立宪成员上书清朝要求重组内阁却遭到拒绝。[24]在这种情况下，民众对清政府已感到失望和怨恨，新政的种种自救措施也已无力挽回大局，1911年辛亥革命的爆发推翻了清朝统治，结束了长期统治中国的君主专制制度。然而，民国初立不久，大总统之权就落入袁世凯之手，他复辟帝制，废除了《临时约法》，破坏了宋教仁组织的"责任内阁"。由此全国各地发生此起彼伏的兵变和反军阀暴动，中国再次陷入乱局与政治黑暗。

从以上国内外时局的分析来看，内忧外患的中国已经在濒临崩溃的边缘，亟需迅速地启迪民智，仅仅靠一小部分社会精英、有识之士或知识分子的力量是远远不够的，需要更多的平民百姓能够认识到国家民族处在危亡时刻，积极投身于救国事业之中。

（二）救亡图存社会风潮的兴起与发展

国难日益深重的背景下，一批有识之士敏锐地察觉到中国不断遭遇灾难的根本原因，开始为挽救民族危亡而奔走号呼，为维新变法鸣锣开道。其中重要的一点就是呼吁废除科举，引入西学并建立新式学堂。史量才也正是在这一浪潮下走上了教育救国的道路。20世纪初，清政府面对"如敝絮塞漏舟，腐木支广厦，稍一倾覆，遂不可知"的危局，开始实施新政。1905年9月2日，清朝上谕"自丙午科为始，所有乡会试一律停止，各省岁科考试亦即停止"，宣告了科举制的终结，踏上了建立现代学校系统的道路。但是，正所谓十年树木百年树人，教育始终是一条缓慢的道路，需要投入大量的精力和时间来培养一批批真正有能力、有胆识的青年投身救国的行列，但是此时中国的时局依然危重。

国家需要有经世致用之学问的实用型人才来拯救，而不是满腹经纶却迂腐僵化的学子、庸官，“一些头脑清醒又有强烈的社会责任感的青年，以‘天下兴亡，匹夫有责’为己任，敏锐地从西学和新式学堂的端倪中看到了一个兴学育才的新浪潮即将到来”[25]。维新变法也正是在鼓吹废科举、倡新学、育人才。正如上文所讲到的，史量才是在这一背景下响应了开民智、办学堂、废科举的呼声，走上办教育的道路。其子史咏赓在《哀启》中写道：“先严……以为救国至计莫要于育才备用……”[26]史量才亦是以教育事业为起点，开始积极参与社会活动。

然而教育实在是一项耗时的事业，投入高，见效却不迅速，况且学校里的莘莘学子相较学校外的国民众生而言，数量实在微不足道。国难当头，急需找到一条更直接、更宽阔的救国通途。报纸作为重要的消息集散地，面向的是千千万万的普通百姓，其传播能力极强，传播途径极广，在当时的背景下，无疑是极佳的启迪民智、传播知识，进行救亡图存的爱国主义教育的媒介。

1903 年，史量才到达上海时，上海已经成为报业重镇。上海自 1843 年被开辟为对外通商口岸以后，凭借其优越的地理位置，很快就成为国内贸易的枢纽和对外贸易的中心。随着上海地位的提升，上海也逐渐发展成为全国报业中心，但在早期大部分报纸都是外文报纸。到 19 世纪 90 年代中后期，维新变法运动中除了提倡教育，康有为、梁启超也是报业发展的先驱，他们的报业活动、新闻思想在我国近代报业史上占有独特地位。[27]在“公车上书”中，康有为提出“纵民开设”报馆的建议，把办报视作维新变法的重要内容之一，掀起了第一次国人办报运动。1898 年百日维新期间，光绪皇帝发布准许官民办报的诏书，正式承认官报、民报均具有合法的地位，更进一步促进了各地报刊的飞速发展。[28]

1901 年清政府决定实施新政，开放报禁后，官绅士民自办的报刊也纷纷创刊。据不完全统计，1901—1905 年新创办的报刊有 289 种，1906 年清政府宣布预备立宪后近代报刊的发展进一步加快，形成了中国新闻事业史上的第二次国人办报高潮，出版地点几乎遍布全国。资产阶级革命派更是办报高潮中的主流，而上海经济发达，水路交通方便，印刷条件先进，又有外国租界作为庇护所，因此成为革命派在国内办报的首选之地。根据《图文 20 世纪中国史》，1910 年这一年，就有《南社丛刻》《天铎报》《小说月报》《民立报》四家报纸在上海创刊。[29]而 1911 年辛亥革命后民国初期颁布的《临时约法》中规定：“人民有言论、著作、刊行及集会结社之自由。”于是全国各地报纸层出不穷，上海有 40 余份，仅次于北京。史量才从教育兴国转入新闻救国，很有可能是受到了清末民初这一浪潮的影响。

(三)个人成长的经历

以上分析了史量才接管《申报》前后的国际、国内局势以及其所居地上海的社会环境,这些是他转入新闻事业的大背景和客观原因,但接管《申报》这一行为始终是史量才个人主观意志所做出的选择,且历史人物不是一个孤立的个体,因此还需要考察其早期的个人成长之经历、与他人的交往、家庭等各方面的因素在他转变过程中所起到的直接或间接的作用。

1. 中西融汇的教育经历

根据黄炎培先生在《史量才先生之生平》中所述:"先生幼颖悟,师事耆儒戴葵臣。读书过目不忘。…… 清光绪二十五年,考入娄县庠,为坿(附)生。……"[30] 史量才最初走的是一条科举入仕的传统知识分子道路,原本考中秀才,却因为被当地童生控告冒籍赴考而被录为附生,再加之当时戊戌变法的浪潮,于是他放弃仕途进阶的科举,与友人研习西方社会科学和自然科学。但他曾受过的传统教育对他也有一定的影响。中国知识分子深受科举制度的影响,有着根深蒂固的"入世情节"和道德使命感,以天下为己任。[31] 在动荡的时代背景下,史量才虽然最后放弃科举,但依然保持着对家国命运的关注。怀着救国兴邦的信念,他在考入杭州蚕学馆后如饥似渴地吸收实用知识和技能,相对于四书五经八股文这类学无所用的经典,他更感到救中国需要切实有用的知识。

学者许纪霖曾说:"19 世纪 70—80 年代,曾经降世了这样一批人物:他们是古代最末一批封建士大夫,也是中国近代第一批知识者。他们身上,似乎跨越了两个时代,两重历史和两种文化。他们分割着历史的时间,同时又在空间上将之连接起来,承受着新旧转换的时代桥梁。"[32] 史量才就体现了这样的知识分子的特点,早期中期融汇的教育经历使他既有中国传统知识分子济世的理想,又能够跳出科举的局限,打开视野吸收西学、接受新事物,这为他在后来的办报浪潮中选择盘下《申报》奠定了一定的认识基础。

2. 与《时报》的结缘

《时报》馆的经历为史量才完成了兴办报业的启蒙。1904 年,狄平子奉康有为、梁启超之命回沪创办了一份保皇党机关报《时报》,史量才的朋友雷继兴和陈景韩都被邀请成为《时报》编辑,史量才也因此时常到《时报》馆拜访。《时报》对史量才走上报界有着举足轻重的作用,总经理狄平子对他同样有重要的影响和启发。狄平子在《时报》创刊之初就明确宣称:"吾办此报,非为革新舆论,乃欲革新代表舆论之报界。"因此《时报》在报纸的评论、编辑、出版方面敢于大胆革新。[33] 史量才目睹了《时报》创办的经过、关键,对报业有了初步的认识。

史量才对报刊舆论作用的认识也是在同《时报》的接触中形成的。马克思指出:“报刊按其使命来说,是社会的捍卫者,……是热情维护自己自由的人民精神的千呼万应的喉舌。”[34]《时报》曾两次在舆论场上发挥重大作用。一次是1905年前后向英帝国主义争回粤汉铁路路权的宣传;一次是1904—1905年的抵制美国对华工禁约的宣传,不断发表言论大长华工志气。报纸的宣传在国人、读者中所起的振奋人心的威力使史量才身临其境地体会到舆论的作用远胜过学堂教育。[35]

狄平子还在报馆中专门辟出一个房间,名为“息楼”,供报馆主笔和各方来宾议事聚会,史量才就是其中的座上客。在与报馆各编辑,教育界、金融界、政界各富有新思想、怀有报国救国之心的人谈论国事、教育、科学等等的过程中,史量才受到很深的熏陶,这为史量才从教育事业转向新闻事业提供了可能。

3. 对时局的关注和参与逐渐增加

简单回顾史量才的早期经历可以发现,在其来沪后,对时局的关注和社会活动的参与越来越多。在此之前史量才专注于办学活动,来沪后,1905年史量才与黄炎培等人发起江苏学务总会。其后参加张謇发起的收回路权运动,任江苏铁路公司董事鼓动演讲,呼吁民众为收回铁路自筑权出资出力。翌年他参与宪政研究会,1910年任南阳劝业会议总干事。辛亥革命爆发后,史量才参加江苏独立运动,清理江苏海关财务,后被选为江苏省议会议员。1912年,南京临时政府与袁世凯议和期间,史量才又参加了南北议和的协商工作,并在上海海关清理处和松江盐务局担任过一段时间的公职。一个又一个的政治运动使史量才从埋首教学的教育人士走上社会,参与了各种社会活动,接触到了各式各样的人物,这开阔了他的视野,为他日后办报以及从事报业救国打下了坚实的基础。

四、结语

从上述所做的对国内外大环境、上海小环境以及史量才个人经历的种种内外因素分析中可以看出,史量才从教育兴国转入报业救国绝不仅仅是因为命运提供了一次偶然的机会,背后有时代背景和个人资质交织在一起的共同因素。归根结底,史量才做出的这一转变可以概括为如下几点原因:20世纪初,国家危机日益深重,史量才在办教育的过程中感到教育的成效比较缓慢,而在国难当头时,需要更快启迪民智,史量才在与《时报》同仁接触以及参与的一系列社会活动中,对于报纸的舆论力量有了一定的认识,再加之当时上海的办报浪潮,在种种因素的综合作用下,他从教育兴国转入了报业救国的道路,为《申报》乃至中国报业的发展做出了巨大的贡献。同时,不可忽略的是,报纸本身就有教育意义，且史量才在投身报业后，并没有放弃教育，仍一如既往继续着他的教育事业，他在掌管《申报》期间，创办了一馆三校——申报流通图书馆、申报业余补习学校、申报妇女补习学校、申报新闻函授学校，不仅满足了青年学子的求知欲，更为重要的是，为培养新闻人才做出了意想不到的贡献。千秋功过，是给史量才一生作出公平、公正，实事求是的评价的时候了。

（作者：第一作者为复旦大学历史系教授，第二、三作者为该系本科生）

注释：

[1] 详见姜义华、傅德华主编：《史量才——媒体、报人与社会责任》，上海：上海书店出版社，2015 年，附录。

[2] 吴廷俊：《拓展领域　全方位研究史量才——在纪念史量才遇害 80 周年及学术研讨会上的致辞》，姜义华、傅德华主编：《史量才——媒体、报人与社会责任》，上海：上海书店出版社，2015 年，第 1 页。

[3] 曹云岐等：《开发民智初育才——史量才养正小学之创始》，傅德华、庞荣棣、杨继光主编：《史量才与申报的发展》，上海：复旦大学出版社，2013 年，第 232 页。

[4] 陈晰：《史量才教育活动述评》，《绵阳师范学院学报》，2013 年第 6 期。

[5] 详见姜义华、傅德华主编：《史量才——媒体、报人与社会责任》，附录，第 250 页。

[6] 详见胡琦编：《仰望史量才：全国纪念中国报业泰斗史量才先生诞辰 130 周年学术研讨会论文集》，北京：华文出版社，2010 年。

[7] 详见傅德华等主编：《史量才与申报的发展》，第 215—226 页。

[8] 金丽梅：《对史量才社会角色的定位分析》，华中科技大学硕士论文，2013 年。

[9] 张宇航：《史量才与中国报业经营》，吉林大学硕士论文，2007 年。

[10] 陈晰：《史量才教育活动述评》，《绵阳师范学院学报》，2013 年第 6 期。

[11] 毛志良：《功业卓著，桑梓情深》，引自庞荣棣：《史量才——现代报业巨子》，上海：上海教育出版社，1999 年，第 5 页。

[12] 史咏赓：《哀启》，引自庞荣棣：《史量才——现代报业巨子》，第 6 页。

[13] 上海市松江县泗泾镇编史修志领导小组编：《泗泾镇志・人物・史量才》，上海：上海社会科学院出版社，1989 年，第 234 页。

[14] 黄炎培：《史量才先生之生平》，《申报月刊》，1934 年第 12 期。

[15] 曹云岐:《史量才先生的女权思想——略述史量才先生对女性的教育、使用和铭德感恩》,胡琦编:《仰望史量才:全国纪念中国报业泰斗史量才先生诞辰130周年学术研讨会论文集》。

[16] 包天笑:《钏影楼回忆录》,香港:大华出版社,1971年,第332页。

[17] 徐载平、徐瑞芳:《清末四十年申报史料》,北京:新华出版社,1988年,第19—23页。

[18]《1872—1922最近之五十年》,《申报》,1922年10月10日。

[19](美)费正清、刘广京编:《剑桥中国晚清史1800—1911年》上卷,北京:中国社会科学出版社,1993年,第3—4页。

[20] 程栋等:《目击中国100年》第1卷,广州:广东旅游出版社,1999年,第85、89页。

[21] 刘树勇等:《目击世界100年》上卷,广州:广东旅游出版社,1999年,第79—80页。

[22] 蒋碧昆:《中国近代宪政宪法史略》,北京:法律出版社,1988年,第53页。

[23] 李维清编:《上海乡土志》,劝学所,清光绪三十三年,第91页。

[24] 庞荣棣:《史量才——现代报业巨子》,第49页。

[25] 顾炎武:《日知录集释·正始》,上海:上海古籍出版社,2006年,第756页。

[26] 史咏赓:《哀启》,转引自庞荣棣《史量才——现代报业巨子》,第6页。

[27] 庞荣棣:《史量才——现代报业巨子》,第56页。

[28] 方汉奇:《中国新闻传播史》,北京:中国人民大学出版社,2002年,第87页。

[29] 程栋等:《图文20世纪中国史》,广州:广东旅游出版社,1998年,第328、331、338、341页。

[30] 黄炎培:《史量才先生之生平》,《申报月刊》,1934年第12期。

[31] 杨奎松:《忍不住的"关怀":1949年前后的书生与政治》,桂林:广西师范大学出版社,2013年,前言。

[32] 许纪霖:《无穷的困惑——两个知识分子的政治生涯》,上海:上海三联书店,1988年,第3页。

[33] 方汉奇:《中国新闻传播史》,第134页。

[34]《马克思恩格斯全集》第6卷,北京:人民出版社,1957年,第275页。

[35] 庞荣棣:《史量才——现代报业巨子》,第29页。

史量才与上海市民社会的构建

陆高峰

市民社会(Civil Society)是一个和政治国家相对立的概念。在古代，市民社会是城邦出现后形成的与野蛮原始的自然社会相对立的一个概念，同时也是一个与君主专制等独裁统治相对立的一个概念，包含市民社会、公民社会、民间社会、文明社会等相似含义。现代意义的市民社会是将政治国家和市民社会明确区分的一个概念，强调市民社会“系由非政治性的社会所组成”，是“由私人生活领域及其外部保障构成的整体”[1]。黑格尔在其《法哲学原理》中比较系统地阐述了他的市民社会理论。马克思在黑格尔的基础上，将市民社会定义为私人利益体系或私人利益关系的总和，包含“处在政治国家之外社会生活的一切领域”，实质是一种“非政治性的社会”。其中，物质生活关系或物质交往关系在市民社会诸领域中占决定性地位。他和黑格尔一样“承认个人乃是市民社会活动的基础”，强调“市民社会组织的重要性”。[2]

20世纪二三十年代，上海工商业有了较大发展，加上西方发达国家经济和文化的输入，使得上海在某种程度上有着构建市民社会的土壤。而长期的军阀混战和国民党的独裁统治，又使得当时的一些社会有志之士急于摆脱这种野蛮的政治状态，而急于在政治国家之外，建立一种更文明的市民社会。

一、史量才的市民社会理念的形成

从西方市民社会思想在国内的传播条件和扩散程度来看，史量才不可能，也没有公开在文献中表达他对实验市民社会的设想。但是，史量才在兴办报馆、教育、实业和积极参与社会组织与公益活动等具体实践中，体现了他以上海为基础积极构建市民社会的初步实践。

史量才受过传统的私塾教育，还在19岁考中过秀才，同时又在杭州蚕学馆接受过新式的学堂教育。这就使他的思想中既有传统儒家文化积极参与社会的成分,又有现代社会“实业救国,教育兴国”的思想。史量才在一些文章中曾明确表示他对建立“小康”与“大同”社会的美好想象,这与他早期受到的儒家思想教育有很大关系。而他提出的通过办报改造社会、通过兴办教育改造国民和通过兴办实业增强国民实力的做法,则与他在新式学堂中受到的通过教育与实业强国富民的教育有关。

史量才在他的《申报发行两万号纪念》一文中表达了他建立小康大同社会的政治理想。他在文末作一歌曰:“消灭战争兮障碍空,努力生产兮重农工。地无弃利兮民不穷,人无废才兮治道隆。统一文化兮声气通,精神物质兮合西东。破除国界兮天下公,息争与让兮太古风。公身公利兮乐大同,乐无极兮愿有终。申报四万号兮愿成功。”[3]这既包含他建设天下小康大同社会的美好想象,也包含乌托邦思想的成分。

史量才在回答记者采访“史先生觉得我们政治出路如何”时,强调了中国的政治出路不是战争武力解决问题,而是通过“刻苦自励”的方式,他说:“这问题太严重了。世界各处都沉浸在不景气中,突破这种不景气有各种方法,战争也是一种方法。日俄的备战热,将揭起世界第二次的大战。我们中国呢,只有刻苦自励,我们不仰望人家,我们只有信赖自己。”史量才在接受记者采访时,离第二次世界大战爆发还有 7 年时间,他就断言日苏备战将引起世界大战,这反映了他当时对中国政治和国际形势的密切关注和准确判断,而且他希望通过“刻苦自励”的方式解决中国政治问题的观点,也隐含了他通过办报和教育提高国民素质,进而解决国家社会问题的思想。

除了受到的传统儒家教育和新式学堂教育对史量才的社会政治理念形成起到基本作用,清末民初的维新变法、实业救国、辛亥革命等运动和思潮,以及报业言论的兴盛,也对史量才的社会政治思想的形成起到重要作用。

二、史量才市民社会理念的初步实践

(一)通过兴办报馆改造与服务社会

个人作为道德意识和权利的主体是构成市民社会的基本要素。提高个人素质对于建立一个独立于政治国家之外的社会生活领域的秩序具有重要作用。而办报和教育是提高市民素质和改造社会的最为重要的手段。

史量才把办报馆和办学校看作服务社会最重要的两项工作。他在《申报》办报 60 周年接受记者采访时认为:“报馆不仅是一个商业机关,是应该替社会服务的；可是要服务的太多了，我们不能不捡出最要一两种”[4]。史量才在他作的《申报发行二万号纪念》一文中，同样表达了办报可以改变社会的想法，“若谓韦布之士、笔墨之力，而可以改造环境者，吾将执鞭以相从焉。惟所以委曲求全，亦抱有区区之愿望在也”。在这篇文章中，史量才还提出了一个办报可以为国家修史的观点，认为“概自十七年中兵争俶扰，而国家之文献荡然无存。一旦政治清明，朝失而求之于野，此戋戋报纸或将为修史者所取材乎”。[5]

正因为史量才看到兴办报纸在改造和服务社会中的巨大作用，他事业中很大部分都与办报有关。他从早期给报纸撰稿，到1908年担任《时报》主笔，再到1912年接办《申报》，以及后来入股《新闻报》、收购《时事新报》，甚至一度接任中华书局主席等，均与他这种办报（出版）服务社会的思想有关。

他在具体办报中也体现了这种积极改造社会的思想。虽然他在入主《申报》的早期显得“老成持重”，但是这并不是一般意义上的保守主义，而是当时军阀混战、政权更替、各种政治军事势力不断“城头变幻大王旗”的社会环境使得《申报》无法逞一时之快。史量才曾在《申报发行二万号纪念》中表达过这种思想：“若逞其意气取快一时，恐吾同人亦早在缴械改编之例矣。”[6]因而他采用了一种可持续的持久的方式来服务社会，即他所言的“其继续不断之工作，劳而且久，久而能敬其事”[7]。

但是，1931年，特别是在“九一八”事变之后，在民族存亡的关键时刻，《申报》再也无法“老成持重”而是锐意革新了。他在《〈申报〉六十周年革新计划宣言》中重申了其60周年纪念宣言中提出的肩负社会先驱和推进时代重任的说法：“在今后继续展开之新史页中，本报应如何以肩荷此社会先驱与推进时代之重责？如何使社会进入合理之常轨？如何使我民族臻于兴盛与繁荣？是则本报同人在六十年代后之今日所郑重深自体念，而不敢丝毫放松者。”[8]

史量才不仅革新了新闻和广告编排、国内外通讯，加强了言论等，而且大胆革新副刊。史量才启用留法回国青年黎烈文担任《自由谈》主编，发表了大量鲁迅等左翼作家的作品。黎烈文在接编《自由谈》的第一天就在副刊上发表《幕前致辞》，宣称“世界上一切都在进步中，都在近代化”，《自由谈》“牢牢站定进步和近代化的立足点，决不随便应付”，不做“茶余酒后消遣之资”的“报屁股”。改版后的《自由谈》发表了1000多篇杂文。这些做法都体现了史量才通过办报积极改造社会的思想。

（二）通过兴办教育服务机构改造与服务社会

史量才不仅具有强烈的报业救国和改造社会思想，还有很强的教育救国和改造社会观念。他甚至认为教育是治国之本，其重要性不亚于办报。原因在于办教育可以造就人才。他先后创办过小学、成人职业学校、函授学校和业余补习学校等多种教育机构，如私立养正小学、上海女子桑蚕学校、申报新闻函授学校、申报业余补习学校、申报妇女补习学校等。他把办补习学校看作"救济成人教育之不足"[9]。他甚至一度设想要"先办一中学，将来如有可能再办一所大学"[10]。办大学的愿望虽然没有实现，但是，他曾担任过之江大学校董，给之江大学捐献过大量经费。

除了自己直接兴办教育，史量才还积极倡导职业教育，他是中华职业教育社的主要发起人之一，并与蔡元培等担任议事部成员。他提出职业教育的目的是："谋个性之发展，为个人谋生之准备，为个人服务社会之准备，为国家及世界增进生产力之准备"，"使无业者有业，使有业者乐业"。

除了直接兴办教育机构，参与发起职业教育组织，史量才还采取兴办图书馆的方式，教育民众，服务社会。1932 年，《申报》创办 60 周年之际，《申报》在上海南京路大陆商场三楼创办申报流通图书馆。申报同人"深切地感受到自身责任之重大"，将创办流通图书馆作为其实践本身责任与使命的最重要的一项工作。在《申报流通图书馆缘起》一文中，史量才提出创办图书馆的两个动机。其一是，为广大受各种条件限制没有机会求学的成人和青年，包括众多上海工商界的店员工友提供读书学习的机会，"以便增进其生活技能和对社会服务的效率"。其二是，在上海纸醉金迷的环境下，引导青年对读书产生兴趣，远离不正常之娱乐，防止广大有为青年被不正常之娱乐和消遣拉进堕落的陷阱，成为危害社会和国家的害群之马。[11]他同时呼吁工商界的经理鼓励店员学徒与工友利用闲暇时间读书学习。

(三)通过参与组织社会团体维持社会公共运行秩序

自治性团体、组织是构成市民社会的重要元素，也是在政治国家体制外维持社会运行秩序的重要手段。"它是将个人与国家、私人利益与普遍利益联结起来的中介，它有助于克服个人主义，培养公共精神。"[12]上海是一个工商业发达，人口密集，人口成分复杂，各种政治经济群体利益冲突频繁，同时，又是外国势力插手干涉严重的城市。仅仅依靠国民党单方面的政治国家统治难以实现有效治理，也无法协调各方利益冲突。各种自治性团体、组织，就成了维护上海市民社会正常运行的重要工具。特别是在"一·二八"事变等战争情况下，市民社会团体、组织起到了国民党政府没有起到的作用。

作为当时的工商业和舆论界的领袖，史量才积极参与社会团体和自治组织工作。他曾经担任过上海市民地方维持会会长、上海市民协会会长、上海市临时参议会会长，以及上海行业报组织上海日报公会等多项自治性团体、组织的领导人，兼任过中国航空协会常务理事、之江大学校董、道路会副会长、淞沪战区善后委员会副委员长、农村复兴委员会委员、新中国建设学会理事、招商局理事、中山文化教育馆常务理事等十多项公共社会职务。

1932年淞沪抗战爆发后的第三天成立的上海市民地方维持会，目的就是"为应事实之所需求，补助政府之所未及"，通过动员各方社会力量，稳定战争期间的上海商业、金融等社会局面，并为支援抗战提供各种服务。由史量才担任会长的上海市民地方维持会在淞沪抗战期间资助各界兴办伤兵医院80多所，收治伤兵7000多人；支持红十字会等设立难民收容所200多所，收救难民5万多人。

在担任上海日报公会的负责人时，史量才在要求国民党政府降低邮递费用和争取出版发行自由等方面发挥了重要作用。1928年11月，史量才主持上海日报公会，向国民党提出优待报界案，要求降低邮递费用，被国民党交通部部长王伯群驳回。[13]1931年12月11日，国民党上海市党部以《申报》《新闻报》《时事新报》等违检为由，下令邮电部门将其全部扣留，不准外运。上海日报公会发表了言辞激烈的抗议宣言，认为"中国60多年来，报界'备受横逆'，而南京政府建立以来，更是'愈演愈烈'，'立言记事，动辄牵制，黑白混淆，是非泯灭'"。为保护报纸尊严，史量才决定从即日起"绝对不受任何检查和干涉，谨此宣言"。[14]同时，他致函国民党上海市党部，谴责该党部非行政机关，无直接干涉行政事项权力。此外，史量才还通过大量公益慈善活动弥补正常社会运行机制不足，服务社会。他大力捐助教育、医疗、交通建设等公益事业，是之江大学、中华医学会、红十字会等公益机构的热心赞助人。

(四)通过兴办实业，实现实业救国思想

史量才是一个有着实业救国思想的报业实业家和资本家。他曾经就读的杭州蚕学馆，就是当时有着"实业救国、教育兴国"思想的杭州知府林启创办的。在这样的新式学堂接受教育和经历过维新变法、辛亥革命，参加过"宪政研究会"、保路运动、"江苏独立运动"的史量才不会缺少实业救国这样的抱负和思想。他抓住一切机会壮大自己的实业，不仅办报，还投资银行和纱厂。他不仅拥有当时发行量最大的《申报》，同时持有《新闻报》50%的股份，并拥有《时事新报》等其他重要报纸的股份。在1917年中华书局因为资金链断裂，出现危机时，史量才还一度担任中华书局局长。他在金融和工商业领域如中南银行、民生纱厂等也有大量投资。大量兴办实业，不仅可以直接实现富国强民的目的，还为他兴办教育、慈善等公益事业和建立市民自治团体与组织等市民社会工作提供了坚实的经济基础。

三、史量才市民社会实践的影响与思考

市民社会是一个处在政治国家之外的“非政治性社会”。它是在“政治国家和市民社会相分离的基础上进行的,这就意味着市民社会自身可以从内部建立起必要的秩序,而不必仰仗国家运用强制性力量从外部去建立它”[15]。

不管史量才是否有意识地利用西方的市民社会理论,他实质上是在通过他的实业、报业、舆论、教育和他参与主持的众多市民自治机构和团体去构建一个独立于当时国民党政治国家体制之外的市民社会。这种市民社会在上海这个当时东方较为繁华的大都市维持正常运转中,特别是在发生外敌入侵等特殊情况下,补充了政治国家治理的不足,发挥了重要作用。

也就是史量才有意无意构建的这种独立于国民党政治国家统治以外的市民社会,在上海这个全国举足轻重的大都市发挥巨大作用,甚至通过《申报》和《新闻报》等报业的影响,能够在全国舆论中发挥重要作用,导致了国民党政治国家统治感受到这种来自市民社会的挑战,并导致了史量才与国民党势力的分裂,最终使得国民党蒋介石集团欲除之而后快。

事实上,史量才欲构建的市民社会势力与国民党代表的政治国家势力在争夺《新闻报》的股权时,也就是争夺舆论控制权时,就已经发生了激烈的冲突。在获知史量才欲全资收购《新闻报》的股权之后,国民党势力不惜使用各种手段进行百般阻挠。不仅上海国民党势力反应激烈,甚至“惊动中央”,南京国民党高层同样高度关注。1929 年 1 月 12 日,国民党上海特别市党务指导委员会专门开会商议,发出“警告新闻报决议”:不得将福开森股份售予反动分子,要呈请中央收买福开森所有股份。遇必要时,中央将予以相当处置,保持舆论独立的精神。1929 年 1 月 14 日,指导委员会又在《新闻报》头版头条位置发表致《新闻报》的公开信,指出:“查该报现有大批股票为反动分子齐燮元、顾维钧、梁士诒等三党羽所收买,复据确切报告谓该反动分子等胆敢派员监视报馆,肆其阴谋公然操纵。查该报馆在新闻事业尚有相当地位,本会对于该反动分子等反动行为不能容忍,特予警告。仰于函到两星期内将该项落于反动分子手中之股票悉数收回,并将经过情形,详细具复,若故意违抗,本会自有严厉处置。右告《新闻报》。”[16]南京的国民党中央宣传部和一些政要也横加干涉此事。中宣部发言人表示,“中央于此极主义,认为反动分子确有计划,希望各方对《新闻报》加以援助”。1 月 15 日,中央某要人对记者发表讲话:“对《新闻报》大宗股票落于反动分子消息,颇为注意,并认沪市指导委员会警告该报,措置允当,该报同人亟应切实进行,遇必要时,中央将予以相当处置,保持舆论独立精神。”[17]《新闻报》股

权风波是以史量才为代表的市民社会势力与以国民党为代表的政治国家势力的最明显的一次公开冲突。有研究认为："从股权风波中，史量才更是直接感觉到了国民党的压力。……史量才同蒋介石国民党之间的裂痕，从此开始了。"[18]

在当时的政治社会环境下，虽然史量才的市民社会实践在一些社会事务中发挥了重要作用，补充了当时国民党政治国家势力治理的不足，但是国民党的独裁统治，绝不会允许其他势力挑战自己的统治。史量才的市民社会实践也最终只能成为一个美好的设想，不仅无法实现，还招致了杀身之祸。

（本研究得到浙江理工大学科研启动基金项目[编号：13122189-Y]，2014年专业建设项目新闻学院共建专项[编号：xwzx]，2016年课堂教学改革专项[编号：kg201621]资助）

（作者：浙江理工大学文化传播学院传播系主任）

注释：

[1] 何增科：《市民社会概念的历史演变》，《中国社会科学》，1994年第5期。
[2] 同上。
[3] 史量才：《申报发行二万号纪念》，《申报》，1928年11月19日。
[4] 林长茂：《时人访问记：史量才》，《人言周刊》，1934年第1期。
[5] 史量才：《申报发行二万号纪念》，《申报》，1928年11月19日。
[6] 同上。
[7] 同上。
[8]《〈申报〉六十周年革新计划宣言》，《申报月刊》，1932年第1期。
[9] 林长茂：《时人访问记：史量才》，《人言周刊》，1934年第1期。
[10]昨非：《党政文化秘闻：史量才办学校》，《社会新闻》1932年第21期，第446页。
[11]《申报流通图书馆缘起》，《教育与民众》，1933年第4期。
[12] 何增科：《市民社会概念的历史演变》，《中国社会科学》，1994年第5期。
[13] 马光仁：《上海新闻史（1850—1949）》（修订版），上海：复旦大学出版社，2014年，第693页。
[14] 同上，第730页。
[15] 何增科：《市民社会概念的历史演变》，《中国社会科学》，1994年第5期。
[16] 马光仁：《上海新闻史（1850—1949）》（修订版），第680页。
[17] 同上，第689页。
[18] 同上，第694页。

史量才与狄平子新闻思想与文化贡献之比较

庞荣棣

史量才与狄平子，原籍皆江苏溧阳，狄长于史，后来成为报业同行。他们的经历、观念、贡献虽有异同，但都被誉为中国新闻界的报业巨子。他们对中国报业与文化都作出了独特的创新、改革和重大贡献。对他们的新闻思想和文化贡献进行一番简单比较，既能增加对他们的认识和了解，也能传承、珍惜他们的沿用至今仍有效的成果，进而加深我们对当时中国新闻工作者的缅怀和敬意。

一、从同籍到同事

狄葆贤，字楚青、平子，平子是最常用的名字。原籍江苏溧阳县，1871 年出生于胥渚村名门望族的书香官宦门第。其父狄曼农，同治初年宦游江西，任都昌、赣州等地知县，"政声卓著，颇负贤名"。他自幼随父生活在江西。"以家学渊源，继承父祖余绪，除了能书、工画、精于收藏外，同时还是一位出色的新闻家、出版家，更是一位富有新思想，笃守旧道德的佛教徒。"[1]"光绪二十年中举，光绪二十一年留学日本……1898 年，他与罗振玉等人开办东文学社，王国维曾为东文学社学生。""他是康有为唯一江南弟子，梁启超的莫逆之交。"[2]"1898 年慈禧政变之后流亡日本，常为《清议报》和《新民丛报》创作一些诗歌。"[3]"戊戌政变前，一度寄居北京……光绪二十九年(1903 年)癸卯，清廷开经济特科，狄平子得张之洞保荐，也曾躬逢其盛，参与会试。"[4]纵观狄平子的一生，他热情好客，英俊潇洒，风流倜傥，交游甚广，有着良好家传与文人雅好，"除雄于'资''才'之外，他所结交的也多属于达官名流、绅商巨富及文化界、艺术界，对他的社会地位和新闻事业的发展都大有帮助"[5]，为他投身政治改革活动与后来在《时报》、有正书局开展的新闻出版事业提供了强有力的铺垫和保障。

史家修，中年以量才字行。史量才小狄平子 11 岁，出生于江苏江宁县杨板桥村。父亲史春帆，为人耿直，乐善好施，以走街串巷贩卖人参为业，后来靠积累，与邻村友人庞品三合伙到松江府的泗泾镇开了一爿“泰和堂”药铺。史量才“在江宁杨板桥私塾陶志义先生门下开蒙，先生夸他过目不忘。1886年，母亲因产后褥热不治去世，他被外婆带去养育。几年后，随父迁居娄县（松江）泗泾镇”[6]。泗泾是米粮集散地、水产贸易乡，早在明朝就成了江南名镇。镇上商贾云集，“泰和堂”就跻身于这鳞次栉比的店铺之中。史量才第一次踏进“泰和堂”药铺，就见店堂中央挂着“掺假药必火烧雷劈”的醒目堂幅，不啻给他上了人生第一堂课，也播下了他讲诚信、重人格的种子。

大约在1893年，史量才“由其父带往泗泾镇迁居，继续求学。在塾师耆儒戴葵臣教导下，学业大进”[7]；1899年，赴松江府娄县应童子试，考中秀才。1899年5月22日，《申报》在“松试十志”里，报道了中举的30位秀才名单，其中有史家修的名字；两天之后，《申报》在“松试告竣”中，报道了娄县“奖赏八学一等生员”，史家修也名列其中。但因当地童生控告他“冒籍”（当时科举制度，江宁县童生不可到娄县应试）被降为附生。

史量才愤然放弃科举仕途，于1901年投考浙江的新式学堂“杭州蚕学馆”。这是一所颠覆知识分子“四体不勤、五谷不分、手不能提、肩不能挑”传统的职业学堂。他受新式学堂学以致用的崭新教育思想的启发，发觉振兴国家必须从办学、务实着手。于是趁年假回乡之际，他多方奔走游说，得镇米业公会与马相伯等的支持，创办了镇上第一所“泗泾米业私立养正小学”。“先生故善词令，尝就（泗泾米业）养正小学演讲，开发民智，听者纷涌，感佩先觉。”[8]1903年毕业，他受上海王氏育才书塾（易名为南洋中学）著名教育家王培孙邀聘，到沪任教。同时，他还兼任上海兵工学堂、务本女学教习。在务本女学的教学中，他看到了倡女权、开女智、办女学的重要性。1904年春，史量才向官府申请创办“上海女子蚕桑学校”，同时去江宁家乡迎娶天足女、私塾女先生庞明德到沪。1905年1月9日，他在《时报》上刊登“女子蚕校招生启事”，1月25日开学，由庞明德襄理蚕校校务。上海女子蚕桑学校开办后，声誉良好，受到江苏学政嘉奖。1906年5月28日，《申报》报道称：“公立女子蚕校学堂校长史家修，管理规则之谨肃，指授蚕法昕夕勤劳，学生进步甚速，课本教科均佳，学生国文有清气，绣功景致，奖给匾额。”[9]

1904年6月12日，狄平子奉康梁旨意，从日本携带7万元保皇党经费，在望平街四马路口广智书局楼上创刊保皇党机关报《时报》。时报馆内辟有一间房间，名曰“息楼”，专供馆内员工与往来宾客休息、聊天、会友。“息楼”不大，影响却不小，宾客往来，门庭若市。时值清廷大厦摇摇欲坠，各界海归、名流、学者川流不息聚集息楼，谈论时局、不满时政，各抒己见，力倡宪政体制。《时报》编辑雷继兴、陈冷郎舅与史量才属于松江大同乡[10]，史量才因此有机会进入“息楼”，并成了每天必到的常客。狄平子与史量才这两个同籍人走到了一起。

“报人们坚信西学是启蒙民众、强盛国家的关键之所在。”[11]“息楼”里的宾客立场、观点、主张未必完全一致，但是他们为改良改革而努力，在息楼汇集成一股助推晚清宪政活动、政治变革的力量。《时报》的撰稿人争相发表坚决抵制保皇的文章，狄平子也不愿再受保皇党控制，坚守《时报》“独立性”的信念。史量才参与了“息楼”宾客们的各种改良社会的活动，尤其在望平街看到了报纸的威力，爱上了新闻事业。1908 年，他被聘为《时报》兼职主笔，成为狄平子麾下一员。

二、不尽相同的办报理念

狄平子的办报宗旨：“吾‘非为革新舆论，乃系革新代表舆论之报纸’，其所以不惜牺牲，甘与守旧者为敌以此。”[12]他既抱着这样雄心来办报，故《时报》问世不久，就以初生牛犊不怕虎的精神出现在望平街，以旋风般气势创新改革，一往无前地开了报纸六大先河。它的独树一帜，令人耳目一新，迅速赢得广大读者、民众，尤得教育界等青睐。诚如胡适在他的《十七年的回顾》中说：“我从14—19 岁的 6 年之中一个人最重要最容易感化时期的许多好影响……对于一般少年人影响之大，这确是《时报》的一大贡献。”《时报》打破上海报界许多老习惯，开辟许多新法门，引起许多新兴趣。它出版不久，就成了文化界的“宠儿”和学校不可分离的“伴侣”。

《时报》编撰者们清醒地看到“扩展党势”已不可能，故“疏远于康梁，迅速超越了梁启超和其他人在政治报刊这一领域中的发展，发展了自身独特的风格”[13]，尤其是“延陈冷为主笔，不随流俗、独创体裁”。报纸的言论与康梁的初衷越来越不一致，所以，“拒绝服从流亡改良派的意志而宣布了其政治上的独立性……”[14]别开生面的《时报》震动了保皇党，故梁启超对狄平子“于党事种种不肯尽力，言论毫无一致，大损本党名誉”十分气愤，说这样的《时报》“要来何用?”指责他：“持盈保泰之心太重，已成了叛党之人!”[15]道不同不相为谋，分道扬镳成为不可逆转的结局。

狄平子独资经营后，在《时报》上特别刊登画有两面交叉的、醒目的、飘扬的大旗，旗上分别书写着“革命大报界”“报界大革命”，并高调宣传，给这张曾欲“保光绪复政、逆潮流而动”的报纸洗净保皇色彩，充满不随流俗、不沿旧习、独标新格的蓬勃朝气。《时报》横空出世的创新、改革，成了新旧报纸分水岭，在报界具有里程碑意义。尽管是文人办报，抑或报商办报，称狄平子为“报界革新巨子”并不为过。

史量才的史姓是由西周初年的太史佚而来。太史佚为人严正，被誉为史官典范，后人便以其职为姓。史氏基因里传承着这位史官的铁骨、正气，史量才主持的《申报》必然担当起时代史官的职责。

1912年10月22日，史量才从申报馆主席子佩手里盘接下《申报》，自任总经理。他认为既要“注重历史”，也要“记录现实”。这体现在他立下的办报宗旨：“我办报纯以社会服务为职志，不挟任何主义，亦无任何背景。为社会谋福利，尽国民之天职。”[16]他认定报纸可公而不可私：“非为私，而为社会国家树一较有历史之言论机关。”[17]经理张竹平的解读更明白：“本报以大无畏之精神，抱大牺牲之决心，认定此与寻常业务不同。营业固当顾全，然为利公而非利私，故千锤百炼，而不移此志。”“或谓申报乃历史之缩影，申报馆乃历史馆，申报同人即编撰历史者。”[18]接办时，馆内没存一份在他之前40年的旧《申报》，岂不是就灭了这段历史记录？收集完整的《申报》档案便成了迫不及待的任务。他说：“概自十七年中，兵争俶扰，而国家之文献荡然无存。一旦政治清明，朝失而求之于野，此戋戋报纸，或将为修史者所取材乎！”[19]这样的立意之高、理念之新，就是人们赞誉的“史家办报”！强烈的责任感、崇高的使命感，使他为时代留下了“可信”的历史！

创刊人美查定下了《申报》“记载详备、立论纯正”的基调，但是美查没有保存《申报》档案意识。史量才比美查高明处在于：自觉担当起“记录当时事的同时，以史为鉴，保存历史记载”的使命和责任。为了找到在他之前40年的旧《申报》，史量才一上任，就刊登“征收全份旧申报”广告，从1913年3月17日到11月17日，锲而不舍地坚持了117次，历时9个月，感动了藏报老人张仲照，才得到他慷慨捐赠。同人们由此认识到报纸实为庄严伟大之公共事业，上下一心，唯总经理马首是瞻。

“记录现实”“改造环境”是报人责无旁贷的神圣责任和使命，他说：“唯吾人同处此环境下，不见民国以来，拥重兵挟大炮者相环乎？其势力之雄千万倍于报纸，然倏尔败，倏尔逃，倏尔死矣。其如虎之兵士，倏尔缴械，倏尔改编，倏尔流为盗匪矣……若谓韦布之士、笔墨之力，而可以改造环境者，吾将执鞭以相从焉。唯所以委曲求全，亦抱有区区之愿望在也。”[20]为“肩负此社会先驱，推进时代之重责……使社会进入合理常规”，他将“申报60周年纪念宣言·今后努力的工作”公布报端：“以积极之行动努力于本报之改进……不徘徊、不畏缩，尽我绵薄”，接受读者民众监督得以兑现。“申报一息尚存，亦将奋其老马之力，一洗无功之耻。”[21]在《申报》2万号大庆时的演讲表达了史量才为《申报》尽天职，鞠躬尽瘁，死而后已的决心。

三、对报业的贡献

在《时报》问世前,《申报》独步上海滩 20 年,1893 年创刊的《新闻报》也先它 11 年。不容分说,《时报》一问世就分夺去一大块蛋糕,结束了两大报平分读者群的历史。被读者誉为“文化人的宠儿”的《时报》,与“知识界的恩物”的《申报》、“商家耳报神”的《新闻报》,你追我赶,遂使望平街上形成申、新、时鼎足三分的局面。《时报》后来居上的妙招在于锐意革新的勇猛和锐气,以及敢为人先的多种创新,使我国陈旧、呆板、老式报纸的面貌、格式焕然一新,各报纷纷起而效尤,望平街出现了激烈竞争的兴旺景象。他所开的六大先河使报纸版面出现丰富多彩、生气勃勃的景象:

1. 版式——对开四版、两面印刷的新颖的版面格式,结束了我国报纸折叠书本式样,沿用至今。

2. “时评”——独创社论体裁专栏,短小明快的报纸立场观点,使读者一新耳目。

3. 特约通讯——及时报道北京的时政新闻与鲜为人知的政界内幕,透彻而尖锐的剖析,使“新闻版”大放光彩。

4. 专电——“快递”为报社发送新闻,或转送外地拍来的电报供报社报道,着先鞭,成为独家新闻。

5. 副刊——《余兴》刊登庄谐杂陈、五彩缤纷、矜奇斗巧、趣味盎然的杂著,成为读者茶余饭后津津乐道的谈资,赢得爱好诗词文人的广泛兴趣。

6. 图画——图文并茂的《图画时报》,令读者兴味盎然,催生了 1920 年创刊的我国第一家现代画报《图画周刊》。

到 1924 年 9 月,也许“库存”已尽,“创新”难再,抑或抗挫力远不如史量才强大,“……狄楚老因年事已高,专心内典,无意经营,……他将《时报》、有正书局,经陈冷血的儿子陈能……介绍,出售给黄伯惠”[22]。年仅 53 岁的他从此金盆洗手,退避到妻妾、儿女群温柔乡中,在参悟佛理中寻因果、问鬼神。然而,在经办《时报》的 20 年间,狄平子对中国报业做出的杰出贡献是不可忘却的。

“拿张‘申报纸’过来……包包……看看”,这金句直令《申报》成了所有报纸的代名词,无报可与它争锋。《申报》在祖辈人口头顽强传呼中,活了 70 余年,它的“绝对权威”是民众、社会、历史给予的最高嘉奖!

《申报》是一部非官方意志的多事之秋的乱世日记、一部填补清末民初乱世历史空白的“史记”，更是一座我国近现代史的“史料宝库、一本包罗万象的百科全书”。它，不可动摇的特殊而崇高的地位，与两位伟人的伟大贡献分不开：一位是奠定《申报》基业的英国创刊人美查，另一位是继往开来、中流砥柱的国人史量才，是他将《申报》推向众报难以企及的辉煌巅峰。

在经验管理上，史量才网罗人才，留聘经验丰富的老《申报》全班人马，选聘经理、总编得力干才为左右臂膀。“史量才的长厚处在用人后不轻易易人”[23]，善待同人、提携青年，申报馆呈现一派蒸蒸日上兴旺气象。在业务上，史量才设立广告科，开广告“服务第一”的风气之先；树立品牌，树职业操守，立名牌意识；建造世界一流的现代化报馆大楼，为《申报》企业化现代化打下了坚实的物质基础，加快发展速度。1918 年双十节，举行申报新大楼落成典礼，让《申报》在与国内外交流沟通中“改变环境”，让国家走向强大。英国报界最高权威北岩勋爵参观大楼时发表他的新闻观并盛赞：“世界幸福之所赖，莫如有完全独立之报馆，如贵报与敝报差足与选。”这既是世界报界共同奋斗的目标，也是史量才坚定不移的办报目标。1919 年，史量才被推选为世界报业大会副会长。1927 年，史量才买下《时事新报》；1928 年，盘进天津的《庸报》；1929 年，收购了《新闻报》的 50%股权，俨然成为拥有 4 家大报、南北一统的实至名归的中国报业大王！《律和票房十周年纪念》里题词下有注释：“中国报界大王《申报》、《新闻报》、《时事新报》、《庸报》主人史量才先生”，“他国报界大王不免有政治上野心、经济上垄断，史先生勤恳诚笃，凡事公开，完全以舆论机关公诸社会，不偏不倚，苟难能也。”[24]

在史量才的惨淡经营下，《申报》驶入了快车道，驶向世界报界大舞台。史量才接盘时，《申报》仅售 7000 份，到他遇害的 1934 年 11 月，《申报》销量已达 15 万份之多，成为与有 200 多年历史的英国王牌老报《泰晤士报》并驾齐驱的一份权威大报。

四、对文化出版事业的贡献

狄平子的文化贡献寓于出版业之中，他创办的“有正书局”注重保存国粹。他首开珂罗版复印精品名画，运用新技术之先河，出版了大量书籍、画册及各种品类，深得各界称道青睐，其中除了古籍孤本、善本、珍本外，尚有传世之作的正本、秘本，数量之多、品质之优堪称一流，如《红楼梦》《聊斋志异》《清代画史补》《三希堂法帖》等。他还影印了古今画家的对联、字轴、画轴、画屏不下 600 种。名家书画《中国名画集》印了 38 辑，其中有的内容属于国宝级的，不得随便出境;其他各种名人画册约300种,珍本碑帖约200种等。同时,他出版由其创刊的《小说时报》《妇女时报》《佛学丛报》以及他的《平等阁诗话》《平等阁笔记》。他还开设了设备一流、技术优良的“民影照相馆”,将各类人物照片汇编成《惊鸿一瞥》出版,大受欢迎。

狄平子的文化贡献还体现在他的诗歌、小说、书法艺术上。他说“小说乃文学之最上乘”,认为小说高尚的新思想可引导启蒙大众。1909年,他创办了《小说时报》,大量刊登小说。他是“小说界革命”重要的理论家、批评家,对80回《红楼梦》作具体研究,亲自写评论。他的《论文学上小说之位置》意识超前、见解独到。他自称“成为清末民初提倡并推动小说最力者”[25]。他在“诗界革命”地位同样不可忽视,认为诗有改良人心风俗作用。他“很少抒写一己私志”,他颂扬民众爱国抗俄行动诗句,如:“郎著征裘女脱簪,私情何似国情深?”“富有极强的家国之念,具有感人至深的力量,时人罕有其匹者。”[26]狄平子的书法清逸刚劲,颇负时誉,大凡书局出版的书刊杂志,封面题字均出自他的手笔。狄平子还提倡中国近代文字改革:“他从世界文明进化史的角度,借日本造字经验,提倡简化汉字……颁行全国,亦减省时间之一道。”[27]

“君本书生”,“古之伟丈夫欤”[28],史量才有着传统文人的修养情调,他的文化生活多姿多彩,琴棋书画剑皆精。诗歌虽偶尔为之,但寄托其心愿理想,大气磅礴、境界高远,是狄平子诗词所不能匹,如“统一文化兮声气通,精神物质兮合西东。破除国界兮天下公,息争与让兮太古风。……”[29]史量才的诗词有着激昂民众士气之意境。

史量才的文化教育事业,面向底层民众,寓于“改造环境愿望之中”。教育是国本,他自学生时代就办学,曾任6所不同学校的校长,7所大专院校校董,对办学情有独钟。他说:“一国之兴,新闻策先锋,文化实基础。”[30]他认为文化教育最利于普及知识,启迪民众,让先进的文化知识渗透到民众思想中,对改造世道人心具有极大作用,于改善环境大有裨益。晚年,他创办了惠及大众的公益学校:“申报三校一馆”,即“申报新闻函授学校”“申报业余补习学校”“申报妇女补习学校”及“申报流通图书馆”。同时,为调动广大读者关心报纸文化传播的热情,特在《申报》上开辟“读者问答”“读者顾问”栏目。史量才也提倡文字改革,1911年“义国都郎万国博览大会”上,顾宪成因汉字改革“得先进国志荣之特奖”,史量才闻讯撰文予以宣传:“顾君发明之新字‘三奇六利’字母若出而问世,用作注字音标,最为相宜。盖既可收读音统一之效,又可成改变象形文字之功……”[31]

在文化出版上,史量才出版发行了一系列重量级经世致用的书籍、刊物:1922年,出版了大型纪念刊物《最近之五十年》;1930年,出版了《申报图画周刊》;1932—1934年,为纪念《申报》花甲,出版了《申报月刊》《申报年鉴》《申报丛书》，发行出版了《上海文库》《中华民国新地图》《中国分省地图》《名人词典》等。

（作者：上海史量才研究专业委员会副主任）

注释：

[1] 恽辛茹：《记狄平子》，《大成》，（总）第 5 期，第 31 页。

[2] 罗石：《狄葆贤氏族的诗学传家与文学思想》，苏州大学硕士学位论文，2008 年，第 26 页。

[3]（加拿大）季家珍：《印刷与政治》，桂林：广西师范大学出版社，2015 年，第 36 页。

[4] 恽辛茹：《记狄平子》，《大成》，（总）第 5 期，第 31 页。

[5] 同上。

[6] 毛志良：《功勋卓著 桑梓情深》，《江宁春秋》，1985 年第 3 期，第 23 页。

[7] 施村：《史量才先生传略》，《江宁春秋》，1985 年第 3 期，第 2 页。

[8] 黄炎培：《史量才先生之生平》，《史量才先生讣告》。

[9]《江苏学校考查上海各校分别等第表》（续），《申报》，1906 年 5 月 28 日。

[10] 原籍确认：笔者一直认为江宁有史量才祖父、父亲的坟墓，世居老屋内仍居住着史家后人，对他的江宁籍贯深信不疑。2000 年 5 月，溧阳市党工委奚渭明先生来信称，民国二十四年所树的“溧阳县旱灾振济纪念塔”与《溧阳县旱灾振济纪念塔文》上赫然刻写着：“……其个人具热忱者，则以旅沪闻人狄平子、史量才二善士，情关桑梓，输款尤多”，并附有纪念塔与塔文的复印图片。最近，为编撰史公年谱，再度对史量才籍贯所在地进行反复论证、实地察看后，得知史量才系溧阳史氏第 58 代人，与狄平子同为溧阳籍。

[11] 季家珍：《印刷与政治》，第 57 页。

[12] 戈公振：《中国报学史》，北京：三联书店，1955 年，第 142 页。

[13] 季家珍：《印刷与政治》，第 40 页。

[14] 同上，第 21 页。

[15] 丁文江：《梁启超年谱长编》，上海：上海人民出版社，1983 年，第 432 页。

[16] 瞿绍伊：《史先生办报之志》，《申报月刊——追悼史总经理特辑》，1934 年第 12 期。

[17] 俞颂华：《忆史先生》，《申报月刊——追悼史总经理特辑》，1934 年第 12 期。

[18] 张竹平：《余所纪念于此纪念日者》，《申报》，1928 年 11 月 19 日。

[19] 史量才:《申报发行二万号纪念》,《申报》,1928 年 11 月 19 日。

[20] 同上。

[21] 同上。

[22] 谢菊曾:《十里洋场的侧影》,广州:花城出版社,1983 年,第 156—157 页。

[23] 包天笑:《追忆史量才》,《晶报》,1934 年 11 月 17 日。

[24]《律和票房十周年纪念》,庞荣棣:《申报魂——中国报业泰斗史量才图文珍集》,上海:上海远东出版社,2008 年,第 115 页。

[25] 罗石:《狄葆贤氏族的诗学传家与文学思想》,苏州大学硕士学位论文,2008 年,第 51—52 页。

[26] 同上,第 40 页。

[27] 同上,第 51 页。

[28] 章太炎:《史君墓志铭》,《上海文史资料选辑》,第 47 辑,上海:上海人民出版社,1984 年,第 72 页。

[29] 史量才:《申报发行二万号纪念》,《申报》,1928 年 11 月 19 日。

[30]《申报年鉴旨趣》,《申报年鉴》,上海:申报社,1932 年,卷首页。

[31] 史宗修:《顾宪成君发明中国新字记》,《申报》,1913 年 4 月 13 日。

现代性启蒙：史量才办报实践与思想

贺　蕾

1872 年，《申报》在上海创立，直至 1949 年停刊，共出版了 78 个年头，计 25600 期。《申报》发行量大、流布地区广，成为近代中国最重要的新闻报纸之一。然《申报》虽有 78 年的历史，最辉煌的时期却是史量才主持馆务的 22 年，《申报》之影响近代中国，最重要的时期也是史量才时代。1912 年，史量才购下《申报》，在史量才的领导下，《申报》突飞猛进，影响大增。就销量而言，1912 年为 7000 份，1917 年达 2 万份，1920 年为 3 万份，1925 年突破 10 万份，1932 年超过 15 万份。就资金本而言，《申报》创办时，资本 1600 两白银，1907 年席子佩接办银 7.5 万元。1912 年，史量才以 12 万元接办。到 1935 年，全部资产已近 200 万元。每年营业额亦达 200 万元，广告收入 150 万元。[1]《申报》之所以能够成为当时在全国影响最大的报纸，与史量才的办报理念及其实践是密不可分的。关于史量才办报理念及办报实践的研究一直以来都是研究者关注的重点，有研究认为史量才是“史家办报”，有研究认为史量才是“企业家办报”；言及“史家办报”者多着力于史量才在新闻编辑业务及史料出版方面的办报实践，言及“企业家办报”者多着力于史量才的报纸经营策略。但总体上这些研究缺乏对史量才办报理念及办报实践的综合全面的研究，很少有研究关注史量才之“史家办报”与“企业家办报”之间内在的精神联系，很少有研究关注何以史量才持有“史家办报”之思想，何以史量才会有“企业家办报”之策略。总体上说这些研究没有真正理解史量才办报思想及其报纸经营的指导思想和真正动因。本文试图探讨史量才办报实践及其指导思想所体现出的有识之士在中国现代化进程中运用现代媒介进行现代性启蒙的时代旨趣。

现代性与现代化不同。现代化是指变革的过程，是动态的过程，结果不能预料；而现代性是指由现代化及其成果唤起的相应的精神状况和思想面貌。但现代性与现代化的关系也是相伴相生的，现代性伴随着资本主义和启蒙运动在西方萌芽发展。"'现代性'从其本源上来讲是一个关于'西方的故事',是一个关于'资本主义成功'的故事,这个故事的名字叫'启蒙'。"[2]"现代性就是西方工业社会在现代化进程中生成的与传统农业社会的经验本性和自然本性相对的一种理性化的社会运行机制和文化精神。"[3]1843年,上海开埠,自开埠起,外国人创办的商贸公司、工厂、医院、学校和市政机关就成了受聘担任某些负责职位的中国人学习现代技能的场所,包括买办、股东、董事,直到职位较低的协助具体项目的经理。1911年辛亥革命后,成立了中华民国。上海的资本主义开始迅速发展,并一直延续到1937年抗日战争全面爆发。在20世纪二三十年代的经济发展中,国际局势与私营企业的努力起到了重要作用。这些商业资产阶级乐于接受西方的方法:技术创新、合理管理和企业文化。当商业资产阶级涉足政治时,他们并非为了谋取行政庇护或图谋显赫的社会地位,他们更希望的是显示他们的力量,这种力量已经在经济领域里得到充分显示。事实上,这些新的老板已不再将经营企业看作是简单的生财之道,或是投入其他更具魅力的活动的台阶,而是当作为社会、为国家服务的崇高目标和愿望,这种志向超越了对个人利益的考虑。[4]史量才就是他们中的一个。

史量才1880年出生于并不富裕的商人家庭,七岁随父迁居江苏松江泗泾镇,1899年中秀才后,放弃举业,热衷新学,学习日文、物理、化学等。1901年考入杭州蚕学馆,1903年毕业后,史量才到上海发展,先后执教于南洋育才学堂、上海兵工学堂、务本女学,教授理化等,创办上海女子蚕桑学校,兼任《时报》编辑,对江苏学务总会、全国务农联合会、商办苏浙铁路事宜也很热心,担任董事或总干事等职。[5]育才学堂是国人在上海自办的第一所新式学堂,由革新教育前驱王柳生于1895年创办,不教八股而提倡新学,1900年王培孙接手叔父王柳生的事业,史量才担任王培孙的助理兼理化课程的教员。王培孙赞同孙中山的革命主张,而且是同盟会会员,致力于新式教育并立志走教育救国之路。《时报》创办于1904年,由狄平子奉康梁之命回国创办,是康梁在变法失败后在国内办的第一家机关报。狄平子在主持《时报》时在许多方面做了大量的创新与改革,史量才仰慕狄平子,经常出入时报馆,对于它的创立经过、关键都耳闻目睹。1908年起史量才兼任《时报》栏目主笔,至1912年接办《申报》,4年时间里,他对报纸的采编和管理既有了感性的认识,又有了实践的机会。不仅如此,狄平子交游甚广,他辟出时报馆二楼一个房间,以为待客之用,并名为"息楼",史量才是"息楼"常客,在这里,他接触到了众多留洋归来的新式文人,这些人中不少后来成了史量才办报的助手。这些经历对史量才后期办报的思想和实践影响很大。1912年,史量才以12万元分两期盘下《申报》,开始他的办报经历。

笔者认为在史量才的办报经历中,无论是"企业家办报"还是"史家办报",

无论是前期所谓的“保守中立”还是后期的“锐意进取”,在本质上都是统一于史量才运用现代媒介进行现代性启蒙的办报追求中。正如1923年梁启超在《五十年中国进化概论》中论及晚清以来中国现代化的三个阶段时所说“第一期,先从器物上感觉不足”,“第二期,是从制度上感觉不足”,“第三期,便是从文化根本上感觉不足”。[6]这三个层次,从本质上看是中国现代性的建构由“器物”的层面向“制度”层面再向“文化”层面的推进。史量才的办报思想与实践正是近代中国现代化进程中的一个缩影,反映的是近代中国现代化进程中现代性思想启蒙与建构的一个侧面。

一、超越企业家办报:现代企业制度的有效性展现

史量才接手《申报》之后进行了一系列改革,这些改革从本质上看就是运用现代企业管理制度来运营报纸,《申报》本身的变化也展现了现代企业制度的有效性。“《申报》发展中所体现的报业发展规律,不是《申报》所特有,而是代表了中国近代报业发展的共同的规律,因为这一现象在中国近代报业中许多报纸都有体现,成为报业竞争取胜的基本操守。”[7]

史量才接办《申报》以后,聘请擅长经营的张竹平为经理,在馆内创设广告推广科,一面派出外勤人员到处招揽广告,改变过去等客上门的做法,一面改进广告设计,代客绘制广告,撰写文字说明。这些做法很受工商界欢迎,报纸上的广告大大增加。此外,《申报》在拓展广告业务的同时,也十分重视提高报纸质量,改进发行工作。在提高报纸质量方面,史量才尽力网罗杰出的报业人才,除聘请擅长经营的张竹平为经理外,还以高薪从时报馆挖来著名报人陈景韩担任主笔,聘请一代名记者黄远生、邵飘萍为驻京记者或特派员。他不遗余力加强新闻报道,更新报道样式,努力以新闻优势吸引读者。他归纳新闻写作三字经——确、速、博,成为《申报》记者的守则。他创办全国性通信网络,设立多种专刊、增刊、专栏,使报纸向更加现代化、综合化方向发展。在发行工作方面,在稳定本地订户的基础上积极扩大外地订户,派人到全国各地征求机关、团体和个人订户。报纸新闻质量的提高和发行工作的改进使得报纸发行量大大提高,如前所述,从1912年的7000份到1932年的15万份。报纸发行量的提升又吸引了更多的广告客户,这样报纸的营利不断增长,由每年的一两万元,增长到10多万元,最多时达到30余万元。与此同时,《申报》引进先进技术,不断更新设备,1918年建起高五层、设有百余间房间的申报大楼,接着从美国购进两台最新款式的印报机,购进压纸版机、浇铅版机、铜字铜模等,还自备汽车,加快送报速度。这一切使申报馆成为当时全国设备最新、最完备的报纸企业。[8]

史量才运用现代企业制度经营的不止报纸，史量才在主持《申报》的同时，也创办了其他产业。其先开设了两家钱庄、一家金铺和一家米行，后在华侨商人黄奕住的帮助下，合伙创办了中南银行、民生纱厂、上海酒精厂、上海瓷砖厂、五洲药房等，并扩大中华书局。由此可见，接手《申报》运用现代企业制度经营管理申报馆只是史量才现代产业之一种，经营报纸和经营银行、纱厂等其他现代产业一样展现了现代企业管理制度的有效性。然而，报纸作为文化产业毕竟不同于其他现代产业，对此，史量才则有着十分清醒的认识："此非寻常业务，是件庄严伟大公众之事业，需要抱大无畏之精神，抱大牺牲之决心。"[9]这意味着史量才对于现代新闻业和现代新闻思想有着清醒的认识，学界所谓史量才之"史家办报"思想从本质上讲是他对现代报业独立自由精神认识的实践表征。

二、超越史家办报：现代报业独立性之实践表征

学界将史量才之办报思想称为"史家办报"源自章太炎为史量才撰写的墓志铭"史氏之直，肇自子鱼；子承其流，奋笔不纡"，将史量才比作春秋史官子鱼和历代正直的史家，出于对国家和历史的责任感，忠于事实，秉笔直书，遭到与子鱼他们同样的悲剧命运。史量才姓史，加之主张"以史自役"，因而章太炎将他的办报方针称为"史家办报"，自此学界开始沿用，以此来概括史量才的办报方针。实际上史量才对现代报纸的认识较之"史家办报"更为深刻。史量才认为"日报者，属于史部，而更为超于史部之刊物也"，报纸是"史家之别裁，编年之一体"，它肩负着"通史之任务"，报社全体同人必须"以史自役"，为此报纸所作的记载一定要真实、客观和公正，并且明确提出办报是要"为修史者所取材"，不仅如此，"历史记载往事，日报则与时推迁，非徒事纪载而已也，而必评论之，剖析之，俾读者惩前以毖后，择善而相从"。[10]

可见，史量才并未将日报等同于史部，并未将今日之新闻等同于明日之历史。再结合史量才的办报实践，可以明确史量才对于现代报纸的性质认识是非常深刻的，其所谓"真实、客观和公正"正是现代报纸的精髓。

对现代报纸的精准认识得益于史量才的现代性思想，他十分重视与西方新闻界的对话与交流，申报馆先后接待了英国第一大报《泰晤士报》主人北岩勋爵，美国密苏里新闻学院院长、世界报界大会会长威廉博士，美国新闻家、万国报界联合会新闻调查委员会委员长格拉士等一批批来自西方的同行。与外国新闻界的对话，不仅开阔了史量才的视野，也提高了他对现代新闻业的认识。1921年，史量才在接待万国报界联合会新闻调查委员会委员长格拉士一行的招

待会上致答词："敝报创立至今，已四十九年，较鄙人之年岁，尚多六载。鄙人办此报，现历十年。以敝报言，如老人之身。惟全馆同人皆兢兢自勉，以新精神鼓运之，使向前进。现在营业收入可以供用，故可自信不受任何方面之津贴，虽十年来政潮澎湃，敝馆宗旨迄未偶迁。孟子所谓'贫贱不能移，富贵不能淫，威武不能屈'，与顷者格拉士君所谓'报馆应有独立之精神'一语，敝馆宗旨似亦隐相符合。且鄙人誓守此志，办报一年，即实行此志一年。"[11]可见，史量才对于现代报纸独立性的认识是非常深刻的，而这也正是他办报的宗旨。

从一定意义上讲，说史量才是"史家办报"莫如说是"独立办报"，这与现代西方报业之所谓"第四权力"相符合。史量才提出"人有人格，报有报格，国有国格。三格不存，人将非人，报将非报，国将非国"，这其中之"报格"正是现代报纸之"独立精神"。在史量才时期，《申报》始终试图保持独立发言地位，艰难地争取政治上的自主，不听命于任何政治权力集团，不受任何权势操控。在1930年2月至10月，为对抗国民党当局的新闻检查，《申报》创下了开9次"天窗"的历史。1932年，史量才拒绝蒋介石派员"指导"《申报》时强调："《申报》是自力更生的报纸，从没拿过政府津贴，倘若定要派员指导，宁可停刊。"[12]可见，史量才不仅深刻理解现代报纸的精髓，同时也在自己的办报实践中自觉追求现代报纸的独立性。

三、现代性思想启蒙：从社会的现代化到人的现代化

从上述分析可知，史量才的办报思想和实践是超越了以往学界之所谓"企业家办报"和"史家办报"的思想，这两者之间有着内在的统一性，即史量才自身所具有的现代性在实践中的体现。学界常将史量才接办《申报》之初就在《申报》刊登《征收全份旧申报》广告，在246天里，反复刊登117次并最终感动了沪南米商张仲照老人将自己订阅、珍藏了40年的全份旧《申报》全部捐赠给申报馆的举措视为史量才"史家办报"思想的实践，史量才本人在《申报发行两万号纪念》中称这一举措的要义乃在其强烈的"文献意识"或者也可称之为"史料意识"，尽管其提到"为修史者所取材"，但终不能因之而将史量才向社会征集旧《申报》作为其"史家办报"思想的表征。"文献意识"也好，"史料意识"也好，均属现代性理念，正对应了史量才在《最近之五十年》的"序言"中的"足以发扬国光，剪除国耻，补《申报》论载之不足，觇国人智识阶级之进步"[13]。与之形成呼应的是编辑葛豫夫之"非报纸无以启发民智""报纸之销与民智之启闭成正比""举天下之新理论新主义介绍于国民，使之习熟而不骇异，然后人之知识智谋乃达于进步""能将国人之误谬之理想，千年不变之陋习，一一摧陷廓清之""察国

民之性质,审世界之趋势,知何者为最有利,而后并力鼓吹之”。[14]可知对民众的现代性启蒙乃史量才办报实践与思想之根本旨趣所在。史量才办报不仅是为了实现自身的理想与目标,更重要的是借办报以传播文明,开启民智,促进社会和国家的进步,这也正能解释为何1922年在经营《申报》十年之际,史量才决定编纂一部《最近之五十年》之大型纪念册的原因。

《最近之五十年》以宏观性的视野,对《申报》创刊50周年的纪念与对世界和中国的问题的关注紧密结合起来,将中国放在整个世界潮流中来加以观察和分析,而最后的落脚点又着重于开启民智,提高民众素质,解决中国的实际问题。其发刊词阐明:“谓为本报成立以来纪念史,也可谓世界国家最近世进化史也。”《最近之五十年》全书共分三编。第一编为“五十年来之世界”,第二编为“五十年来之中国”,第三编为“五十年来之新闻业”。刊物的编辑称“试读本书,得其至精,可以窥专科,得其大概,可以充常识”,“读第一编可以知全世界五十年来万千大问题过去与现在之情况”,“读第二编可以知吾国五十年来哲学、科学、文学、外交、法制、财政、军事、教育、农工商矿、交通、水利、卫生种种过去与现在之情况,及其与列国间相互之关系。全国大问题略具于是”,“读第三编可以知世界与中国新闻业进化之概况”。[15]《最近之五十年》所辑之文章起到了传播现代西方文明和开启民智的积极作用。

除了编纂《最近之五十年》,1932年至1934年,《申报》陆续发行《申报月刊》,编印《中华民国新地图》,发行《申报年鉴》,编印《申报丛书》,设立申报流通图书馆,为店员、学徒、工友和失学青年提供服务,设立申报业余补习学校、新闻函授学校和妇女补习学校等,服务社会、开启民智。有研究者称《申报》为“国民养成的课堂”“民族主义启蒙的窗口”“抗日救亡的喉舌”“传播新知的媒介”和“移风易俗的阵地”,凡此种种,无一不传播现代思想,开启民智,实现从社会的现代化到人的现代化。

四、结语

从对史量才的办报实践与思想梳理分析可知,史量才办报不仅是为了实现自身的理想与目标,更重要的是借办报以传播文明,开启民智,促进社会和国家的进步,对民众的现代性启蒙乃史量才办报实践与思想之根本旨趣所在。本文认为在史量才的办报经历中,无论是“企业家办报”还是“史家办报”,本质上是统一于史量才运用现代媒介进行现代性启蒙的办报追求中。史量才是近代中国追求现代思想促进国家进步的一群人中的一个代表,史量才的办报思想与实践是近代中国现代化进程中的一个缩影,反映的是近代中国现代化进程中现代性思想启蒙与建构的一个侧面。

（作者:上海体育学院新闻传播与外语学院副教授）

注释:

[1] 熊月之:《〈申报〉与近代上海文化——纪念〈申报〉创办140周年》,傅德华等主编:《史量才与〈申报〉的发展》,上海:复旦大学出版社,2013年,第5页。

[2] (法)白吉尔:《上海史:走向现代之路》,上海:上海社会科学院出版社,2014年,第7页。

[3] 衣俊卿:《现代性焦虑与文化批判》,哈尔滨:黑龙江大学出版社,2007年,第294页。

[4] 同上,第116页。

[5] 熊月之:《〈申报〉与近代上海文化——纪念〈申报〉创办140周年》,傅德华等主编:《史量才与〈申报〉的发展》,第4页。

[6] 梁启超:《五十年来中国进化概论》,《最近之五十年》,上海:上海书店出版社,1987年影印版。

[7] 马光仁:《从〈申报〉发展看近代报业的发展规律》,傅德华等主编:《史量才与〈申报〉的发展》,第12页。

[8] 丁淦林:《中国新闻事业史新编》,成都:四川人民出版社,1998年,第196页。

[9] 徐廷华:《从江宁走出的民国报人史量才》,《江苏地方志》,2014年第6期。

[10] 史量才:《申报六十周年发行年鉴之旨趣》,《申报月刊》,1932年11月30日。

[11] 谢介子:《世界报界名人来华者之言论丛辑及予之感想》,《最近之五十年》。

[12] 闻娱:《新闻专业主义视角下史量才办报理念再考察》,傅德华等主编:《史量才与〈申报〉的发展》,第139页。

[13]《自述》,《最近之五十年》。

[14] 葛豫夫:《祝本报五十年纪念系之以论》,《最近之五十年》。

[15]《敬告读者》,《最近之五十年》。

史量才“史家办报”思想的再认识

李如冰　何扬鸣

史量才是近代中国杰出的报人，终其一生致力于我国新闻事业的发展，他把《申报》办成中国影响最大、销量最多的报纸，成为近代中国的百科全书。他在新闻思想上也有诸多建树，“史家办报”就是其新闻思想的重要组成部分，在近代中国新闻思想史上有着重要影响。与其他新闻思想家、理论家不同的是，史量才不仅在理论上对“史家办报”的思想进行阐述和鼓吹，在实践中也通过经营《申报》、开展一系列社会公益文化活动，对“史家办报”的思想努力践行，以实际行动将“史家办报”推进到了一个新阶段和新高度。至今，人们已经对史量才“史家办报”思想多有研究，成果不少，然而，我们还是想从特殊性这个角度来谈谈对史量才“史家办报”思想的认识，以求教于大家。

一、史量才“史家办报”思想内涵的解读

“史家办报”思想是史量才新闻思想的重要组成部分。他认为日报肩负“通史”的责任，有记录历史的重要作用，因此，要用治史的态度客观真实地记录国内外发生的大事小情。史量才的“史家办报”思想不仅受到中国传统史家观点的影响，也深受西方自由主义报刊理论的影响，坚持经济独立、政治独立，坚守自己的舆论立场，希望以《申报》的影响力，开风气，启民智，担救国之责。

（一）日报肩负通史却超越史部之任

“史家办报”思想的内容源于史量才对新闻和历史关系的认知。早在1928年，他刊文说：报纸是“史家之别载，编年之一体”[1]。在《申报六十周年发行年鉴之旨趣》中，史量才再次谈到这个问题：“日报者，属于史部，而更为超于史部之刊物也。”[2]他认为报纸是超越了历史的存在，历史不过是记载往事，新闻的

时效性却要求它与时俱进，日报“非徒事纪载”，而是要记发生的重要事件并加以评论分析，让读者借此惩前毖后、择善而从；新闻“写真人类进化之史”远超于历史之上，但这种用文字记录、用文本保存来发扬传承的行为却又与历史相同。今日之新闻乃明日之历史，新闻肩负着传承人类历史的重任，史量才认为：“日报兴而人类进化之纪载愈真切矣！”[3]

总体来言，史量才对于新闻和历史关系的认识奠定了他“史家办报”新闻思想和实践的基础。其一，他认为日报属于史部，但超越历史，因此记载每日之新闻，特别重视对国内外大事小情的新闻报道，因为“概自十七年中兵争俶扰，而国家文献荡然无存。一旦政治清明，朝失而求之于野，此戋戋报纸或将为修史者所取材乎”[4]。其二，他还认为日报对事件评论分析，应有鲜明的立场观点以指导人民，引领公共舆论。其三，日报作为人类历史的写真，有记录历史之功，但比历史更尽发扬传播之能事，可以在尽量短的时间内让更大范围的民众了解身边发生的各类事件。其四，史量才认为日报越发达，留给后世的历史越丰富，于当下记载当下的历史也愈加真切。他也很重视对申报新闻报道、评论等各类资料的整理与汇编。可以说，在史量才的新闻思想中，这种“日报肩负通史之责但超越历史”的认识起到了一个提纲挈领的作用，其新闻思想日后的发展大致就是沿着这个方向演进的。

史家办报，“史家”自己的报纸就应该有完整的历史。为此，史量才在接手《申报》之初就反复刊登《征收全份旧申报》的寻物启事，他认为《申报》之前已出版了 40 年，报馆却没有旧报刊存档留底，就好比遗失了《申报》40 年的历史一样。为此，他费尽心力多次拜访收藏者张仲照（张笙香），张老先生最后慷慨地将所藏全份旧《申报》（仅差 7 天）赠予史量才，成就了《申报》作为近代中国百科全书，“为修史者所取材”，为社会历史所承载的重任。

（二）建设民族历史文化

“同人深知民族生命之系于文化，文化之传后无穷者为历史”，史量才觉得报纸，尤其是他自己的《申报》在记录历史的同时，还要承担起启迪民智、建设“民族生命与文化历史之责任”。[5]他认为“日报之于文化社会，关系巨擘”，所以“国人应知申报息息负历史文化之责任，又同时力趋于时代以前，应环境之演化，开风气于方新，所求不负使命者，固未尝一日去诸怀抱也”。[6]史量才修史的理念不单体现在日报记录历史上，还在其以普及文化教育、促进民族文化发展、提高国民素质为宗旨，创办各种传播文化、科技、先进知识的副刊以及出版一系列传承文化的出版物。

纵观历史，《申报》自创刊以来，也确确实实地做过这方面的努力，并取得许多实实在在的业绩，因此，在《〈申报〉六十周年发行年鉴之旨趣》中史量才说“本馆同人，窃凛于对民族生命与文化历史之责任，兢兢业业，从事于申报者，亦既六十年矣”。《申报》能不能因此沾沾自喜，继续吃老本呢？“九一八事变”以后，日军步步蚕食国土，吞并中国的野心日益暴露，民族危机日甚一日。在这种情况下，《申报》更要注重文化历史，这是“外觇时代之需，内课本身之使命”[7]，以谋求使我民族国家富强繁荣文明开化之方法，不忘历史文化，传承历史文化，以提高广大民众爱国救国的意识。这是当时时代环境紧迫性和危急性所要求的。

历史文化既有本国的、纵向的，更有世界的、横向的，因为世界日益融为一体，没有一个国家能独自地生活在自己的文化圈里，孤芳自赏。这对古老又落伍的中国来说尤其重要。“申报既以促进文化之责任自励，又以顺时演进自策，则为读者之需要计，宁有故步自封之理？于是同人乃益相督责，期复竭其知能，尽其责任于日报之外矣。”[8]也就是说，为读者的需求考虑，史量才要求《申报》今后要积极关注国内外的政治经济形势，探究社会热点问题，普及科学文化教育知识。这部分的具体措施在下文再论述。

（三）独立办报，义利兼顾

近代上海商业化民营报刊发达，《申报》为其中之最。史量才接手《申报》之后，坚持独立办报，“无党无偏，言论自由，为民喉舌”，主张言论自由而不受任何党派组织所影响干涉的意志，坚持了一个社会舆论机关应有的态度。这种独立办报，以史自役的新闻观，一方面是受西方自由主义报刊理论的影响，另一方面也继承了我国史家坚持实录的传统精神，“为修史者所取材”。面对不同政治势力的压迫威胁，史量才都坚持从服务大众的角度出发，为人民发声，为历史载文。1921 年史量才回答美国新闻学家格拉士（F. P. Glass）对《申报》“有独立精神，不受潮流浸润与打击”评价时明确表示：“虽十年来政潮澎湃，敝馆宗旨迄今未偶迁。孟子所谓‘贫贱不能移，富贵不能淫，威武不能屈’，与顷者格拉士君所谓‘报馆应有独立之精神’一语，敝馆宗旨似亦隐相符合。且鄙人誓守此志，办报一年，即实行此志一年。”[9]

在坚守道义方面，史量才认为报纸应该有独立的报格，不受任何官方政治势力的操纵。面对袁世凯复辟帝制的倒行逆施，《申报》明确表态反对变更国体，支持民主共和，严词拒绝袁世凯的贿赂行为。秉持和坚持新闻自由的办报理念，史量才多次拒绝了国民党中央特派的人员干涉指导《申报》的采写发行，他认为：“《申报》是自力更生的报纸，从没拿过政府津贴，倘若定要派员指导，宁可停刊。”[10]他曾公开表示：“决定自即日起，绝对不受任何检查，绝对不受任何干涉。”[11]为了抵制政府干涉新闻自由的行为，《申报》还开过 9 次的“天窗”，以

"抽掉稿子不补"的方式公开抗议。

在报纸经营方面，史量才也和普通的"文人办报"不同，他通过企业化的管理经营报社，广纳贤才主笔撰文，高薪将时报馆的陈冷挖来任报社主笔，聘请黄远生、邵飘萍为驻京特派记者，特邀青年才俊黎烈文主持副刊《自由谈》，约请鲁迅、茅盾为《自由谈》撰稿；投入大量资本兴建现代化的申报大楼，改进印刷设备，利用当时先进的电报技术加快新闻传递方式；以读者受众为本位，开辟"读者顾问"专栏，出版《读者顾问集》，以问答的形式了解读者的需求，增强报刊的知识性、教育性、趣味性，以系统化的出版事业，打造《申报》知名品牌；以报馆生存为第一要务，为避免卷入太多政治纷争，重视海内外新闻的报道，大量利用国外通讯社的电讯，1921 年后相继在世界各大都会如伦敦、华盛顿、巴黎、日内瓦、罗马、柏林、东京等地设立特约记者和通讯员；[12]改善报纸投递方式，让递送公司上门兜售；大力促进广告销售，为客户设计广告文案，无微不至满足广告主的需求。可以说，史量才在保证盘活做大《申报》的基础之上，也很好地兼顾了国家民族大义，肩负了社会历史的责任，在"谋利"与"取义"之间尽可能地做到了平衡。

二、史量才"史家办报"思想实践的认识

史量才并非专门的新闻理论家，他的"史家办报"思想大多都通过其具体的办报实践体现出来，而且不同于近代的很多知名报人，史量才的新闻理念的实践很大程度上也与其经营理念、强烈的民族社会责任感有密切关系。他不仅在《申报》新闻事业上奉行"史家办报"的新闻思想，在其所创办的其他领域的事业中，其核心的价值观也是以"史家思想"为中心的。在实际经营操作领域，史量才也充分发挥其企业家运筹帷幄的能力，建构了以《申报》为中心的报业托拉斯集团。

（一）改革报纸言论，坚守日报之责

《申报》创刊以来，政治姿态一直相对保守，史量才接管《申报》后，也延续了保守的政治态度，在错综复杂的政治环境中采用明哲保身之道，"不偏不倚"地保持中立态度。此时的《申报》"重新闻轻评论"，认为现代报刊要多刊载政治新闻资讯，重视新闻的采访写作，弱化对政治时局的评论。主笔陈冷表示："人非圣贤，安能评量悉当，稍有出入，责备纷来"，"十余年来之报纸编辑日日在朝秦暮楚无所适从中"。[13]加大新闻报道的力度确实发挥了新闻报刊的根本作用，最大限度地传递了更多的新闻信息，使《申报》成为当时全国国内外消息最灵通、

最快捷的报纸，但是作为一个影响力强大的舆论机关没有自己鲜明的态度，还是让很多读者产生不满。

1931年“九一八事变”爆发后，国难当头，面对深重的民族危机和各阶层民众共同抗击日本侵略的高潮，史量才顺应历史潮流，为传达公正的社会舆论、表达人民群众的心声，一改从前温暾隐晦的语言风格和静默观察的冷淡态度，以“为社会、历史办一较有权威的言论机关”为宗旨，密切关注国际国内政治军事形势的发展变化，以笔为枪，行救国警民之责，评论文章言辞犀利尖锐，切中时弊。为此，史量才也经常对报馆同人说：“……报馆之责在辨明是非，是非苟稍颠倒即罪过也；报馆之责在提倡公道，公道苟不能伸张即罪；国家赖舆论匡救，苟稍失职即罪，社会赖舆论以改进……”[14]事变发生接下来的一段时间，《申报》刊登了大量日军侵略进程和民众联合抗日的新闻，如《日军暴力强占沈阳》(1931年9月20日)、《沪人士奋起反日》(1931年9月21日)……还发表了一系列时评，如《世界列国其注意日人之暴行》(1931年9月22日)、《国人疾速猛醒奋起》(1931年9月23日)等[15]，成为抗日救亡保家卫国的舆论阵地先锋。宋庆龄因国民党左派领袖邓演达被蒋介石秘密杀害一事愤而撰写《宋庆龄之宣言》，谴责国民党丧失革命集团之地位，痛斥蒋介石残忍杀害党内领袖的罪行。因为这篇宣言直陈蒋介石领导下的国民党内部权力争夺的肮脏内幕，几乎所有报纸都噤若寒蝉，史量才却顶住巨大的压力和危险率先在《申报》上刊载全文。国民党对江西红军发动第四次“围剿”时，《申报》连发3篇著名时评《“剿匪”与“造匪”》《再论“剿匪”与“造匪”》《三论“剿匪”与“造匪”》[16]，抨击了国民党政治腐化，发动内战，消极抗日的行为。此外，史量才还与黄炎培共同参与了很多抗日救亡的民间团体，如壬申俱乐部、上海市民地方维持会、上海地方协会等等。[17]凡此种种，都反映了史量才的爱国情怀和以文救国的历史责任感，也是其“史家办报”思想最好的诠释和体现。

(二)兴教育、办副刊、促文化

史量才的“史家思想”除了体现在改革《申报》言论，秉笔直书，坚守日报记录历史的责任之外，还体现在他增设各式各样的副刊，兴办学校教育，促进社会文化发展，开启民智等方面。

《自由谈》起初作为报纸副刊，在鸳鸯蝴蝶派文人手下以“茶余酒后消遣的趣味主义”为宗旨，刊登一些风格清新的小品、散文、逸闻趣事等。[18]在《申报》进行改革的同时，《自由谈》也进行了一系列的革新。黎烈文担任《自由谈》主编期间，认为要革新副刊就必须除旧布新，“牢牢站定进步和近代化的立足点”，在当时的社会环境下不仅要娱乐受众，更要教育启迪民众。于是，一时间左翼作家的杂文似雪片般地飞来，它们文风犀利且与时代脉搏紧密相连，以批判性、思想性直指社会、政治中的弊病，承担起警醒国人的作用。后来政府当局不断向史量才施压要求撤换黎烈文，遭到史量才的拒绝。

除了《自由谈》这一副刊，《申报》还专门针对各行各业制订不同的副刊。在《〈申报〉六十年革新计划宣言》中，史量才条分缕析地列出了日后的工作计划，其中有多条都与增设副刊相关：“《自由谈》虽说只是一种副刊，但为调和读者兴趣……今后刊载文字，约分为长篇创作，短篇世界名著小说，科学的故事，世界风土记，妇女和儿童的小品文字，以及幽默文字等”，“增添各种副刊，如《电影》业已付送；如《经济》、《业余》、《建筑》、《卫生》十二日起即可出刊；还有《教育》、《国货》、《科学》等亦将次第出版……务使读者各就所好获得其所需求的智识和资料”。[19]这些副刊充分满足了不同年龄层次、不同领域的读者对不同文化知识的需求。

史量才不仅要利用《申报》及其副刊这个媒体平台去塞求通，普及西方先进的科学知识和思想文化，引导教育民众谋求救国之路，他深感要想实现民族复兴还要不断提升国人的文化教育水平和道德素养，通过兴建“申报业余补习学校”“申报妇女补习学校”“申报新闻函授学校”来引导扶掖青年学习新知，建立“申报流通图书馆”提供免费借阅图书等服务。史量才认为建立图书馆与申报馆殊途同归，都是“以史事为经，以学艺为纬，俾合力于文化，庶民智因而日进，民德因而日立，以抵于国家富强之域”[20]。可见，史量才希望通过发展文化教育来促进国人文化素质提高，启发引导民众，最终实现济世救国的社会责任。

(三)出版系列化，用“申报”品牌记录历史

除了在办报的同时着手兴办文化教育事业，为了使先进的文化更加深入民众的思想中，史量才决定要用书籍、报刊浸润人心、记录历史，让读者通过《申报》的系列产品弥补日报报道之不足，对当时的各领域知识以及国内国外的政治社会发展形势有一个明晰的认知。

1922 年《申报》创刊 50 周年，史量才邀请孙中山、蔡元培、胡适、黄炎培、李大钊等一众社会名流编订了《最近之五十年》这部对中国乃至世界 50 年来具有总结意义的百科全书。全书分三篇，为“五十年来之世界”“五十年来之中国”“五十年来之新闻业”，详载《申报》创刊 50 年来中外各方事务进化之流变以及新闻业之发展，可以说是“本报成立以来纪念史，也可谓世界国家最近世进化史也”。在日报之外，申报馆还增设副刊、专刊，创办月刊、年鉴，以补日报当日记载之不足。其中，月刊是对日报“征引提举”的辅助性刊物。与日报主要登载事实类为主的新闻资讯不同，月刊的编辑周期较长，内容也更加丰富，涵盖科技文

化生活等各个领域，而且可以在月刊之上自由地发表评论观点，还有类似史部的记录当月发生重大事件的月表。年鉴是对日报、月刊中记载的大事要闻进一步的总结归纳，可视为“统计史表”，它是将一年以来发生的政治、经济、文化、社会领域的重要事件的新闻报道、评论文章整理编辑，汇集成册，“不啻为我国国情逐年的信史”。“日报、月刊为经，年鉴为纬”，三位一体，使读者无论从何种方向、何种角度，论时治史，都能详尽而系统地了解一年之中所发生的事件，达到“闻见之能真切”“考订之能详审”的目标。[21]不仅如此，申报馆后来还编辑整理了《申报月刊丛书》和《申报丛书》；聘请国内统计专家，编译国内外社会经济统计图表，用数据给受众以直观的新闻感受。

三、史量才“史家办报”思想意义的理解

新闻事业在近代中国诞生以来，梁启超、章太炎、蔡元培等诸多报人、学者都对“史家办报”有所提及，史量才的“史家办报”思想很大程度上是受我国传统史家思想和西方自由新闻主义的双重影响。然而，作为我国近代的杰出报人，史量才不仅有着丰富的办报经验，也有着灵活的商业头脑、企业家精神和救国救民的强烈的民族责任感，因此史量才的“史家办报”思想，相较于前人更有其自身的独特之处。同时，他还把人格、报格、国格与“史家办报”思想融合在一起，并深深烙印在他新闻事业的各个方面，是“史家办报”思想最忠实最彻底的践行者。

（一）史量才“史家办报”思想的广泛基础

史量才“史家办报”思想在内涵与实践方面都有着丰富而深刻的内容，在中国新闻思想史上应有它的一席之地。然而，有关史家办报思想，无论是其起源还是阐发，史量才均非是一个人在唱独角戏。史家办报思想在近代中国这个特殊国度里，有着广泛而深厚的基础。

作为政治家和报人，梁启超首先提出了报馆应具有的史家精神：“报馆者，现代之史记也。故治此业者，不可不有史家之精神。”什么是史家的精神？梁启超进一步阐述道：“鉴既往，示将来，导国民以进化之途径者也。故史家必有主观客观二界，作报者亦然……有客观无主观，不可谓之报。”[22]可见梁启超史家办报的思想更倾向于传统的文人清议，将报刊视为发表其政治观点、实现其政治理想的舆论场，以此来指导国民，促进国家进步文明。与梁启超相似，谭嗣同、唐才常、章太炎也将报刊与政治目的紧密联系在一起。进入 20 世纪后，蔡元培、邵飘萍、任白涛等一批有着深厚新闻学素养的学者，继续在史家办报的问

题上阐述自己的观点。蔡元培在为徐宝璜的《新闻学》作序时，也曾说过："新闻者，史之流裔耳……虽谓新闻之内容无异于史，可也。"[24]他将新闻与历史看得一般无二，但也认为新闻报道要求时效性，新闻写作有迅捷性，新闻事业有营利性，这又区别于历史。

再以《申报》自身发展的历史来看，《申报》创刊之时，其创办人美查对"史家办报"有过一定的阐述。他在发刊词《本馆告白》中说："凡国家之政治，风俗之变迁，中外交涉之要务，商贾贸易之利弊，于夫一切可惊、可愕、可喜之事足以新人听闻者，靡不毕载，务求其真实无妄，使观者明白易晓，不为浮夸之辞，不述荒唐之语。"[25]这里，美查虽未明确提出"史家办报"的思想，但是报刊有着"记录历史"功能的意思还是很明确的。上文提到张仲照（张笙香）之所以将其所藏1万余号《申报》赠予史量才，有被史量才诚心所感动的因素，也与张老先生"史家办报"意识有关："余行年七十有八矣。当二十二岁时，申报创刊于海上，主其事者为西人美查先生，而蒋芷湘钱昕伯辈先后秉笔政事。尝是之时，人民之于国政得失良窳，类皆漠然。虽专制政体之下，人民固不容置喙，要亦民间无喉舌为之代鸣也。以是内政设施何如，外交成败何如，民间疾苦又何如，其不知者固无从鸣，即知者亦不敢鸣。自申报坠地，呱呱一声，余即料其他日之必为民间代鸣者。盖观其有闻必录，而能不浮不夸，真实无妄知之也。既读其文，于是珍而藏之，日复一日，爱护备至。由一号以迄万号，积三十载。当是时余年已逾知命矣，越如干年，曾史君量才征求全份申报，余念视已茫茫，发已苍苍，而齿牙已动摇，是精力就衰，何能继续宝藏，乃慨然举而归之。当时以为淹忽不远，固不复作觏及二万号之想。孰料其竟不然。天假吾年，使复睹及二万号之盛业，如今日者。噫，不亦幸欤。"[26]

史量才作为近代知识分子，虽受西方自由民主文化的熏陶浸染，但更受到中国传统文化知识体系的影响，注重"取鉴资治，垂训道德"的史家传统。他将治史的思想与西方的新闻报刊思想结合起来，并根据日后环境和形势的变化，作了一定的发展，形成了自己的"史家办报"思想。

（二）史量才"史家办报"思想的独特之处

史量才"史家办报"思想源自于中国史家传统，采撷于诸多人士的相关陈述，可谓达到了"史家办报"思想的集大成者。然而，细细比较一下，史量才"史家办报"思想与其他人士的"史家办报"思想有相同之处，更有其独特之处。

梁启超认为报馆的功能在于通过舆论来监督政府和引导国民，认为监督政府应从全局的方向考虑，把握住大方向而不拘泥于小节；在引导国民方面，他认为，应当以"主观"的政治评论"变骇为习"来警醒国民支持变法。这是一种带有鲜明的政治目的、过激的舆论刺激，重视政治评论而轻视新闻报道本身的新闻思想。史量才与梁启超等人的身份地位不同，社会角色也不同，他是民间报人，没有像梁启超等政治领袖一样在办报上有诸多的政治负担，他经营《申报》更多的是从一个接受西方先进思想又有着强烈民族责任感和爱国情怀的知识分子、专业的有情怀的报人、头脑精明的商人等角度去考虑的。《申报》改革之前，史量才更多的是遵循新闻报刊传播信息的本质和传统史家行记录历史之责任，重视新闻报道，增加新闻报道的刊载量，确立"不偏不倚，言论自由，民众喉舌"的中立方针；《申报》改革之后，史量才的确也把《申报》的"时评"变得尖锐锋利，但是这种对政治时事的评论，是作为独立的舆论机关对政府进行批判监督，用史家秉笔直书的精神来评判事情的是非曲直，承担报馆作为社会先驱推动社会发展时代进步的责任。

蔡元培等学者的"史家办报"思想，更多是强调新闻与历史的密切关系，新闻肩负着通史的重任。史量才则将史家办报的思想通过《申报》这个平台付诸实践，其特点在于在"办报"的诸多行动上体现"史家"思想。史量才接手《申报》之后，在报纸内容上，如修史著书一般，全面、真实、详尽、客观地记载国内外大事小情，秉笔直书社会上发生的各种是非曲直，所及范围涵盖政治、经济、社会、文化、教育、科学、技术等各个领域各个门类；日报为主，月刊年鉴补充、整理、综合各种新闻、时评、统计图表，将纷杂的事件梳理集结成册，为"修史者"提供了更大的便利；史量才"史家办报"不仅单纯体现在用"史家思想"办报上，而且这种"史家思想"背后是强烈的促进民族文化发展的责任感，从根本上提升国民素质，促进国民接受西方先进的科技文明，让国家民族得以重生，让民族文化得以传承。

而对比邵飘萍、任白涛等报人，史量才的独特之处在于其用现代企业化的经营，将"史家办报"的思想通过《申报》的品牌效应扩大化，深入文化教育等各个领域，切实地承担起促进民族国家兴旺发达的历史重任。近代很多报人都出于知识分子的爱国报国之心，创办报纸，希望通过报纸这种大众传播方式传递新思想、发动社会舆论、推动政治变革来挽救民族危亡，这种"文章救国"的办报目的背后更多的是一种"文人办报"的逻辑思维。虽信奉"史家办报"，但史量才并非单纯的一个文人，他很有敏锐的商业头脑和商业眼光，在经营《申报》的过程中，为了确保报馆的顺利经营，避免过多参与政治，其多重视新闻报道；为了报社可以独立自由地发表言论，他坚持独立经营，不接受任何政治团体或党派的资助，将《申报》打造成一个有权威有灵魂的言论机关。

十分明显，史量才的"史家办报"思想相较于其他人的"史家办报"思想，更加强调报刊本身记录历史的功能，弱化其通过报刊实现政治变法的目的，回归了新闻报刊的本质。史量才的“史家办报”思想，是中国传统“史家办报”思想的发展和提高。

(三)史量才“史家办报”思想的质变升华

一个报社能确立“史家办报”的宗旨，固然可贵，值得称赞，但是能否付诸实践或者能否很好地践行，则又是另一回事情。试想一下，一个见钱眼开的记者或编辑，能承担起“铁肩担道义，妙手著文章”的担当？一个格调低下的报社能不奉行有奶便是娘的哲学？一个黑白混淆、是非不分的国度里，能容纳得了信仰“史家办报”的新闻工作者和新闻媒体？

“新闻家，国医也，国魂民命系焉。”[27]报人，从事新闻职业的人，承担着巨大的社会历史责任，国运衰微之际，更应当利用报刊媒介的舆论力量发动广大爱国志士、群众，共同担负起时代和历史的重托。既然办报如同治史，那么报纸就和史书一样有着为读者、为后人鉴往知今的“致用”功能，新闻工作者有责任向社会提供丰富而详尽的历史记载。所以申报馆对本馆记者的要求也以此为原则，不仅要求他们具备新闻专业知识，也要像史学家一样博古通今，有出色的才学品德；在报道新闻记录历史的过程中，要忠于事实，不曲笔，不妄言；以服务国家、社会、人民为本心，面对强权有舍生取义、杀身成仁的大无畏的精神气度。

史量才在经营《申报》事业的过程中坚守“史家办报”的思想，也正是在《申报》记录历史，以史自役，肩负起救国警民，促进民族文化发展的重任的过程中，凸显了史量才深明大义、刚正不阿、勇于承担历史重任的人格，彰显了《申报》作为一家有态度、有责任、有骨气的报刊的报格，以及面对民族危亡，广大同胞奋起反抗，为国家、为民族百折不回、宁死不屈的国格。因此，当史量才时不时告诫《申报》同人“人有人格，报有报格，国有国格”[28]的时候，不要以为他只是一时一地的随想，这是史量才“史家办报”思想的自然和必然的引申或者提升。再细细地分析一下，史量才的“史家办报”思想与其“三格”是有着互为因果的关系。

只有有一定人格的新闻工作者，在有一定报格的媒体、有一定国格的国度里，“史家办报”思想才有可能得到一定的践行。从这一点讲，“三格”是“史家办报”思想的基础和必要条件。然而，当新闻工作者具备了“史家办报”的思想，当一家媒体确立了“史家办报”的宗旨，久而久之，“史家办报”成为一种习惯，成为一种传统，成为一种精神了，而一个国家对这样的新闻工作者和新闻媒体又是予以鼓励、保护和弘扬，那么“史家办报”思想便会自然而然地成为其人格、报格、国格的一个组成部分。从这一点讲，“人有人格，报有报格，国有国格”是“史家办报”思想的质变和发扬光大。

正因为将“史家办报”思想升华至“人有人格，报有报格，国有国格”境界，史量才才能以其非凡的人格力量与诚挚的赤子之心投注于《申报》事业，汇聚凝结成厚重的《申报》之魂，体现了《申报》独树一帜之报格，从而也体现了中国近代报人、近代报纸在深重的民族危机之下追求救亡图存、振兴中华的国格。“九一八事变”爆发后，举国震惊，史量才加派记者通讯员对前线的战况进行及时的报道，连续多天发表时评严正揭露抨击日军侵略的暴行；为了保卫我国疆土、版图的完整，史量才聘请专家绘制国内空前精密详尽之地图——《中华民国新地图》《中国分省地图》，认为“兹图始创，大好金瓯无恙也”[29]，即使现今敌人侵我中华，只要“中华民族精神一日不死，则必有还我河山一日”[30]。不仅如此，史量才在办报、办实业的过程中还积极地承担促进民族文化之责，将《申报》视为促进社会文明进步、发扬民主自由之公器，兴学校，立图书馆，利用申报品牌发展出版事业，以一己之力促进教育文化的发展，开启民智，扶植青年，不断提高民众文化素质。

（作者：第一、二作者分别为浙江大学新闻传媒与社会发展研究所研究生、教授）

注释：

[1] 史量才：《申报发行二万号纪念》，《申报》，1928 年 11 月 19 日。

[2] 史量才：《申报六十周年发行年鉴之旨趣》，《申报月刊》，1932 年 11 月 30 日。

[3] 同上。

[4] 史量才：《申报发行二万号纪念》，《申报》，1928 年 11 月 19 日。

[5] 同上。

[6] 同上。

[7] 同上。

[8]《申报年鉴旨趣》，《申报年鉴》，上海：申报社，1932 年，卷首页。

[9] 史量才：《申报发行二万号纪念》，《申报》，1928 年 11 月 19 日。

[10] 庞荣棣：《史量才：现代报业巨子》，上海：上海教育出版社，1999 年，第 195 页。

[11] 秦绍德：《申报和史量才“左转”的原因》，姜义华、傅德华主编：《史量才——媒体、报人与社会责任》，上海：上海书店出版社 ，2015 年，第 32 页。

[12] 马光仁：《从〈申报〉发展看中国近代报业的发展规律》，傅德华等编：《史量才与〈申报〉的发展》，上海：复旦大学出版社，2013 年，第 16 页。

[13] 庞荣棣:《申报魂:中国报业泰斗史量才图文珍集》,上海:上海远东出版社,2008 年,第 105 页。

[14] 庞荣棣:《史量才研究选粹》,上海:上海交通大学出版社,2014 年,第 14 页。

[15] 华文报刊文献数据库:《1931 · 中国山河巨变 · 九一八事变》,2017 年 7 月,http://www.huawenku.cnhtmldanyewenzhang 0229/576.html♯.

[16] 黄瑚、葛怡婷:《从九一八事变后〈申报〉所刊内容看史量才政治立场的转向进步》,傅德华等编:《史量才与〈申报〉的发展》,第 154 页。

[17] 傅国涌:《时局 · 饭局 · 格局——史量才在“九一八”之后的公共生活》,姜义华、傅德华主编:《史量才——媒体、报人与社会责任》,第 44 页。

[18] 庞荣棣:《申报魂:中国报业泰斗史量才图文珍集》,第 125 页。

[19] 史量才:《〈申报〉六十周年革新计划宣言》,《申报月刊》,1932 年 11 月 30 日。

[20] 庞荣棣:《史量才研究选粹》,第 23 页。

[21] 史量才:《〈申报〉六十周年新计划宣告》,《申报月刊》,1932 年 11 月 30 日。

[22] 梁启超:《敬告我同业诸君》,《中外新闻学名著导读》,浙江大学出版社,2005 年,第 25 页。

[23] 徐宝璜:《新闻学》,北京:中国传媒大学出版社,2016 年,第 5 页。

[24] 马庆:《论史量才的“史家办报”思想》,《当代传播》,2011 年第 4 期,第 36 页。

[25] 张笙香:《申报二万号纪念》,《申报》“申报二万号特刊”,1928 年 11 月 19 日。

[26] 庞荣棣:《史量才研究选粹》,第 25 页。

[27] 马荫良:《坚持抗日,反对内战——史量才在 1932 年》,《上海文史资料选辑》,第 47 辑,上海:上海人民出版社,1984 年,第 89 页。

[28] 庞荣棣:《史量才研究选粹》,第 69 页。

[29] 同上。

坚守与缺守之间:史量才的“三格”理论与实践

吴廷俊

研究史量才,有一个能够透视他心灵的窗口,那就是他的“三格论”。关于“三格论”的出处,据庞荣棣女士[1]揭载,1929 年 1 月,史量才秘密从福开森那儿购买《新闻报》65%股权的消息传开,遭到《新闻报》员工的抵制,掀起一场轩然大波。国民党上海市党部也借机制造混乱,1 月 20 日,六区党务指委会给《新闻报》报馆发函说:“唯福开森虽去而野心家又来,驱虎进狼,不独影响于民族,且将波累于党治,尚冀不挠不屈,坚决收回,以宁为玉碎不为瓦全之决心而与言论界恶魔相宣战,务使言论机关保持独立而不落入托拉斯或反革命之手,则所愿也。”面对《新闻报》员工和国民党的两面夹击,为了平息风波,史量才一方面退出 15%的股权,一方面将《新闻报》代表请进史公馆进行面对面的沟通。他在回答“有无军阀操纵”的发问时说:“人有人格,报有报格,国有国格,岂能受人操纵?”并且当场对《新闻报》总经理斩钉截铁地说,对他们的职务一概“不变”,也不会派人来干涉他们的事务。[2]由于此后史氏再无此种论述,因此学界在论及史量才时,虽多有提及,但是仅仅是点到为止,缺乏深究。

本文提出“报人格”之说,即是对史氏有关“人格”“报格”的延伸,希冀通过对史量才“报人格”内涵及其在中国新闻史上地位的探讨,来深入认识这位中国现代新闻史上影响深远的报人及其价值。

一、人格与“报人格”

(一)人格,是做人的资格

中国汉字中,人是象形字。象形的人字,表示人独立直行,立于天地之间,既是天地之性最贵者,又是一种懂得鞠躬、谦逊的哺乳动物。人之所以能够鞠躬,是因为其内心会思考,明白个体力量的不足,需要与他人合作,建立一定的社会关系,进行互相支持与协助以达到预期之目的。

在汉文里,"格"的本义是"树木的长枝条",引申为法式、标准、规格,如"言有物而行有格也"[3],并进一步引申为品格和格调。

"人"与"格"组成"人格",表示做人的资格。既然"独立直行"是人区别于其他哺乳动物的基本标志,当然也就是人格的基本内涵,故有人把人格径直称为"独立人格"。当然,人作为一个独立的生命个体,不是一个简单的肉体存在,而是一种精神的存在,所以,独立人格的核心是精神独立。

人的精神独立了,才可以独立思考,才可以对自己的言行负责,人与人之间才可以平等对话,才可以结成各种关系。换言之,自由思想、平等意识和责任担当是独立人格的题中应有之义。人的魅力主要来自人格,称为"人格魅力"。人格魅力与地位高低、财富多寡、学问大小关联度不大。在中国哲学视阈,人格不光是常识意义,也不只是心理学层次的,而更是道义层次的。史量才先生所谓的"人格"就是从这个意义上而言的。

"人格如金。"自古以来,我们中华民族最讲人格,最注重人格尊严。"士可杀不可辱",把人格尊严推崇到极致。从孔子的"三军可夺帅也,匹夫不可夺志也",孟子的"富贵不能淫,贫贱不能移,威武不能屈,此之谓大丈夫",到李清照的"生当作人杰,死亦为鬼雄",文天祥的《正气歌》,于谦的"粉骨碎身浑不怕,要留清白在人间",再到林则徐的"苟利国家生死以,岂因祸福避趋之",谭嗣同的"我自横刀向天笑,去留肝胆两昆仑",一代又一代的仁人志士、民族英雄以自己的凛然正气诠释着人格尊严的精神要义,激励着华夏子孙直立前行。

(二)"报人格"是做报人的资格

何谓报人?仅从字面上讲,似乎报人就是办报纸的人。其实不然。美国哥伦比亚大学新闻学教授弗里德曼在《媒体的真相——致年轻记者》一书中说:"技术的进步正一步步剥夺记者所有外在的'神秘'和优势。但正如不是每个戴上听诊器的人都是医生一样,有了拍照手机、有了便携 DV,并不意味着每个人都能成功地报道新闻。记者意味着长期专业的训练,意味着对新闻价值的把握,意味着对正义与公平的追求。每个人都可以成为信息传播者,但不是每个人都足以配得上'新闻记者'的称号。"[4]只有能把握新闻价值、具有正义感、公平意识的信息传播者才能称之为新闻记者。

在中国,报人是一个正规、严肃的称谓。我国著名记者徐铸成先生很推崇"报人"这一称谓,他在《报人张季鸾先生传》的引言中解释为什么称张季鸾为"报人",并且没有在"报人张季鸾"前面加上"'伟大''卓越'这类的形容词"时说:“我认为,‘报人’这个称谓,就含有极崇敬的意义。”他进一步说:“我国近代新闻史上,出现了不少名记者,有名的新闻工作者,也有不少办报有成就的新闻事业家,但未必都能称为报人。”[5]在徐铸成眼里,被冠之以“报人”称谓是需要资格的。这个资格就是“报人格”。

“报人格”是人格在报人身上的体现,其既具有人本共性,也具有职业特性。首先,因报人格的独立精神决定报纸的独立品格,故“报人格”的精神独立要具体落实到报纸的“政治独立”与“经济独立”上。具体而言就是,坚持不接受带政治背景的津贴,坚持“不卖”,保持经济独立;坚守体制外身份,坚持“不党”,保持政治独立。马克思说,没有独立,“即使欺骗、撒谎和有害意图的倾向不可能在报纸上出现,那么高尚的、忠诚的、值得崇敬的思想就更不可能在报纸上出现并站稳脚”[6]。只有具备独立品格的报刊才配称之为真正的报刊。其次,“报人格”要把“思想”层面外化到“言说”层面,从内在的自由之思想外化到自由之言说。对一般人来讲,其深刻的思考、深邃而独到的思想,不一定强求他必须公开发表。报人的职责就在于记录和言说,他不仅要想一般人不敢想、想不到的问题,而且要言一般人不敢言、不能言的问题。报人是民众代言人,不言就是失职。马克思说:“报刊只是而且应该是有声的人民日常思想和感情的表达者……”[7]在这段话中,马克思专门对“有声的”3个字加粗,可见,他对报刊和记者能否“公开发声”的看重。最后,报人是社会的瞭望者,时代的布道者和卫道士,他们必须把一般人的责任担当提升为社会责任感、使命感,心怀社会良知,肩负起对社会负责、对时代负责的使命。正如马克思指出的那样:“报刊按其使命来说,是社会的捍卫者,是针对当权者的孜孜不倦的揭露者,是无处不在的耳目,是热情维护自己的人民精神的千呼万应的喉舌。”[8]

二、史量才的“报人格”与其独特办报思想

(一)史量才的“报人格”定位

史量才虽然只活了54岁,但是经历却十分丰富。恽逸群说,史量才“一生兼舆论家、金融家、实业家”,被称为“社会领袖”“政治舞台上的中坚分子”。[9]但史量才一生的主要活动是办报。1912年盘购《申报》,到1934年11月遇害,整整22年。他对《申报》视之如命,身心相许,把这张有历史有声誉的报纸推向了一个新的高度。史量才无愧“报人”称号,是中国现代新闻史上不可多得的报人。

新记《大公报》总经理胡政之先生说:“中国素来做报的方法有两种:一种是

商业性的,与政治没有联系,且以不问政治为标榜,专从生意经上打算;另一种是政治性的,自然与政治有了联系,为某党某派作宣传工作,但是办报的并不将报纸本身当作事业,等到宣传的目的达到了以后,报纸也就跟着衰歇了。但自从我们接办了大公报以后,为中国报界辟了一条新路径……我们的最高目的是要使报纸有政治意识而不参加实际政治,要当营业做而不单是大家混饭吃就算了事。”[10]张季鸾先生在《大公报》荣获密苏里新闻奖章的致辞说,如果说本报还有一点价值的话,就在于它始终保持文人论政的机关。在胡政之、张季鸾看来,中国新闻史上虽然办报的方式有三类,但是党人办报,“并不将报纸本身当作事业”,是“为某党某派作宣传”,此类办报的人实际上是政党宣传员,不是职业报人。职业报人只有两种,即商人办报的“商报人”和文人办报的“文报人”[11]。

那么,史量才办报属于哪一类?2009年,浙江理工大学举行的纪念史量才诞生130周年学术研讨会上,我在“史量才身份的界定”的发言中对史量才的报人身份做了这样的界定:“以商人办报为主,兼有文人办报,并开始有党人办报的趋势。”[12]今天,我在这个基础上做一点修正,对史量才的报人身份做这样的界定——“商人底色的报人”。

史量才出身于小商贩[13]之家,幼年丧母,不到10岁便随父亲来到泗泾镇谋生。他第一次踏进泰和堂药铺,就见堂中央挂着“掺假药必火烧雷劈”的醒目堂幅,“这堂幅就是父亲与表舅庞品三(后来成了他岳父)的经商道德准则和宣言”[14]。这不啻给他上了人生第一堂课,那就是做人做事要老老实实、堂堂正正。泗泾位于上海县、青浦县、娄县与上海市区的交界处,波泾、外波泾、洞泾、张泾在这里交汇,交通方便,米粮集散,水产贸易,商贾云集。史量才到泗泾镇后,被这里浓厚的商贸气息所感染。加上与经商的父、兄(家桢,为其父亲抱养的义子,在药店做学徒)密切交往,耳濡目染,难免滋生若干商业意识,成为他后来盘购《申报》的第一块思想基石。1903年,史量才从杭州蚕学馆毕业,到上海闯荡。“以财色为中心”[15]的上海文化使史量才心中原本懵懂的商家意识被激发而变得清晰。1912年,他之所以盘购《申报》,从泗泾到上海积累起来的商家意识是起了重要作用的。独到的商业眼光,使他看好《申报》商人办报的基础,越来越强烈的商业意识使他在接办《申报》后,萧规曹随,在商人办报的路子上继续前行。不仅如此,他还在商人办报的底色上,增加了若干文人办报、史家办报的因素,形塑出自己独有的报人格,由此而提出和实施其独特办报思想。

(二)史量才的独特办报思想

史量才的独特办报思想大致上可以概括为两个关键词:“独立发展”“义利兼顾”。

1.坚持“独立发展”道路

虽然张季鸾说:“中国报人本来以英美式的自由主义为理想,是自由职业者的一门。其信仰是言论自由,而职业独立。”[16]但是,由于中国国情所在,历代的当权者不承认言论界为独立的社会机关,往往视之为“统治者之应声虫”,“故有一最谬误的习惯,即抹杀独立言论界之存在”。[17]故而,他们对坚持人格的报人、对坚持报格的报纸,千方百计地摧残之。在中国,独立的报人格很难保持。2016年端午节,傅国涌在博客《告别屈原人格》中写道:一个民族长达几千年处在无所不在、无所不能的王权之下,“学得文武艺”除了“卖与帝王家”之外,没有其他的路可走,从而形成了中国知识分子特有的对权力的依附性。由于坚守独立报人格很难,那么报纸坚守独立报格之难就可想而知了。因此,中国的近代报纸基本上处于“依附生存”状态。[18]

史量才是一个能坚持独立人格的报人,他独立的报人格外化为《申报》的报格,坚持独立发展的道路。1921年12月23日,史量才在回应来访美国学者格拉士“报纸应该具有独立精神”,“不受政治和潮流之浸润与打击”时说:“敝报创立至今,已四十九年,较鄙人之年岁,尚多六载。鄙人办此报,现历十年。以敝报言,如老人之身。惟全馆同人皆兢兢自勉以新精神鼓运之,使向前进。论敝馆现况,营业收入可以供用,故可自信不受任何方面津贴,虽十年来政潮澎湃,敝馆宗旨,迄今未偶迁。孟子所谓‘贫贱不能移,富贵不能淫,威武不能屈’,与顷者格拉士君所谓‘报馆应有独立之精神’一语,敝馆宗旨,似亦隐相符合。且鄙人誓守此志,办报一年,即实行此志一年。”[19]

史氏如是言,《申报》亦如是行。

1915年,袁世凯搞帝制活动,通过筹安会[20]派人到上海找有影响的报纸为其张目。8月底,御用文人薛大可携巨款到上海运作,《申报》成首选对象。当时史量才正与席子佩诉讼,面临巨额赔付,急需用钱,薛以为史量才会立马“上钩”。没想到,史氏不为所动,严厉拒绝:“报章职责高于天,但以良心立论,不受津贴。”他还以“申报馆经理部、主笔房同人”的名义撰写《本馆启事》,9月4日正式刊出,向社会公开了行贿者的阴谋,以及其拒绝贿买的心志:“东电传言,有人携款十五万,来沪运动报界,主张变更国体者……有人投书本报,询问此事,并及本报宗旨者,故略表数语如左:按本馆同人,自民国元年十月二十日接手后,以至今日……从未受过他种机关,或个人分文津贴,及分文运动。此次即有人来,亦必终守此志。再本报宗旨,以维持多数人当时切实之幸福为主,不事理论,不尚新奇,故每遇一事发生,必察正真人民之利害,秉良心以立论,始终如一,虽少急激之谈,并无反复之调。此次筹安会之变更国体论,值此外患无已之时,国乱稍定之日,共和政体之下,无端自扰,有共和一日,实难赞同一日。特此布闻。”[21]

1928年,南京国民政府为了钳制舆论,实行新闻检查制度,规定报馆必须每日将排好的大样送检,发现不符合当局“胃口”的稿件随意抽掉,并责成报馆必须填补。但是,《申报》对此“置若罔闻”——抽掉稿子就是不补,用“开天窗”的方式抗议这种暴行。1930年2月至10月,《申报》有过9次“开天窗”。史量才还公然抵制国民政府“派员指导”。他说:“《申报》是自力更生的报纸,从没拿过政府津贴,倘若定要派员指导,宁可停刊。”[22]1932年8月,上海警备司令部又以“史量才利用他的报业权威,勾结上海一班无聊文人,专做‘危害党国’的工作”的罪名,下令上海租界以外的国统区,一律禁止《申报》的邮递。据说这一处罚为蒋介石“钦定”。[23]为了尽快恢复出报,史量才派人与当局谈判,当局开出了几个条件。史量才说,其他条件都可商量,唯独“中宣部派员指导”这一条免谈。史量才的坚决抵制,使《申报》成为上海望平街上唯一拒绝国民党官方派员进驻的报纸。直到遭暗杀前不久,即1934年10月5日,史量才还和俞颂华、黄幼雄“说起他的办报,纯以社会服务为职志,不挟任何主义,亦无任何政治背景”[24]。

2. 实施“义利兼顾”方针

(1)生存第一

史量才接办《申报》之初,继续沿用福开森的“无偏无党”“经济独立”八字方针。这八字方针是典型的商人办报思路。考虑到接办之初立足未稳,加之与席子佩的官司,赔付累累,史量才采取消极政策,“遇到政治问题绕道走”[25],把生存放在首位,主要做营业,以期事业尽快发展。为此还采取一系列相应的措施:削弱报纸的政治性内容,加强知识性和社会性,以适应更多读者的口味;招聘鸳鸯蝴蝶派的文人主编副刊《自由谈》,连载才子佳人的小说,以吸引读者;重新闻、轻言论,基本取消社论和长篇政论文章,而代之以百数十字的短评,尽讲一些不着边际、八面圆通的话。

对于这一段心路历程,史量才于1928年在《申报发行二万号纪念》中做了表白。他说:“抑申报舟也,同人舟之执役也,风雨艰难,晨昏与共,幸无倾覆之虞,免罹灭顶之祸。”并分析说:“民国以来,拥重兵挟大炮者”“其势力之雄千万倍于报纸,然倏尔败,倏尔逃,倏尔死矣。其如虎之兵士,倏尔缴械,倏尔改编,倏尔流为盗匪。试一回顾此冷静之申报,犹得日与阅者相见而无间。若逞其意气取快一时,恐吾同人亦早在缴械、改编之例矣。”他说,遇事保持“冷静”,甚至“委曲求全”,才可以为民众保存“此戋戋报纸”[26]。

(2)读者本位

树立读者本位的思想,是商人办报走市场的需要。没有读者,发行量上不去,办报营利就会落空。注重读者市场,这是老申报的传统,史量才接班后也是如此。一方面,客观公正地报道新闻,在内容上尽量满足读者的信息需求;另一方面,顺应时代发展,满足读者的心理需求。1925 年五卅运动爆发的开始阶段,《申报》与其他几家托庇于租界的商业报纸一样,采取十分暧昧的态度,《申报》《新闻报》尤为突出,甚至发生了两报史上的“报耻”事件——“诚言”事件[27],激起上海新闻界和广大市民的公愤。当时上海的《血潮日刊》《中国青年》《工商学联合会日刊》等载文痛斥《申报》《新闻报》两报,数百名群众涌到两报报馆门前提出抗议。上海学生联合会等团体派人与《申报》《新闻报》两报交涉。面对群众的抗议,史量才感到这将严重威胁到报纸的读者市场,如果不及时平息,势必影响到报纸的发行量。于是,他迅速作出反应,在《申报》刊登启事,向全国人民道歉,并发表《辟诚言》的文章,印发《〈诚言〉是英国人的谣言》传单 20 万份,广为散发,企图挽回在读者中造成的不良影响。

1931 年 9 月,史量才创办著名的《申报・读者通讯》专栏,与读者互动。9 月 1 日刊登《申报读者通讯简章》称,本报将“根据服务社会的精神,将服务议题定为求学、职业、婚姻三方面,并尊重读者的意见决定公开发表与否”。虽然随着“九一八事变”的发生,《读者通讯》内容也发生变化,但是,史量才创办该专栏的初衷没有变,就是了解读者需求,尊重读者意愿,以“读书问答”形式使报纸保持与读者的密切联系。

实践证明,这种做法是行之有效的。申报的读者市场日益扩大,发行量节节上升。1912 年,史量才接办《申报》时,发行量不足 7000 份;10 年后,1922 年增长到 3 万份;1932 年增长到近 15 万份,达该报历史发行量的最高水平。

(3)打造品牌

史量才十分清楚品牌效应。当年与席子佩诉讼中宁可倾家荡产、巨额赔付,就是要保住《申报》的品牌[28],故一旦报纸经营走上正轨后,他便着手进一步提升《申报》的品牌价值。

1931 年 1 月,《申报》成立总管理处,统辖一切馆务。史量才自任总经理兼总务部主任,聘请黄炎培、陶行知、戈公振等民主派人士入馆,参与报纸改革。9 月 1 日,申报发表《本报六十年纪念宣言》,宣布以介绍科学新知识,指示世界经济捩转情势,探求社会矛盾解决之道路,代表公正舆论,引导并扶掖青年,研究边疆问题,鼓吹移民殖边,陈述国际政治之情势等 8 项改进举措为今后努力之鹄的。

《宣言》发布 17 天后,“九一八事变”爆发,举国惶恐,但是《申报》的改革不仅没有停止,反而根据新形势的需要,大力提升《申报》品牌价值。这次革新从版面编排到副刊改革,各类新闻的安排,众多专栏的设置,各类专刊的开办,以及出版发行《申报月刊》《申报年鉴》,编著精详的“申报地图”:《中华民国新地图》《中国分省地图》,出版《申报丛书》,把《申报》的品牌延展到文化教育领域,使申报成为“社会的一架伟大的教育机器”。从 1932 年到 1933 年 12 月,这些计划逐一付诸实施,还相继创办了申报流通图书馆、申报妇女补习学校、申报业余补习学校、申报新闻函授学校等。

至此,《申报》的品牌不仅仅是一张报纸,而是一个涉及新闻、出版、教育各方面的文化航母。

史量才不满足于此,还要将《申报》品牌推向国际。他一方面在世界各地设置办事机构,另一方面邀请国际重量级人士访问申报馆。到 1921 年,史量才陆续在伦敦、华盛顿、巴黎、日内瓦、罗马、柏林、东京等地建立起了《申报》的办事机构,派遣特派记者和通讯员。对来访的重要人物,史量才或亲自或委托要员隆重接待,介绍《申报》宗旨,给来访者留下深刻而美好的印象。1919 年 2 月,美国密苏里新闻学院院长、世界报界大会会长威廉博士第二次访华,2 月 10 日访问落成不久的申报大楼,看后惊叹不已,将《申报》与美国《纽约日报》相提并论。[29] 1921 年 11 月 21 日,英国《泰晤士报》主人北岩爵士到申报馆访问后,对《申报》的独立性予以高度评价,将其与《泰晤士报》并论。[30] 美国新闻出版协会会长格拉士、美国新闻学者麦高森、美国联合报社社长若理士、《太阳日报》主笔史密斯等先后来访,均对《申报》赞赏有加。

1921 年 10 月,第二届世界报界大会在美国夏威夷檀香山举行,史量才因父亲新丧不能与会,派王伯衡会同《密勒氏评论报》代表董显光、上海报业公会代表许建屏和广州报业公司代表黄宪昭以及申报驻檀香山访员王天木等 6 人参加了本次世界报界大会,并特地给大会带去了一封公开信,邀请下届世界报业大会到中国召开,邀请即将访问中国的美国新闻界代表团到上海“鄙馆一访”。在 10 月 20 日召开的本届世界报界大会第九次会议上,威廉继续当选为会长,史量才当选为副会长[31]。

会议结束后,威廉会长随即率团访华,12 月 12 日下午来到申报馆,说这里的一切“皆甚壮观而有精神……使人知报之为业,为一种甚有光荣之职业也”[32]。1927 年 8 月,威廉第四次访问中国,8 月 23 日,再次到申报馆参观。回国后,在题为《新远东,新“新闻业”》(*A New Journalism, In a New Far East*)的报告中,说《申报》是中国最古老的报纸,“屡经兴衰”,在史量才接手后,有更大的发展。[33]

《申报》品牌从中国老大走向世界行列。完全可以说,至史量才遇害之前,《申报》的整体品牌形象在中国报界已经无有出其右者。

(4)不忘国事

史量才把报纸做成营业,重视营利,但是他始终不忘国事,一刻也不敢忘记报人的责任与使命。

北洋时期,他坚定地站在共和立场。他毫不犹豫地拒绝袁世凯的金钱收买,公开表示反对袁氏复辟帝制。1915 年 9 月 10 日、11 日两天,《申报》以醒目标题转载梁启超反对袁世凯复辟帝制的文章《异哉,所谓国体问题者》。之后又连续发表梁启超《国体问题与民国警告》《梁任公与英报记者之谈话》《上袁大总统书》等文,共发表反对帝制的时评、杂评达近 80 篇之多。

1916 年袁世凯正式称帝,改民国五年(1916 年)为洪宪元年。《申报》虽不能再沿用民国纪元,但也没有改用"洪宪纪元",而用西历及旧历纪元。后在当局"禁止发卖,并报纸没收"的威胁下,于 1 月 26 日被迫作如下编排:上行排印西历、星期,中间一行是旧历,下面为"洪宪纪元"。3 月 25 日,又改为民国纪元与西历纪元并用,弃用"洪宪纪元",直到袁世凯一命呜呼。

1919 年五四运动发生后,《申报》予以连续报道,并发表时评赞扬学生的爱国热情,反对当局镇压手无寸铁的学生,指出"国人共奋,万众一心,尚何国事不可挽救者"。6 月 11 日,陈独秀被捕,17 日,《申报》发表杂评《北京之文字狱》,抨击北洋当局。

1931 年"九一八事变"发生的第二天(19 日),《申报》就以醒目标题刊出《日军大举侵略东三省》《蔑视国际法,破坏东亚和平》等新闻,并以大量篇幅登载了近百条战地消息,其中近 50 条是《申报》记者亲赴前线采访到的第一手资料,同时还发表时评《国人疾速猛醒奋起》。

这里要特别提起的是《申报》的言论改革。改革前《申报》的时评不温不火,远离时事;改革后的时评笔锋犀利,既应乎"时",又敢于"评",其特点是紧密联系形势发展,指出时局发展的趋势,帮助广大民众了解国内外政治军事形势的发展变化,完全尽到了报人的责任担当。

1932 年上海"一·二八抗战",《申报》不仅在言论上全面支援抗战,如将《申报》分为一日三刊:"临时晨刊""临时专刊""夕刊",及时报道战况,而且发动全市民众为十九路军捐献军饷、御寒衣裤、药品等,同时呼吁海外华侨捐助十九路军。

1932 年 6 月,中央大学闹学潮,《申报》及时报道学潮真相,并于 7 月 3 日发表时评《中大学潮评论》,披露教育部部长、原中大校长朱家骅挪用 3 万多元水灾捐款的丑闻。

1933 年上半年,蒋介石调动大军,亲任总司令,对江西革命根据地发动第四次"围剿",《申报》对此于 6 月 30 日、7 月 2 日、7 月 4 日,连续发表 3 篇时评《论"剿匪"与"造匪"》等,一针见血地指出"政治黑暗如此","举国之匪皆黑暗之政治所造成","政治不清明,民生不安定,虽十次武力围剿,亦必无功"。

(5)“以史自役”

史量才认为,报纸乃“史家之别载,编年之一体”[34]。他说报纸属于历史范畴,而又高于历史。对此,1933 年,他在《申报六十周年发行年鉴之旨趣》中写道:“日报者,属于史部,而更为超于史部之刊物也。历史记载往事,日报则与时推迁,非徒事纪载而已也,而必评论之,剖析之,俾读者惩前以毖后,择善而相从。”[35]在他看来,做报不仅要记载事实,而且要发表评论,明辨是非,陟罚臧否,引导社会,有研究和发扬的双重功能,因此,做报比治史的责任更加重大。记事要真实,评论更不可有偏差,因此有人回忆说他办报“持论主张公正,新闻主张翔实”。[36]

史量才多次提到报人要“以史自役”,以史家精神办报。他的用意很明确,就是要求报人做报如同史家治史一样,具有高度的责任感,把每天的报纸都做成“信史”,经受得起历史的检验,使报纸成为后来修史的史料依据。

因此,仅办日报是不够的,还应该办月刊,办年鉴,三位一体,相辅相成,相得益彰。史量才说:“日报者,以一日之所得以供给于读者者也;月刊者,积一月之所得以供给于读者者也。然一日所得无几,即积至一月,虽较可加以正确之观察,作有系统之记述,但事态之递嬗,瞬息万变,一月之所得,仍觉其片段不全。人纵有极强之记忆力,亦安能将一年来之千千万万事事物物,藏于脑经,贯通融会而永久不忘?年鉴者,即将此一年之所得,为之爬梳清理,以代各界人士于脑经中记此不能记之事物,留此不能留下之印象者也。”[37]所以,史量才时期的申报馆不仅办《申报》,而且办《申报月刊》《申报年鉴》等。

此外,为了保存资料,史量才接办《申报》后,1913 年 3 月至 11 月,在报上反复刊登《征收全份旧申报》启事,重金征收前 40 年旧报。精诚所至,金石为开,史量才如愿以偿,收集了全套《申报》。1922 年,借《申报》创刊 50 周年之际,他又花大量人力物力编辑出版百科全书式的大型刊物《最近之五十年》。1928 年 11 月 19 日,《申报》举行创刊 2 万号大庆,史量才在《申报发行二万号纪念》一文中自豪地写道:“概自十七年中,兵争俶扰,而国家之文献荡然无存。一旦政治清明,朝失而求之于野,此戋戋报纸或将为修史者所取材乎?”[38]有人说,史量才几乎把《申报》看作可以为后人鉴的“史记”[39],这话不是没有道理的。

综上可见,史量才“谋利而不忘义”,在做营业、重营利的同时,他一刻也没有忘记报人对社会所肩负的使命,并且总是站在时代的前列,与时俱进,这种使命感愈往后愈强烈。史量才被害后,报馆同人翟绍伊在《史先生办报之志》中说:“先生之于事业,初非涉于个人,而萃精荟神于社会国家……孳孳为社会谋福利,尽国民之天职。”[40]诚哉斯言!

三、史量才的“报人格”在中国新闻史上的地位

以“商人办报”的底色，加上“文人办报”的因素构成了史量才独有的“报人格”，这种“报人格”生发出来独特的办报思想，这种办报思想的实践，不仅把《申报》推向一个新的发展高度，而且彰显出特有的“申报格”。这一切，在中国新闻史上占有的地位是独特的、无可替代的。

(一)远见卓识

报馆要走独立发展之路，首先必须发展经济实力。没有一定的经济实力，政治上很难独立。经济实力从哪里来？只有一条，做营业，找市场要。这是中外办报的秘诀，史量才不仅深谙此道，而且善操此道。他办报不仅做营业，而且讲营利，并且营利效果十分显著。据统计，到 1934 年，《申报》固定资产达 200 万元，每年的营业额也达 200 万元，其中广告收入 150 万元，占 75%，发行收入 50 万元，占 25%。[41]

有了雄厚的经济实力，其他事就好办了。1918 年，造价 70 万元、占地 736 平方米、建筑面积 3680 平方米、五层高、宏丽宽敞的申报新报馆竣工，成为中国新闻史的破天荒之举。此外，史量才还购置了美国最新式轮转印刷机，更新了铸字机、纸版机、铅版机，新进了制铜版机、制锌版机，使报纸排印迅速、制版精美，大大提高了报纸的生产质量和速度。生产条件的改善，使报纸生产呈良性循环。

报业做大了，史量才便开始跨界经营。1922 年，他同南洋华商黄奕住在上海创办中南银行；同年，他发起创建民生纱厂，协助项松茂扩大五洲药房，出资帮助费伯鸿复兴中华书局。1926 年，收购上海《时事新报》、天津《庸报》和上海《新闻报》一半的股权，成为地跨南北的报业大王。

除此之外，1929 年史量才又修建了“与其身份相匹配”的私人豪宅——史公馆。据当时的报纸介绍：“入门便见宏敞焕丽、有园林之趣的景象。林荫遮道，点炬照耀其间，幽然如在厅事外。林间曲径通甬道，入厅事竹外有喷水池，池外种花成园，园后是一片小树林，林后是巨大的练身场，可作三个球场。右边有一方游泳池。宅有二厦，西式居中，右为华式大厅，另一座砖木结构的二层小楼将二厦沟通。”[42]

反观那些营业不营利的纯文人办报，就显得寒碜多了。新记《大公报》苦撑 23 年，到头来，报馆房屋一间，同人身无分文，账面上所剩无几。1945 年抗战胜利，《大公报》虽然名扬四海，但是没有经济实力进一步扩大再生产。为了更新

和添置一些新的设备,总经理胡政之不得不向国民党政府申请按官价购买20万美元外汇,向美国订购了3部轮转印刷机和部分通信器材、卷筒纸及办公用品,临时接受旅美华人李国钦5万美元的股金。而这20万官价美金,成了压在胡政之身上沉重的十字架,使得他独立的“报人格”、《大公报》的独立报格都受到了一定损伤。

即使同样是商人办报底色的报人成舍我,与史量才相较也有不小的差距。早年的成舍我在北京大学受蔡元培、徐宝璜等人的影响,将创办“完备的报馆”“健全的舆论”作为毕生的追求,有志于效仿美国新闻大王赫斯特当中国的新闻大王。虽然卓有成就,似可称之为“一代报人”[43],但是在营业上做得不够好,囊中不丰,底气不足,美梦难圆。最后为了圆“新闻大王”的梦,居然上了国民党的“钩”,在CC派的支持下,从中国银行、交通银行、中国农民银行3家国家银行和国民党上层那里募集到巨款,在国民党挖就的泥潭里越陷越深,造成报人格的暂时缺守。1952年定居台湾,大梦醒来的成舍我面临台湾当局的报禁,只能办新闻教育。1988年1月台湾当局解除“报禁”,90岁高龄的成舍我又申请继续办《台湾立报》,3年后,带着许多遗憾撒手人间。

(二)可贵的坚守

如前所述,在中国特有的文化背景和政治环境下,报人的“报人格”是很容易丢失的。报人格的丢失,大致上可分为主动与被动两种类型。主动型的报人格丢失主要是“弃守”,被动型的丢失主要是“失守”。

1. 董显光、曾虚白主动弃守“报人格”

1887年11月9日,董显光出生在浙江宁波鄞县的一个农家。1909年,在上海长老会牧师孟德高莫莱的介绍下,赴美国留学,成为美国密苏里新闻学院第一期学生,后又进入普利策新闻学院攻读博士学位,成为中国第一个新闻学博士。1913年回国,到国民党主办的英文版《中国共和报》任编辑,派驻平津,开始其新闻生涯。此后,他先后担任过英文版《北京日报》主笔,《纽约时报》驻北京记者,《密勒氏评论报》副编辑。1925年6月,他利用积攒的几千元钱,购进天津著名中文报纸《庸报》。为革新《庸报》,董显光与史量才进行了很好的合作。1929年夏天,他受聘为上海英文版《大陆报》(*The China Press*)总经理兼总编辑,经过5年多的努力,把这份本来具有《纽约时报》气质的报纸办成为标准的美国式报纸。

曾虚白1895年出生在江苏常熟城里的一个书香人家。1912年,考入上海圣约翰大学文学院,打下了良好的英语基础。1918年,为了筹措出国资金,他奔走于平津两地,结识了董显光,被其带入新闻界。从协助董显光办《庸报》到出任张竹平创办的《大晚报》总经理兼总主笔,从客串到独当一面,曾虚白表现出相当的才干。

面临民族危亡,报人责任感使得他们迫切向往为国家做点实际工作。在此关键时刻,他们先后结识了蒋介石。董显光初识蒋介石于1906年。那年,董显光20虚岁,因生活所逼辍学回家到龙津中学执教,蒋是他的学生。20年后,蒋介石成为北伐军总司令,进驻长沙,董显光以《庸报》记者身份采访蒋。从此,董显光人生轨迹发生剧变。1929年,董显光作为国民政府出国考察团的秘书长,随团出国考察外国海军。1934年,经蒋介石介绍,董显光加入国民党。1935年冬,董辞去《大陆报》职务,专任上海外电检查机构——军委会外电检查局局长。1937年任军委会第五部副部长。次年,改任国民党中央宣传部副部长,主管国际宣传业务达8年之久。

曾虚白认识蒋,是由董显光引荐的。与董显光一样,他也认为,追随蒋可以为国家做贡献。1937年"八一三"事变后,曾虚白辞去《大晚报》的职务,参加政府的抗战阵营,就任新成立的国际宣传处处长。

本来是一心想为国家做贡献的两个报人,由于一脚踏进体制内,便失去守住独立报人格的可能性。在主持国际宣传处工作长达8年的时间内,董显光、曾虚白虽然内心十分纠结,常常"为主军政者在外国记者面前夸耀成功,掩饰真相的笨拙措辞所窘,弄得面红耳赤"[44],但是,最终还是放弃报人良知和民族利益,坚定站在国民党的立场,采取种种方式竭力限制中共在国际上的影响,这就使得其有声有色的国际宣传效果大打折扣,也使得他们自己在国际新闻界的形象大受损害。

2.王芸生被动"失守""报人格"

王芸生,天津人,自幼家贫,自学成才,被张季鸾看中,揽入《大公报》编辑部。张氏死后,王接班当总编辑,为新记《大公报》的发展,尤其是为社评写作做出了贡献。但是,王氏做人飘忽不定。早年受"五四"新思想影响成为工人运动的活跃分子,国共合作期间加入国民党,尔后又加入共产党。1927年"四一二"事变后,天津党组织被破坏,王与共产党失去联系。进入《大公报》后,效法张季鸾试图成为蒋介石的"国士"。1945年9月,毛泽东到重庆与蒋介石谈判,王芸生劝毛泽东不要"另起炉灶",当场受到毛的批驳。1945年11月20日在《大公报》上发表了《质中共》的社评,受到中共《新华日报》的斥驳。1946年4月16日,又写了《可耻的长春之战》的社论,被中共指为"替吃人的老虎当虎伥,替刽子手当走狗"。1948年,共产党胜利已成定局,王芸生终日惶恐不安,一副病态,魂不守舍,有时甚至连话都说不完整了。当他得到了由《大公报》地下党员转给他毛泽东的口头邀请其参加新政协时,一下子欣喜若狂,毫不犹豫地按照共产党的安排只身离开上海到香港,于 1948 年 11 月 10 日在《大公报》港版上发表了题为《和平无望》的社论,按照共产党指示,领导了《大公报》香港馆起义。1949 年 1 月,他和郭沫若、马寅初、黄炎培等人一起从香港来到北平;5 月 27 日同解放军一起回到解放了的上海。1957 年,王芸生害怕自己被划为“大右派”,不仅写出深刻检讨,还交代同事的问题。结果,他自己因为毛泽东一句话[45]“涉险过关”,而同事则被打成右派了。

笔者 20 世纪 80 年代出差北京,住在《经济日报》招待所,同一些《大公报》老人谈起他们曾经的总编辑,都多有微言。当时,我不理解。后来为研究新记《大公报》的历史,开始与一些《大公报》老人深谈,才知道王芸生做人的确存在一些问题,往深里说,在高压下,没有守住“报人格”的底线。

对这一点,王芸生自己也心存愧疚。他的儿子王芝琛亲自对笔者说过,他父亲晚年,经常为此受到良心的折磨。在《一代报人王芸生》一书中,有这方面的一些记载。[46]

与这些主动弃守或被动失守“报人格”的报人相比较,史量才坚守住“报人格”的底线,这一点是极其难能可贵的。

(三)坚守与缺守之间

“金无足赤,人无完人”,每个人的人格都会存在这样或那样的缺陷,健全的人格只存在于不断追求之中。“报人格”也是如此,每个报人的“报人格”都存在缺陷,再优秀的报人都游走在对“报人格”的坚守和缺守之间。史量才也是这样。

傅国涌先生在《“报有报格”:史量才之死》一文中以详尽史料论述了“史量才办《申报》22 年,始终贯穿着他对报纸独立品格的追求,并以他的办报思想和报业实践丰富,提升了中国新闻史”。该文最后一句话是:“最后,史量才先生以鲜血染红了《申报》,用他的生命捍卫了报格和人格。”[47]整篇文章中暗含着一个逻辑,就是史量才对“报人格”的坚守导致了他被暗杀的结局。《申报》老人、史量才生前秘书马荫良先生说得更明确:史量才“为维护人格、报格、国格而牺牲,将永远受到后人的尊敬。”[48]

话虽动听,但事实却并不尽然。

众所周知,从 1912 年至 1934 年,史量才因为办报的事与当局发生过一系列的冲突,这些冲突或者不了了之,或者通过斡旋得以“和平解决”。1915 年袁世凯称帝前后,史量才与《申报》拒绝重金收买,坚决反对帝制。尽管当时“缇骑四出,特务密布”,但《申报》和史量才平安无事——申报馆远在上海租界,袁世凯鞭长莫及。1928 年,《申报》公开违抗南京国民政府新闻检查的规定,多次开天窗,史量才还义正词严地拒绝当局“派员指导”。对此,当局似乎没有什么“表示”，听之任之。1932 年 12 月，史量才引进黎烈文改革《申报》副刊“自由谈”，大量发表鲁迅及其他左翼作家的文章，引起国民党当局的不满，要他用章依萍接替黎烈文，史量才坚决反对[49]，最后以张梓生接替黎烈文了事。

1933 年，蒋介石亲率大军对中共中央根据地进行“围剿”。6 月 30 日、7 月 2 日和 4 日，《申报》连续发表陶行知写的“三论剿匪与造匪”的文章。这三篇文章的尖锐程度在《申报》言论史上可以说是空前绝后的。此外，7 月 1 日、3 日，《申报》刊登了有关“中大学潮”的报道和评论，揭露新任教育部部长、原中大校长朱家骅挪用水灾捐款的丑闻。国民党上海特别市党部执行委员潘公展写报告将史量才直接告到最高当局，朱家骅也给蒋介石写了一封长达 8 页纸的信。于是，蒋介石命令“申报禁止邮递”，并指示上海警备司令部派员驻上海邮政总局监督执行。史量才得知后，委托人从中斡旋，最后以折中方式解决。[50]《申报》被“禁邮”35 天后恢复邮递。

从以上史实来看，史量才接办《申报》，因办报惹的最大的“祸”是报纸被“禁止邮递”35 天。最后惹上“杀身之祸”的主要原因不是办报。

军统特务沈醉说：“我所了解的主要是由于蒋介石得到情报说史当时很同情共产党，曾接济过上海中共地下组织，所以决心要杀害他，并以此警告其他同情中共的人士。加上他所主持的《申报》经常有一些不满蒋政权黑暗统治的言论。”[51]曾在《申报》当过编辑，后任国民政府军事委员会少将参议的龚德柏也说：“因《申报》被共产党利用，成为反政府政策的急先锋，而触怒某方面，致史量才丧失其生命。”[52]

虽然他们所说的“接济过上海中共地下组织”“被共产党利用”的说法缺少史料依据，但是说明了一点，那就是导致史量才被害是因为其直接参与“政治”活动。

事实上，随着办报业、办实业的成功，随着社会地位越来越高，史量才失去了当初处事的谨慎与对报人身份的坚守，开始把活动范围从舆论界、实业界扩展到政界，从言论干政到实际参政的意向越来越明显。1932 年之后，他的确直接参与了许多政治活动：1932 年 1 月中旬，史量才出面约请金融界、工商界、文化界有影响的头面人物 20 多人发起成立“壬申俱乐部”，被推为理事长；“一·二八”事变后，1 月 31 日，上海市民成立“上海市民地方维持会”，史量才被推举为会长。6 月，维持会改为“上海地方协会”，史氏继续被推为会长。史量才被害的时期，就有人放风，说他“担任上海市参议会会长后，曾阴谋搞上海独立运动”[53]；12 月 29 日，“中国民权保障同盟”举行成立大会，史量才虽然没有加盟该组织，但是在成立大会上做慷慨激昂的即席演讲，斥责当局对出版自由的干涉。[54]“中国民权保障同盟”是民国时期第一个民间人权组织，也是一个有共产党背景的政治团体,史量才与该组织主要成员来往密切,同宋庆龄一道到医院慰问伤员,还出资助她办伤兵医院;《申报》多次刊登宋庆龄等同盟成员的文章,几乎成为了同盟的一个宣传讲坛。[55]据《申报》驻南京记者钱之生回忆,史量才与中国民权保障同盟往来密切,为蒋介石所不满。1933 年 6 月 18 日,国民党军统在上海暗杀了同盟总干事杨杏佛,"蒋介石一方面要吓唬孙夫人和另一'民权保障同盟'负责人蔡元培;一方面想镇压史量才以劫夺《申报》"[56]。黄炎培说:"(史量才)公之余,出入道释两家,参览典藏,习静坐……"[57]可惜得很,"出入道释两家",常打坐悟道的史量才,对于"报人身份不越位""舆论干政不参政"的道理没有悟出来。

这就很清楚了,史量才被杀的主要原因不是办报,不是对"报人格"的坚守,而是报人身份的越位,"报人格"的缺守,由"干政"越位到"参政"。持"史量才被害是因为报人格的坚守"观点的研究者,对"报人格"的坚守似乎有一个误区,认为独立的"报人格",独立于体制外,是与体制对抗,甚至做一些超越报人职责、超越法律规定范围的事情来拆体制的台。

殊不知,人格和国格是相辅相成的。既要强调国家依法行政,为公民人格培养提供制度保障,又要强调公民个体维护国家利益,遵纪守法,不能膨胀而越过法律边界,致使社会秩序失范,国格丧失。"报人格"强调独立,尤其强调独立于体制外,决不是与体制对抗,更不是与体制为敌,而是在国家法律范围内,通过舆论对体制和体制内官员的监督,使得这个体制不断得以改善,从而体现报人的社会责任感和使命感。对抗体制、敌视体制、颠覆体制不是职业报人的诉求。西方国家的主流报纸,尽管尖锐批评政府,以"揭黑""耙粪"为能事,但是它们不但不会损害体制的利益,反而是处处维护国家利益,配合政府的现行政策。中国的张季鸾、胡政之和新记《大公报》提出和实施的"小骂大帮忙"办报方针也是这样的。张胡二人始终保持体制外身份,始终保持"不党"身份,站在超然立场,通过"小骂",达到对政府"大帮忙"的目的。站在"补台"立场上对政府进行批评,"骂"本身就是一种帮忙。再者,张季鸾虽然与蒋介石在内的政府高官来往密切,但是他始终没有参与实际政治,既没有进入体制内,也没有进行与体制对抗的政治活动,他始终没有越位,保持着一个"报人"的身份。

我们在肯定史量才先生坚守"报人格"底线,不愧为成功报人的同时,也要看到他开始出现报人身份越位的苗头,看到他在"报人格"的坚守上出现了某些缺守。这一缺守使他付出了生命的代价,其教训是深刻的。在这一点上,张季鸾比他要略高一筹。张季鸾病逝时,极尽哀荣,在中国新闻史上可以说空前绝后。

(作者:华中科技大学新闻与信息传播学院教授)

注释：

[1] 史公研究专家、史公发妻庞明德侄孙女。

[2] 庞荣棣：《申报魂——中国报业泰斗史量才图文珍集》，上海：上海远东出版社，2008 年，第 97—101 页。此外，庞于 2016 年 7 月 16 日给笔者的电子邮件中又说："我始终没找到史公关于'三格'完整原话，仅在《上海文史资料选辑第 47 辑》第 89 页有马荫良文《坚持抗日，反对内战——史量才在 1932 年》最后一句：'史量才生前经常谆嘱申报同人：人有人格、报有报格、国有国格。他为维护人格、报格、国格而牺牲，将永远受到后人的尊敬。'"

[3]《礼记·缁衣》。

[4] (美)塞缪尔·弗里德曼，梁岩、王星桥译：《媒体的真相——致年轻记者》，北京：中信出版社，2007 年，第 2 页。

[5] 徐铸成：《报人张季鸾先生传》，北京：三联书店，1986 年，第 6 页。

[6]《马克思恩格斯全集》第 40 卷，北京：人民出版社，2016 年，第 313 页。

[7]《马克思恩格斯论新闻》，北京：新华出版社，1985 年，第 104 页。

[8] 同上，第 234 页。

[9] 引自丁淦林为庞荣棣《申报魂——中国报业泰斗史量才图文珍集》写的序。

[10] 胡政之：《在重庆对编辑工作人员的讲话》，1943 年 12 月 21 日，《大公园地》第 9 期。

[11] 1957 年，毛泽东称"文人报"为"书生办报"或"死人办报"。

[12] 胡琦、杨艳琼编：《仰望史量才》，北京：华文出版社，2010 年，第 11 页。

[13] 其父史春帆在泗泾镇开了一家泰和堂药铺，小本经营药材生意。

[14] 庞荣棣：《申报魂——中国报业泰斗史量才图文珍集》，第 5—6 页。

[15] 杨东平：《城市季风：北京和上海的文化精神》，北京：新星出版社，2006 年，第 89 页；袁行霈、陈进玉：《中国地域文化通览》(上海卷)，北京：中华书局，2013 年，第 8—24 页。

[16] 张季鸾：《季鸾文存》(下卷)，重庆：大公报社，1944 年，第 151 页。

[17]《对于言论自由之初步认识》，《大公报》社评，1934 年 4 月 26 日。

[18] 吴廷俊：《中国新闻史新修》，上海：复旦大学出版社，2008 年，第 15 页。

[19]《本馆欢迎格拉士君茶话会记》，《申报》，1921 年 12 月 24 日。

[20] 1915 年由杨度、孙毓筠、严复、刘师培、李燮和、胡瑛等 6 人成立的一个政治团体。其支持当时的中华民国大总统袁世凯，公开支持恢复帝制，实行君主立宪。

[21]《本馆启事》，《申报》，1915 年 9 月 4 日。

[22] 引自庞荣棣《史量才:现代报业巨子》,上海:上海教育出版社,1999 年,第 195 页。

[23] 1932 年 6 月,南京中央大学发生了殴打校长段锡朋事件。当时,中央大学校长一职虚位以待近半年,经费也多有拖欠,因此行政院派教育部次长段锡朋兼代中央大学校长,学生们对官僚政客段锡朋出任校长极为不满,群起而向其发难,段锡朋则扬言捉拿带头闹事的学生,结果引起了学潮,《申报》据实报道了此事,认为教育日益败坏,最大根源在官僚主义的侵入,并批评了国民党政府诸多政治和军事举措。时任教育部部长的朱家骅在盛怒之下,罗列《申报》危害党国的罪状,向蒋介石举报,1932 年 8 月,上海警备司令部受蒋介石指示下达禁邮令。

[24] 俞颂华:《忆史先生》,《俞颂华文集》,北京:商务印书馆,1991 年,第 300 页。

[25] 马光仁:《上海新闻史》,上海:复旦大学出版社,1996 年,第 551 页。

[26] 史量才:《申报发行二万号纪念》,《申报》“二万号特刊”,1928 年 11 月 19 日。

[27] 五卅运动发生后,上海公共租界工部局于 1925 年 5 月 30 日出版了铅印宣传品《诚言》,诬蔑中国学生,胡说苏联对中国有野心,为英帝国主义开脱。共出 3 期,张贴散发 100 多万份。7 月 11 日,上海《申报》《新闻报》屈服于租界工部局的压力,在广告栏里全文刊登《诚言》第 1 期。

[28] 民国元年(1912 年)席子佩将《申报》产业以 12 万元代价,转让给史量才。同年 10 月,史正式接办。席卖出《申报》后很懊悔,民国四年(1915 年)聘请律师向法院起诉,说他卖出的是报馆产业,“申报”两字商标并未卖与史量才,因此史不得以“申报”名称出版报纸。结果史败诉,又拿出 245000 元付给席子佩,作为承购商标的费用。

[29]《世界新闻协会会长参观本报记》,《申报》,1919 年 2 月 11 日。

[30] 见庞荣棣:《申报魂——中国报业泰斗史量才图文珍集》,第 75 页。

[31] 广州报业公司代表黄宪昭也当选为副会长。

[32]《本馆之茶话会》,《申报》1921 年 12 月 13 日

[33] Walter William, *A New Journalism, In A New Fast*, 1928.

[34] 史量才:《申报发行二万号纪念》,《申报》,1928 年 11 月 19 日。

[35] 史量才:《申报六十周年发行年鉴之旨趣》,《申报月刊》,1932 年 11 月 30 日。

[36] 引自张育仁:《自由的历险——中国自由主义新闻思想史》,昆明:云南人民出版社,2002 年,第 387 页。

[37] 引自张蕴和:《申报年鉴序》,《申报》1933 年 4 月 20 日。

[38] 史量才:《申报发行二万号纪念》,《申报》,1928 年 11 月 19 日。

[39] 傅国涌:《"报有报格":史量才之死》,见 http://www.people.com.cn/GB/14677/21965/22070/2403580.html.

[40]《追悼史总经理特辑》,《申报月刊》,1934 年第 12 期。

[41] 宋平:《〈申报〉的兴衰》,上海:上海社会科学院出版社,1996 年,第 103 页。

[42] 引自庞荣棣:《申报魂——中国报业泰斗史量才图文珍集》,第 85 页。

[43] 方汉奇称"成舍我是一代报人",在《一代报人成舍我》一文中,还总结出成舍我拥有中国新闻事业的 5 项纪录:①从事新闻事业时间最长的人;②参与和创办新闻媒体最多的人;③为了办报受到挫折最多的人;④旧中国发行量最大的报纸的创办人,和旧中国时期北京地区发行量最大的日报的创办人;⑤中国历史上培养学生最多的新闻教育机构的创办人。(《方汉奇文集》,汕头:汕头大学出版社,2004 年,第 471—472 页)

[44] 曾虚白:《曾虚白自传》(上),台北:联经出版事业公司,1990 年,第 283 页。

[45]《文汇报》《光明日报》的总编辑都已经划为右派了,《大公报》的总编辑就不宜再划成右派了。(王芝琛:《一代报人王芸生》,武汉:长江文艺出版社,2004 年,第 217 页)

[46] 王芝琛:《一代报人王芸生》,第 251 页。

[47] 傅国涌:《"报有报格":史量才之死》,《书屋》2003 年第 8 期,第 19—20、24 页。

[48] 马荫良:《坚持抗日,反对内战——史量才在 1932 年》,《上海文史资料选辑》,第 47 辑,上海:上海人民出版社,1984 年,第 89 页。

[49] 引自庞荣棣:《申报魂——中国报业泰斗史量才图文珍集》,第 132 页。

[50] 王世清在《申报"禁止邮递"事件始末》说:史量才同意,总编辑陈彬龢自愿去职,以蒋介石指派的张蕴和接替;黄炎培不到报馆上班,但由报馆补助津贴;陶行知的文章可以暂缓发表。但不允许"中宣部派员指导"。(傅德华、庞荣棣、杨继光编:《史量才与申报的发展》,上海:复旦大学出版社,2013 年,第 100 页)

[51] 沈醉:《杨杏佛、史量才被暗杀的经过》,《文史资料选辑》,第 37 辑,北京:中华书局,1963 年,第 169 页。

[52] 龚德柏:《龚德柏回忆录——铁笔论政书生色》上册,台北:龙文出版社股份有限公司,1989 年,第 229 页。

[53] 引自傅国涌:《史量才遭暗杀原因初探》,《仰望史量才》,第 145 页。

[54] 顾执中:《战斗的新闻记者》,北京:新华出版社,1985 年,第 213 页。

[55] 方汉奇:《中国新闻事业通史》第 2 卷,北京:中国人民大学出版社,1996 年,第 430 页。

[56] 钱芝生:《史量才被暗杀案真相》,《文史资料选辑》,第 18 辑,北京:中华书局,1961 年,第 156 页。

[57] 黄炎培:《史量才先生之生平》,《申报月刊》,1934 年第 12 期。

报人秦墨哂与《申报》禁邮

王世清

秦墨哂(1887—1966),本名秦钰,笔名神獒、百晓、陌生、苍苍、栝棬等。浙江吴兴(今湖州)人,南洋公学、江苏武备学堂、日本士官学校毕业,曾任北京大学讲师,上海国民大学、高等警官学校教授,长期从事新闻记者工作并任北平新闻记者公会执监委联合会主席。[1] 1918 年秦墨哂经蔡元培介绍,开始担任上海《申报》北京特派员,《申报》驻欧特派记者,1931 年至 1937 年又担任《申报》南京特派员,在《申报》特派员岗站工作持续 20 年。老报人赵效沂曾在文章中写道:担任《申报》驻北平特派员多年的秦墨哂一直独当一面,文笔犀利,在《申报》极有分量。[2]在《申报》工作期间,他为维护新闻工作者的合法权益,曾直面吴佩孚将军,就检查员删改新闻电函质问当局,发表《开放言论之精警语》的文章,抨击当局检查人员等;组织营救新闻界同仁陈友仁、邵飘萍[3]、林白水[4];撰写《清季外交史料索引序》[5]、《西藏问题》等书;和程沧波、肖同兹、陈铭德等人成功调解一起讼案等。

一、事件的起因

1931 年“九一八”事变后,日军侵占东北。1932 年 1 月日本海军图谋侵占上海,先在虹口天通庵等地制造事端,由日本领事提出不准抗日等无理条件,步步进逼,上海市政府在蒋介石的指示下,步步退让,全部接受日方条件。日军仍按原定计划于 1 月 28 日纠集海军陆战队向闸北进攻。

当时上海和全国人民义愤填膺,一致主张抗日,民族资产阶级和英美派买办资产阶级,因国家前途和本身利害关系,经常集会,商讨应付日本侵略对策。史量才早于 1 月 14 日约集 20 余人,包括上层知识分子,在其哈同路(现铜仁路)寓所,组织壬申(1932年农历为壬申年)俱乐部,每周集会一次,曾向当时上海市市长吴铁城多次提出意见,吴铁城不接受。史量才和宋庆龄、杨杏佛来往较密,有一天晚上,宋庆龄、杨杏佛会晤史量才,谈到日本得寸进尺的无理要求,看来战事不可避免,驻防上海的十九路军多数系粤人,骁勇善战,蒋光鼐、蔡廷锴等抗战坚决,史量才极为感动。

“一·二八”事变深夜爆发后,《申报》于1月29日立即发表时评说:“上海事件发生以来,我当局处处隐忍,甚至全部接受日人之要求。然而含垢忍痛之结果,仍不能满日人之意,又作军事之发动。我国至此,万难再忍,自不能不起而作正当之防卫。”1月31日《申报》由陶行知执笔发表时评,题为《敬告国民》和《国家的军队》。两文指出,此次上海之战是全民族生死之战。蒋光鼐、蔡廷锴、戴戟不顾政府训令,率领第十九路军及上海义勇军,向日本海军陆战队应战,是革命的军队,国民自己的军队,不但给日本帝国主义以意料之外的严重打击,而且给全民族一种绝大的希望。两文号召全国的军队起来,踏着十九路军的血迹,收复已失国土,将一个可怜的弱国变为一个令人敬爱的大国;并提出立即应做的4件事:(一)在物质上积极支援;(二)国民参加十九路军,形成全国皆兵、全民保国之基础;(三)抚恤阵亡将士;(四)救济难民。

1932年4月初,在国际联盟的建议下,中日举行上海停战会议,中方提出日军完全撤退至“一·二八”事变以前原防地带,日方拒不接受。《申报》于4月9日发表时评,题为《停战撤兵会议再容退让乎?》,认为:“会议在大军压境之下进行,何异于城下之盟,吾人其甘受城下之盟之奇耻大辱乎?”最后提出:“吾人敢声请我政府一细审当前之利害,并再细审日方之有无和平之诚意。目前已临到最后之关键,绝再无可以让步之余地。吾人更敢重提吾人之主张:(一)不承认日本有条件撤兵,及并军事问题与政治问题为一谈;(二)上海事件与东北事件不容分别谈判。”

尽管史量才与《申报》大声疾呼,上海全市与全国人民强烈响应,国民党反动派仍于5月5日同日本政府签订了丧权辱国的《淞沪停战协定》。

国民政府与日本签订《淞沪停战协定》,使史量才内心极为痛苦,不时流露出对政府愤慨不满情绪。5月28日《申报》发表《追悼沪战殉难将士》的时评,明确提出反对内战的政治主张,指出:“将士之死,亦为光荣之死,伟大之死。以此一战,而一部分军人,乃亦从而幡然觉悟,表示再不参加内战。以此一战,而多数忧国之士,乃亦怵于内战之决不容再有,从而发起废止内战之运动。故此战有若一声洪钟,敲破我民族二十年来酣于内战之心理,其影响我民族之前途,至巨至深。”[6]

(一)《申报》对“中大殴段学潮”的记载和评论

朱家骅,字骝先,浙江吴兴人,1930 年由广州中山大学校长调任为南京中央大学校长。在中大不到两年,而学校经费积欠达半年,以致引起中大师生不满。1932 年年初改任教育部部长,中大校长一职虚悬近半年之久,一直到 6 月中旬将要放暑假的时候,朱家骅才提请行政院派教育部政务次长段锡朋兼代中大校长。

段锡朋于 6 月 29 日上午 8 时半乘汽车到中大接事。事前中大学生已有所闻,以段是官僚政客,不符合校长人选标准,极为不满。那天早上 8 时学生正在体育馆开全体学生大会,讨论应付办法。忽闻段已经到校,学生多人就蜂拥到校长室,向段当面质询。段摆起官僚架子,申斥学生,并且奋其两臂,捉拿为首喊打的学生。学生不服,群起将段殴打。段趋避不及,脸胸各部受伤,所着长衫被撕破,汽车玻璃亦遭击碎。朱、段立即报告行政院,当日行政院就决定解散中央大学。先后逮捕学生王志梁、钱启明、陈克诚、谢治珍等 60 余人。

当时,钱芝生在中大工作,兼任《申报》和《大公报》的教育新闻记者,据实写了报道,在《申报》上揭露,为朱家骅所不满,被诬为“煽动中大学潮的恶劣分子”,也由警备司令部予以逮捕。被捕 3 天后,由南高、东大、中大毕业同学会会长陈爕勋保释出狱。

“殴段风潮”发生的当晚,教育部派秘书易克嶷电话召请南京各报社记者到部,茶点招待,分散油印稿件一份,请各位记者照教育部拟稿拍发中大殴段学潮新闻。当时钱芝生发的电稿上就冠以“据教育部报告”字样,表示并非真相。而 7 月 1 日的《申报》教育栏却另行刊登了钱芝生写的《中大风潮原因》一文,说明学潮的起因由于中大经费积欠甚巨,开学时教职员只领到三成月薪。学生因在沪战之后筹款不易,应缴各费请由教授担保,分期缴清,先准注册上课,而朱家骅予以拒绝。以后师生请求拨英庚款利息为中大基金,而朱为英庚款董事长,又予以批驳。朱辞职离校后,学生又检举朱挪用水灾捐款 3 万余元,发给随朱去职的教职员薪金,呈请限朱即期归还,并撤职(教育部部长职)查办。因此,师生和朱双方结怨甚深。

1932 年 7 月 3 日《申报》发表了《中大学潮平议》的时评(署名彬),指出学潮之所以愈演愈烈,初非偶然,要当以外患之刺激,政治之混乱,生活之不安,实为学潮之根本原因。

这些记载和言论,不但对朱不利,而且牵涉对国民政府的政治和军事问题,大大触痛了蒋介石的心。蒋介石看到了怎么会不“怒从心上起,恶向胆边生”呢?[7]

(二)《申报》的“剿匪”评论

1932年5月底，蒋介石匆忙到汉口，就任由他自己所委派的“鄂豫皖剿共总司令”，6月开始第四次“围剿”。史量才和宋庆龄、杨杏佛、陶行知、黄炎培等分头作长时间的商谈，一致认为《申报》在此紧要关头应当表示鲜明的反内战主张。[8]

《申报》1932年6月30日发表《“剿匪”与“造匪”》指出：“今日之‘匪’皆黑暗政治造成，政治上既一面‘造匪’，政府更一面‘剿匪’，‘匪’既不能剿而绝，或且以剿而势日以张大。抑且所剿之‘匪’，何莫非我劳苦之同胞，何莫非饥寒交迫、求生不得之良民。枪口不对外，而以剿杀因政治经济双重压迫铤而走险之人民。”

7月2日发表《再论“剿匪”与“造匪”》，除继续就政治黑暗、经济压迫造成“匪”患漫延全国外，指出了真正应剿灭的对象是谁。“所谓匪者，即扰害地方、鱼肉良民之意，是则今日勒种鸦片、公卖鸦片、勒收苛捐、搜刮民财者，其所为无一不积极造匪。匪而应剿，则此辈造匪者，固独不应先为剿灭乎?!”

7月4日发表《三论“剿匪”与“造匪”》，更进一步揭露和激烈抨击今日政治黑暗和纷乱之最大症结为贪官污吏，为产生贪官污吏的反动统治。时评写道：“吾人但看今日一入官门者，即成富翁，官愈肥而民愈瘦，一家笑而万家哭。此种黑暗，殆为旷古所罕见。”评论引述了蒋介石“剿共”要实行所谓“七分政治，三分军事”。“既然讲政治，则要澄清政治，其最先之要着即为彻底肃清贪官污吏。杀一贪官污吏，实胜于动员一师‘剿匪’军队；整饬一师之军纪，严加训练，使其不匪化，又胜于动员十万‘剿匪’大军。盖今日之事，与其消极不‘剿匪’，毋宁消极不‘造匪’。”

陈正卿(上海市档案馆研究馆员)在《也谈报界奇人陈彬龢其人其事》中是这样记载《申报》“剿匪”评论的：陈主持《申报》社论期间影响最巨，署名“彬”的那篇《“剿匪”与“造匪”》时论，分三次以三论形式连载发表，据宋庆龄的年谱刊载，该文也是在杨杏佛访问中共苏区后，由宋庆龄、史量才、杨杏佛、陶行知在史宅做了两次长谈，再由陶行知根据“集体讨论意见”，利用申报馆相关资料写成大纲，而后又经“编辑部执笔成文，最后由陶行知改定”。[9]

(三)《申报》登载蒋介石否认法西斯组织之谈话

1932年7月11日，《申报》登载蒋介石关于“答复大公报之询问，否认法西斯蒂组织，始终愿为国民党员”的重要谈话。蒋介石对《申报》这次刊载十分不满。谈话全文如下：

汉口,蒋中正九日接津大公报电,谓外传公在法西斯蒂团体组织之风说,特电询真相云云,蒋十日晚对此正式发表谈话,以正国民观听。其言谓,中国革命的组织和方式,只有以国民党孙总理所定之固有组织和方式,方能完成中国国民革命之使命,否则如必欲强效外国之革命方式,与中国民族性绝对相反之组织用之于中国,则不惟革命不能成功,即国家和民族亦不能允许有此试验之时间。今日中国革命失败,即背叛总理之反革命分子毁坏党的组织与方式所致。吾人既不能恢复固有惟一之组织,而又欲仿效意大利法西斯蒂之组织,强行之於中国,何异共党欲以中国为共产化?中正可直率坦白答复贵报,中正生为国民党员,死为党鬼,只知有党的组织,国民革命的方式,其他组织,不惟不赞同,且绝对反对。中正惟一志愿,乃在复兴本党革命精神,与国民革命之组织与方式,而以实现三民主义自任也。(十日专电)[10]

二、《申报》禁止邮递

3篇时评发表后,国民党上海市党部、上海市政府、上海警备司令部纷纷电告蒋介石,诬称史量才利用他的报业权威,勾结上海一班无聊文人,妖言惑众,反对政府,危害党国,亟应加以制裁。蒋介石亲手批了“申报禁止邮递”6个大字,由上海警备司令部派员驻上海邮政总局监督执行。7月16日起,除上海、南京、杭州外,南京以北、杭州以南等地所订报纸全部被扣,均弃置邮政总局地下室。据邮局工作人员后来透露,警备司令部每隔一日深夜派运货车运到龙华焚毁。开始报社并未发觉,7月20日一个在邮局工作的爱国读者以“史知名”化名写信给史量才,告诉扣报情况。7月21日又接蚌埠、徐州、南昌等地分馆来电,询问报纸数日未到原因。史量才嘱业务部调查,同时由采访上海警备司令部消息的记者前往司令部询问,他们诿称不知。史量才愤极,拟公开在报端揭露。[11]

《蒋中正先生年谱长编》[12]是这样记载这段历史的:(1932年7月12日)决下令豫鄂皖赣等省禁寄《申报》,日来上海《申报》登载《“剿匪”与“造匪”》《再论“剿匪”与“造匪”》《三论“剿匪”与“造匪”》等社评文字,对先生之“剿共”政策语多批评,力言“贪官污吏即皆为匪之制造者”,“(政府)对杀人放火、奸淫掳掠之日军,既委曲求全,礼让言和,请其撤退”,“独对于国内铤而走险之人民,则竟动员大军,大张挞伐”。11日,《申报》登载先生否认法西斯组织之谈话,复略有删节。本日晚,先生记曰:“晚,见《申报》将余之原稿改恶错乱,反动派之捣乱犹方兴未艾也!不加严厉处置,何以征服反动?乃下令先在三省禁寄《申报》,王炎培、陈炳和之反革命,应彻底惩治也。”[13]13日,即令交通部电各邮局将寄往豫、鄂、皖、赣四省之《申报》《生活周刊》扣留。[14] 19 日，电上海市长吴铁城曰："《申报》编辑部近来言论记载，大都完全与党国立于反对地位。少于警戒，实属不得已之处分。惟吾人与史量才（申报社总理）君之私交，固然依然如昔，不因是稍损也。所望者，该报须为党国民族应尽一份天职耳。"26 日，又电全国商会联合会理事长王晓籁、上海法租界公董会华董杜月笙，除重申前意外，又谓："《申报》编辑部方面隐然自成系统，别有用心。中负党国重任，不得不予以处置。"[15]

三、斡旋直至恢复邮递

当时，上海市民地方维持会已改为"上海地方协会"，史量才任会长，杜月笙、钱新之任副会长，黄炎培任秘书长。史量才请黄炎培向杜月笙、钱新之告以扣报情况，杜月笙、钱新之均主"和为贵"，不愿参与斡旋工作。钱新之系史量才在南洋中学执教时学生，力劝史量才忍耐。宋庆龄、杨杏佛、陶行知等认为应先摸清原因及蒋的意图，再定对付方法。史量才即约《申报》南京特派员秦墨哂来沪面商。秦曾任《申报》北京特派员，1928 年 7 月蒋介石与冯玉祥、阎锡山、李宗仁等会师北京时，秦墨哂与蒋介石结识。[16]

因为秦墨哂和蒋介石行营秘书长杨永泰有关系，就派秦奔走于南昌、武汉之间，请杨永泰向蒋介石缓颊。秦在南京先去见陈立夫，陈立夫还写了两封信，一封介绍他去见蒋介石，一封介绍他去见汉口公安局局长陈希曾。[17]

陈立夫给蒋介石的信大意为：《申报》发行之巨，居国内报刊之首。长期禁邮，终非良策。史量才乃报坛奇才，当以笼络为上。建议尽快谈判解决。只要其答应，撤换总编辑，由您指定人选；由中央宣传部派员指导《申报》的编辑和发行，即可考虑开禁。今介绍史量才之代表秦墨哂前去具体商谈，云云。另一封信介绍秦去汉口找公安局局长陈希曾。因为蒋介石不在南昌，就在武汉，不走陈希曾的门路，就有可能见不上。为了拉拢史量才及其《申报》，陈立夫之用心真可谓良苦之至。[18]

秦到了庐山，适逢蒋介石上轿下山，准备乘专机飞汉口。秦送上陈立夫的介绍信，蒋看了，就叮嘱秦另乘轮船上汉口去谈。秦到了汉口，先见杨永泰，杨就把 7 月间朱家骅写给蒋介石的 8 张信纸的长信和潘公展的一份报告，一并拿出来给秦看。信上有蒋介石用红铅笔批的"申报禁止邮递"6 个大字。信和报告的内容大致如下：上海报阀史量才利用他的报业权威，勾结上海的一班无聊文人，专做"危害党国"的工作。例如《申报》的"剿匪"评论，对于南京中央大学学潮的记载和评议，《申报》"自由谈"和《申报月刊》登载的陶行知等的文章，黄炎培做《申报》的设计部部长等，都是不利于"党国"的，等等。[19]

秦墨哂和行营秘书长杨永泰见面之后,又求见蒋介石。蒋介石表示《申报》可以恢复邮递,但是应该撤换总编辑陈彬龢等,并且由中央宣传部派员指导《申报》的编辑和发行(看来是陈立夫信中的建议,由蒋介石向秦提出)。秦把蒋的意见表示用电报和史量才磋商(电报都经过蒋介石看过)。史量才表示:总编辑陈彬龢自愿去职,可以另派蒋所指定的张蕴和接替。黄炎培是自己的老朋友,由于生计困难,按时送一点津贴,实际上既不到馆办事,也不负任何设计责任,希望不动。陶行知等的文章是投稿性质,以后可以不再续登。《申报月刊》的稿件,以后注意选择,甚至可以停版。但是坚决不允许中宣部派员指导,甚至说《申报》是自力更生的报纸,从来没有拿过政府的津贴,倘若政府定要派员指导,宁可将《申报》停刊。蒋介石无可奈何,只好一面允许《申报》恢复邮递,一面再摆布史量才本人。[20]

《蒋中正"总统"档案——事略稿本》是这样记载解禁的:1932 年 8 月 10 日下午会客后批阅,电邵元冲云上海申报言论背谬事。兹申报派秦墨哂到汉,已告以嗣后该报负责之编辑正副主任,如先得中宣部同意,并原肇事者确实离馆,可准于四省内暂行解禁察看,刻据秦交阅申报复电,承认一切同意办理,希兄就近主持并严密考察其正副编辑人选,果否足为代表公正舆论者。此外,兄有无他项意见,盼并复。[21]

黄炎培、陈彬龢于 1932 年 8 月 15 日辞职。从 8 月 21 日起,《申报》恢复邮递,前后一共 35 天。[22]

(作者:上海史量才研究专业委员会理事)

注释:

[1] 方汉奇:《中国新闻事业编年史》(中册),福州:福建人民出版社,2009 年,第 1110 页。

[2] 赵效沂:《昙花一现的申报汉口版》,《传记文学》1985 年第 6 期,第 85 页。

[3] 秦墨哂:《飘萍无遗憾矣》,《京报特刊》,1929 年 4 月 24 日。

[4] 管翼贤:《北京报纸小史:林白水遇害》,《新闻学集成》,第 6 辑,南京:中华新闻学院,1943 年,第 425 页。

[5] 沈云龙主编:《近代中国史料丛刊》,三编第二辑,台北:文海出版社,1985 年。

[6] 彬:《追悼沪战殉难将士》,《申报》,1932 年 5 月 28 日。

[7] 钱芝生:《史量才被暗杀案真相》,《文史资料选辑》,第 18 辑,北京:中华书

局,1961 年,第 153 页。

[8] 马荫良:《坚持抗日,反对内战——史量才在 1932 年》,《上海文史资料选辑》,第 47 辑,第 85 页。

[9] 陈正卿:《也谈报界奇人陈彬龢其人其事》,《史量才与〈申报〉的发展》,上海:复旦大学出版社,2013 年,第 106 页。

[10]《蒋中正发表重要谈话》,《申报》,1932 年 7 月 11 日。

[11] 马荫良:《坚持抗日,反对内战——史量才在 1932 年》,《上海文史资料选辑》,第 47 辑,第 85—86 页。

[12] 吕方山主编:《蒋中正先生年谱长编》,第三辑,台北:台湾"国史馆",2015 年,第 694 页。

[13]《蒋中正日记》,1932 年 7 月 12 日,同上。

[14]《陈立夫致蒋中正电》,1932 年 7 月 18 日,同上。

[15]《蒋中正"总统"档案——事略稿本》,第 15 册,台北:台湾"国史馆",2004 年,第 527、563 页。

[16] 马荫良:《坚持抗日,反对内战——史量才在 1932 年》,《上海文史资料选辑》,第 47 辑,第 86 页。

[17] 钱芝生:《史量才被暗杀案真相》,《文史资料选辑》,第 18 辑,第 153 页。

[18] 封汉章:《主公道揭内幕抨击时政 史量才遭不测杭州殒命》,《民国刺客列传》,西安:三秦出版社,1990 年,第 123 页。

[19] 钱芝生:《史量才被暗杀案真相》,《文史资料选辑》,第 18 辑,第 153 页。

[20] 同上。

[21]《蒋中正"总统"档案——事略稿本》,第 16 册,台北:台湾"国史馆",2004 年,第 100 页。

[22] 马荫良:《坚持抗日,反对内战——史量才在 1932 年》,《上海文史资料选辑》,第 47 辑,第 86 页。

《申报》远东运动会特刊研究

王　迪

《申报》曾办过不少特刊，其中之一便是远东运动会特刊。远东运动会特刊是《申报》在报道远东运动会中的措施之一，也是该报的点睛之笔。各期的《申报》远东运动会特刊的内容和版式等都呈现出不同的亮点，其发展也日臻成熟，值得研究。

一、《申报》远东运动会特刊与远东运动会

远东运动会被视为亚运会的前身，是20世纪初中国、日本、菲律宾发起和参加的一个洲际国际竞赛，也是中国参加的第一个国际性体育赛事。远东运动会自1913年始共举办十届，中国悉数参加。1934年，日本企图唆使伪满洲国加入远东运动会，遭到了中方的强烈反对，同年，日本非法解散了远东体育协会，远东运动会也就此停办。

《申报》创刊于1872年4月30日，是近代中国出版史上时间最长的一份商业大报。其创刊初就坚持“有闻必录”“义利兼顾”的办报理念，报道真实、全面，有“中国近代社会百科全书”之誉。《申报》作为当时社会最有影响力的媒介，对于近代体育有着重要的传播和推广的作用。自创刊初，《申报》就有与体育相关的报道，其创刊号第一条新闻“驰马角胜”便是体育新闻，详细地报道了当时西方人举行赛马的盛况。《申报》参加了各届远东运动会的报道，远东运动会存在的20年，也正值其发展的黄金时期。《申报》投入了大量的人力、物力、财力参与到远东运动会的报道，是当时对远东运动会报道最全面的媒体。

特刊是为纪念某事某人专门出版的报纸杂志。《申报》为更周详地报道远东运动会，在第五、第八、第九、第十这四届远东运动会的报道中采用了特刊。远东运动会特刊是最早的赛事特刊(在当时与其名声相当的《大公报》晚于其多

年才创办了体育特刊)，开创了体育特刊报道之先河，是《申报》走向成熟的标志。远东运动会特刊是正刊中有关远东运动会报道的扩充和延伸，因此其附在当天报纸之后，内容十分丰富，除报道运动会的赛事外，还会有远东运动会历史、中日菲体育发展情况、远东运动会观众等赛场外的报道，版面设计也十分新颖，一改以往《申报》正统的排版风格，生动活泼，大量地运用了有关该届运动会的图片和绘画，突出了体育运动会的特点。

二、《申报》远东运动会特刊报道发展脉络

(一)历届《申报》远东运动会特刊报道回顾

1.《申报第五届远东运动会特刊》

1921 年 5 月 30 至 6 月 4 日，第五届远东运动会在上海虹口花园举行，是"五四"运动后中国参与的首届远东运动会，此次运动会日本和菲律宾均派出百余人的代表团，规模远胜前几届。这次运动会的报道是中国体育新闻报道的转折点，无论在报道数量上抑或是质量上都远超前几届，一方面是由于新文化运动后，人们开始注重体育运动，另一方面是由于《申报》特别制作了《申报第五届远东运动会特刊》，这是中国第一份体育新闻特刊，使《申报》在远东运动会的报道规模上达到了一个新高度。

《申报第五届远东运动会特刊》自 5 月 30 日至 6 月 5 日连续七日刊发，每期两个版面，共刊登 59 则新闻报道。在内容上形式多样，既有消息、通讯，也有评论等。《申报第五届远东运动会特刊》一般头版都有两篇由总主笔陈景韩和副主笔张默撰写的评论。此外特刊加入了节奏缓和、具有趣味性的花絮报道，例如《童子军之热心服务》《景海女师范生参观运动会》，但此届的花絮报道还比较单一、零散。

在版面设计上，《申报第五届远东运动会特刊》是最精美的一期特刊。头版映入眼帘的是一个由绘画和图画组成的"门"，门的上面画着各参赛国的国旗以及比赛的奖杯，版面十分活泼又不失体育赛事报道的端庄。此外，《申报第五届远东运动会特刊》开始注意运用大小不同的字体来突出一些内容的重要性，使排版更加整洁。

2.《申报第八届远东运动会特刊》

1927 年 8 月 27 日至 9 月 3 日第八届远东运动会在上海召开，这是中国独立自主举办的运动会，规模空前。《申报》独占天时地利的优势，对此届远东运动会进行了全面的报道。在第八届远东运动会举行前夕，《申报》就发表多篇有

关此届运动会的报道,《申报第八届远东运动会特刊》的刊发把《申报》对此次远东运动会的报道推向了高潮。

在内容上,《申报第八届远东运动会特刊》由赛事报道、照片、评论、花絮报道四部分组成。在这届远东运动会特刊中大量地使用图片来呈现赛场实况,带给读者身临其境之感。值得一提的是,《申报》在此期间出版了另一份特刊《摄影画报》,足见《申报》对图片的重视程度。此外,特刊的花絮报道形成了系列报道,例如,《申报》记者金华亭将赛场内外的有趣的事情进行了整合,写成了《远东运动会断片》,连续多日刊发在特刊的第二版。

在版式上,远东运动会召开期间,由于每天报道的信息量太多,《申报》特刊有时不得不出版两个半版,甚至放弃特刊的花头,这也导致《申报第八届远东运动会特刊》不如《申报第五届远东运动会特刊》排版精致。由于远东运动会开始改记分制为锦标制,因此在特刊中每项赛事都有花边纹饰的专栏,使版面更加整洁。此届特刊的标题设置也有了很大的改变,在大标题下往往安排多个小标题,读者只要阅读这些标题就能够迅速捕捉到重要的信息。

3.《第九届远东运动大会特刊》

1930 年 5 月 24 日至 5 月 31 日第九届远东运动会在日本举行,《申报》沿用了特刊的形式对第九届远东运动会进行报道。在版式上,与《申报第八届远东运动会特刊》相似。在报道内容上,首先,此次特刊增加了许多有关远东运动会官员和运动员的人物访谈,使报道内容更加轻松活泼。其次,评论、特写和通讯报道形式在这届远东运动会特刊中得到了突出。最后,比赛图片的运用得到了进一步巩固,成为历届特刊中应用比赛图片最多的一届。

4.《申报第十届远东运动会特刊》

1934 年 5 月 12 日至 5 月 19 日第十届远东运动会在菲律宾马尼拉举行,这是远东运动会最后一届,在这届远东运动会上中国队取得了骄人的战绩,不仅足球、排球等优势项目取得好成绩,中国游泳队更是异军突起,多项夺冠。《申报》亦出版了远东运动会特刊。《申报第十届远东运动会特刊》是四届特刊中报道版面最少的,只有一个半版面,但却是四届特刊中报道质量最高的一届。同年,《大公报》也出版了远东运动会报道特刊,但在报道规模、质量上远逊色于《申报》的远东运动会特刊。

最后一期的特刊在报道内容上详略得当,不再面面俱到,对比较重要的新闻和赛事报道得十分详细。对取得骄人成绩的中国游泳队和排球队进行了大量的、大篇幅的报道。在排版上,《申报第十届远东运动会特刊》力求突出重点,在刊发开幕式报道时,将开幕式中的重要新闻用新闻框框出,将在开幕式中发表祝词嘉宾的头像做成花边状。此外,在标题设置上,本届特刊也有所创新,开始将重要的标题加粗,突出其显著性。

(二)《申报》远东运动会特刊的报道特点

1.内容丰富多样

《申报》远东运动会特刊报道既有赛事报道也有花絮等赛场外的报道。其在赛事报道中,体现了其“有闻必录”的特点,对各项赛事均有所报道,其中对中国队参加的赛事进行重点报道,特别是中国队足球、排球优势项目更是系列播报、连续播报、全景播报。《申报》远东运动会特刊报道内容不拘泥于对本国远东运动会赛事等的报道,对日本、菲律宾国家的运动员和比赛情况也进行报道,特别关注对手的成绩和发展状况。例如在《申报第九届远东运动会特刊》中刊发的《四国实力之比较》一文,系统地分析了在足球、排球、网球等七个项目中日本和菲律宾的特长和优势。

2.报道文体不拘一格

在报道文体上,随着时间的推移和技术手段的不断更新,《申报》远东运动会特刊逐渐演变和成熟,其形式多样,既有消息、通讯等传统文体,也有特写、花絮等新文体的加入。《申报》远东运动会特刊特别注重评论,并且评论数量逐渐增多,既有报社编辑的评论,也有体育界人士的评论,使《申报》的纵深度逐渐加强;花絮、人物特写等文体的出现,也为严肃的《申报》注入了活泼的新血液;对图片报道的大量运用,与文字相得益彰,更是让《申报》远东运动会特刊报道的现场感十足。

3.报道深度逐渐加深

《申报》远东运动会特刊的报道内容由起初的单纯聚焦赛事,到开始探讨体育与国民性的关系,以此激励国人积极开展体育运动,增强国民体质。此外,在远东运动会结束时,还会总结本届运动会的得失,为今后体育的发展提供建议。这些都体现出其报道深度逐渐增强。

三、《申报》远东运动会特刊内容分析

(一)重视女子体育的报道

上千年的儒家传统文化的影响,使男尊女卑的思想在人们心中根深蒂固,传统文化与风俗中的“缠足”等行为更是严重阻碍了中国女子体育的发展。中华民国的建立以及新文化运动的兴起使儒家思想的正统地位被动摇,中国女子

体育也初步兴起。《申报》远东运动会特刊非常关注运动会中的女子体育项目及女运动员，对其报道数量逐渐增多，角度也逐渐变广。

中国第一次派女运动员参加远东运动会比赛是1923年5月21日至5月26日在日本举行的第六届远东运动会，但在《申报第五届远东运动会特刊》中就有许多有关女性的报道。在一篇名为“远东运动会要讯实纪”的报道中，就有一则小标题为“女选手昨日放洋”专门报道了女运动员出征前的盛况；在《会场内外见闻》中报道了女大学生放假来沪观看远东运动会，说明了当时女学生对体育的热爱。

第八届远东运动会时，女子体育开始普及起来，赛前，就有女子团体收到赛会邀请。《申报第八届远东运动会特刊》也对此进行了大量的报道，既有关于女运动员比赛的报道例如《女子排球表演》《女子网球表演》，也加入了像《学成归国后之黄倩仪女士》这样的女运动员人物报道，报道内容更加丰富。在《第九届远东运动会特刊》中，不仅涉及女子体育的报道数量增加、报道篇幅增长，更值得注意的是有关女运动员比赛的报道出现在了头版头条。

第十届远东运动会中，中国游泳女将杨秀琼获女子50米自由式、100米自由式、100米仰泳、200米接力赛团体冠军，取得了骄人的成绩。《第十届远东运动会特刊》对此进行了多篇报道，在赛中，撰写了《女子游泳扬眉吐气——杨秀琼威震菲岛》，并刊登了一张《美人鱼杨秀琼女士抵菲时留影》的照片、一张杨秀琼穿着打扮十分时尚的照片，在赛后也继续对这位女运动员进行了报道，刊发了《为国争光之杨秀琼女士》。

（二）政治色彩浓厚

1.民族主义情怀凸显

《申报》远东运动会特刊的报道中渗透着“体育救国”的思想，而且这种民族主义色彩愈发浓厚。其在《申报第五届远东运动会特刊》的开篇序言中写道，“我人对于远东运动会之开会不能不注意之，以其可以比较国家内各个人之强弱也，以其可验平时之修养也。决胜固常奋发于临时，知败更当归勉于平日。故远东运动会开会虽在一时，而其关系临时与平时皆有重焉”，认为体育对中国有巨大的意义，体育可以让国人身体健康强壮，这样才可以摆脱“东亚病夫”的蔑称，凸显出其报道中的民族主义色彩，把体育看成了民族竞争的另一个战场，通过带有民族主义色彩的报道来激发人们的民族情怀。

《申报》在远东运动会特刊刊发了多篇远东运动会的历史介绍和评析，其中有多篇报道站在历史的角度强调了体育对民族振兴的重要性。例如《申报第八届远东运动会特刊》刊发的由沈嗣良撰写的《远东运动会史略》一文，多次强调了体育对增强国民体质和在政治中加强与他国交流的重要性。

此外,《申报》远东运动会特刊还经常在报道中提及华人华侨对远东运动会的资金捐助,为本国运动员助威等事情,刻画他们心系祖国的形象,以激发更多人的民族情怀和爱国热忱。

2.对中日体育报道存在政治性

《申报》远东运动会特刊出版这几年正处于中日关系紧张阶段,特别是后两届特刊出版时正值抗日战争全面爆发前夕。中日紧张不和的政治氛围也蔓延到了《申报》远东运动会特刊的报道中。

第九届远东运动会开始时,《第九届远东运动大会特刊》头版印发了一则消息《日本不印入王外长颂词》,消息说蒋代办认为日本的做法是侮辱举动,限今晨八时正式道歉,否则中华队退出比赛,表达了对日本不让我国代表团团长王正延在开幕式上讲话的抗议,凸显出了中日矛盾的紧张。除了对日本种种政治阴谋和无理行径的批判报道,《申报》远东运动会特刊在报道比赛中,也存在着对日本的敌视。日本足球队在赛前就扬言要战胜实力强于其的中国队,《申报》的报道表达了对日本足球队的轻蔑,并高度赞扬了中国运动员。结果足球比赛中日打成了平手,《申报》刊发了《中华足球不幸与日平手》《中华足球交涉失败经过》等报道,表达了对中国代表队输于日本的不满。《申报》远东运动会特刊在报道内容上对中日比赛中中国队取得的好成绩大加赞扬,在排版上,一般把其放置在头版头条的位置,后两届标题采用大字号,以达到振奋人心的目的。在标题的字眼中,我们也可以寻找到中日关系紧张的身影,例如有一则长标题就是这样表达的:《日报鼓吹篮球胜利,评判不公只字不提及,中华队富有仁侠精神。赛后决议,锦标保留;次日中华再行抗议,不料日本坚持前议;木已成舟,无可奈何;我国坚请续行比赛另换公正裁判员,日本答是日裁判为在日最能胜任者;华侨恨极请退出大会;中日皆第一借以搪塞》。

(作者:中国青年政治学院研究生)

参考文献

[1] 王群:《1913—1934年〈申报〉远东运动会报道研究》,北京体育大学硕士论文,2010年。

[2] 肖鸿波:《历史上最早的亚运会报道——远东运动会中的〈申报〉报道研究》,《新闻爱好者》,2011年第2期。

[3] 徐潇滟:《中国近现代体育的媒介镜像——以〈申报〉、〈大公报〉为例》,安徽

大学硕士论文,2012 年。
[4] 肖鸿波:《〈申报〉77 年体育报道研究(1872—1949)》,复旦大学博士论文,2011 年。
[5] 王荷英:《〈申报〉中的上海近代体育研究(1872—1919)》,苏州大学硕士论文,2005 年。
[6]《申报远东运动会特刊》,第一号,1921 年 5 月 30 日。
[7] 罗时铭:《中国体育通史》第四卷,北京:人民体育出版社,2008 年。
[8] 洪静:《新记〈大公报〉体育新闻传播研究》,湖南师范大学硕士论文,2011 年。
[9] 潘志琛、罗映清:《中国近现代学校体育思想发展演变的初步研究》,《北京体育学院学报》,1991 年第 2 期。
[10] 巩东超:《我国近现代学校体育思想的发展历程研究》,《赤峰学院学报》,2010 年第 7 期。

论史量才时期《申报》的经营理念及其启示

王 韬

中国民营报业自 19 世纪 70 年代产生，经 20 世纪 30 年代和 40 年代的繁盛，到 20 世纪 40 年代末 50 年代初消亡。《申报》《大公报》《新闻报》等知名报刊可圈可点，特别是《申报》，为什么能够做到同时代报业的领军者？除去一些政治文化因素，以史量才为代表的报人十分重视报社的经营活动，自觉地引入西方报业的经营方法是其关键所在。

一、重新闻，轻言论

（一）保证内容品质，坚持报有报格

史量才秉持“人有人格，报有报格，国有国格”的办刊理念，主张办报应持“不偏不倚”的中立态度，不与任何党派发生关系，所以能争取到持各种政见的读者，同时也使得《申报》采写的新闻内容广泛而丰富。

在文风上，《申报》主张走“重新闻，轻言论”的道路，虽然许多文献分析这一思路是史量才敏锐地看到现代世界报业的发展方向是“言论报纸日渐衰微，新闻报纸欣欣向荣”，但笔者认为这点应联系当时的局势来看。虽然近代报业在国民党弱势独裁的政治权力之外获得了一定的发展空间，虽然租界成为报业文明传播的“飞地”，但是当时社会的整体状态还是十分动荡不安的。《申报》以报道基本事实为重点，少评论无疑少了许多不必要的麻烦，为《申报》的发展创造了相对稳定的政治环境，为其持续发展终至产业化大报创造了前提条件。

在这样的指导思想下，《申报》开始在全国各地广建新闻采集网络，派出的记者、特派员、通讯员遍及全国甚至世界各地。这些措施不仅使《申报》成为当时国内外消息最灵通、最快捷的报纸，也使《申报》摆脱了地方报纸的局限，拥有

了更为广大的潜在受众。

一般来讲,传统报业遵循"内容为王"的定律,把内容作为安身立命的根本。对今天的报业来讲,"内容为王"也并不老套,甚至应该更加关注。其一,传统报业应该确立自己的文风报格。虽然人们已经被新媒体包围,接受了更多更快的资讯,但是准确、连贯、深刻的报道还是相当匮乏。如果一味地仿效新媒体而失去了传统媒体文本的品质则得不偿失。其次,传统报业应当认识到自己在主流价值观方面的引导优势,发展自己相对优势的部分,在内容中把握主流舆论方向,展示专业素质。再次,新媒体和传统报业并非水火不容的关系,传统报业可以借助新媒体的平台在更大的范围内设置新闻网点,借助传统报业的社会地位和新媒体的技术优势,整合发布更加全面生动的新闻消息。能够实时阐发基于全球资讯的专业观点,对于提升传统报业的形象非常关键。

(二)依靠先进技术,提供新鲜报道

谈到传统报业的突破性发展,就不得不提及技术的革新。史量才时期的《申报》走在了时代的前沿,1913 年改普通铅印为手摇平版机,这在当时算是先进的印刷机器,开我国报业使用新型印刷机械技术的先河;1915 年着手筹建的拥有 100 多房间的 5 层大楼为当时《申报》发展壮大提供了必备的基础设施;1918 年购买的三层轮转印刷报机使得印刷速度空前加快;1928 年购进美国最新式的司各特直线式转轮机,每小时可印刷 4 张 1 份的报纸达 4.8 万份;到了 1934 年,《申报》从截稿到印成,只需不到 2 小时。

此外,《申报》是中国第一家利用电报传递新闻的报纸。1874 年 11 月 30 日,《申报》刊出的经由丹麦大北电报公司海底线路发来的有关英内阁改组的电讯,为国内报纸刊出的第一条电报新闻。

正如麦克卢汉在其《理解媒介》(译林出版社,2000 年)中说:在计算机技术飞速发展的今天,谁占领了技术的制高点,也就把握住了传播的速度,也就抓住了新闻的"新"命脉。然而,技术人员在传统报业中还十分欠缺,就算有,也是与采编分开。史量才的成功之处不仅仅在于他购进了先进的设备,更在于他先人一步的科学思考。在当前的环境中,传统报业需要的也不仅仅是一批新型设备和为设备服务的"技工",更需要一批具有计算机应用能力的记者,如此才能够利用网络等资源设备加快资讯的传播速度。当然,传统报业更需要建设一支具有专业计算机背景和经营头脑的开发团队。如果这支专业团队能够就某个报业品牌开发出独具特色的应用技术,例如开发一个掌上 APP,除了资讯推送外还可以让读者链接到每日的新闻当事人信息、体验实景游览报道地点,汇聚每日报道的相关产品,再加上线下相关单位的合作及物流的配送,让读者拥有独

一无二的体验与满足感，那么将会给该报纸带来突破性的读者量和业务量的增长；传统报业完全可以吸纳网络的受欢迎的"开放"和"连接"的特点，依托技术让读者在APP里对文章进行"弹幕式"讨论，反向吸收读者；还可以开发一个在线组版工具，让读者可以在APP中的每日报纸内容的基础上自由组版，把他认为重要的内容记录下来后传送给报社，然后报社进行统一印刷装订，每月给这样的读者配送读报笔记。更理想一点来讲，如果这家报业可以掌握垄断的技术资源，如对大事件的报道传输权和场地准入资格，那么写出来的新闻内容必定是充实新颖且快速易得的。有这样的内容报道为后盾，报业品牌才有自身定位和营销的基石，才有了做大报业产业的前提。

二、树品牌，为读者

报业的营销同一般的企业营销一样，做好定位是重要且必要的。报业只有明白自己的定位和读者定位后才能"对症下药"，提出有针对性的具体措施。而营销也只有在具体化后才能被分析得更贴近读者、更贴近报业的发展方向。

(一)确立品牌形象，兼顾社会效应

《申报》在树立品牌的过程中，关注了两个关键词："名人效应"和"服务社会"。一方面，史量才先后聘请黄远生、邵飘萍等著名记者为《申报》的特约通讯员，1914年5月初辟"远生通讯"专栏，黄远生去世后还刊登他的遗作《游美随记》。而邵飘萍则在东京以"东京通讯社"的名义为《申报》撰写通讯，到北京后，正式为《申报》撰写"北京特别通讯"，直至1919年3月自办《京报》而中止。两位"大佬"为《申报》报道了许多鲜为人知的政治内幕，一针见血地分析了时局和国家命运。他们的通讯使《申报》的新闻版大放异彩，引起读者的极大兴趣。"名人效应"与名人专栏的设置在潜移默化中使读者形成了一种跟进意识，读者在购买一份报纸时并不会对报纸上所有的信息都感兴趣，一一认真阅读，而名人专栏的"吸睛"效果好，在某种程度上让读者对《申报》形成依赖性，为《申报》争取了大量读者。

再者，《申报》的副刊"自由谈"改版后，史量才邀请了一大批知名作家如鲁迅、茅盾、巴金、老舍、郁达夫、叶圣陶等为其撰稿，发表了大量针砭时弊的评论、杂文，文章具有一定的战斗性和引导性，在受众心中留下了更为权威与深刻的印象，使《申报》的社会形象得到了进一步树立，公信力得到了进一步提高。

除了利用"名人效应"，"服务社会"也是史量才办报思想的核心概念。史量才在新闻实践中身体力行报纸"谋利不忘义"，突出表现为《申报》附设流通图书

馆。图书馆主要服务对象是上海的店员、工人、教师、学生和公务人员，访问量最高时达每天9000名读者。值得一提的是，《申报》还于1933年编印《申报年鉴》，方便读者系统阅读和查找资料。

无论是名人效应还是服务社会，《申报》实则在做“整合营销”。这对于当今报业来讲，同样十分必要。或者说，报业都知道要做整合营销，可具体做得好的企业实在是凤毛麟角。其原因除了新闻记者与社会精英有一定隔阂外，还因为目前报业的改革大多是纸上谈兵的形式主义，能够落到实处并坚持改革的太少。要想在目前的市场竞争环境下拥有一席之地，传统报业应吸纳一部分的知识精英和社会精英，或与知名作家们约稿开辟专栏，或用不同于竞争对手的精彩文章增加自身报纸的卖点。当然，对“名人效应”的应用还是要根据报纸本身的定位，根据自身的文体风格、目标受众来确定邀请名人的类型，并围绕自身的定位，把需整合营销的各部分统一风格，力求给读者带来强烈而稳定的品牌形象。

(二)找准受众群体，做好市场细分

完成了主体的品牌定位以后，就需要对客体读者做定位分析。从某种程度上来讲，无论什么市场的竞争实质上都是对客户的争夺。报业市场当然也不例外。报业争取到了读者也就争取到了市场份额，也就有了良性循环的基础。所以针对自己办报的特点做好读者定位进而进一步做市场细分都是十分必要的。

1.初步定位受众，渗透文化理念

读者定位可以分为两步走，首先应大致确定报纸的受众群。《申报》创刊后，就将其主要目标读者定位在政界人士及知识分子，这部分读者多有一定的经济基础，具有较强的消费能力，这就使得目标读者能够在最大程度上转化为现实读者。如今的报业也应该首先确定大致的读报受众，围绕读者的关注焦点和生活习惯进行自我语言风格、材料选取和投送时间的把握。其次要使报纸与读者需求产生互动。报业不仅仅停留在满足读者需求的位置上，更应该将报纸所倡导的生活理念和方式渗透给读者，努力将读者的读报行为养成其生活的一个部分，在与读者的良性互动中慢慢了解读者的细化需求。

当然，想要使读者产生需求黏性并不是一件简单的事。这就要求报业不能仅仅停留在满足读者需求的位置上，更应该将自己报纸所倡导的生活理念和方式渗透给读者，让读者跟着报纸的节奏阅读。稳定刚性需求的同时不断扩充软需求的范围，把读者读报的行为深化为其生活的一部分，根据不同的主题、节庆等策划出连续的专题报道。在与读者的良性互动中慢慢了解读者的细化需求，进而才能落实市场细分，所推出的产品才能有销售空间。

2.深入进行市场细分，推出对应产品

报纸既想要专注地打造特色又想调和好“众口”显然并不实际。“增刊”的出现就很好地弥补了这块市场细分的需求。《申报》“一报多刊”的市场细分主要是以经济和社会地位为标准，将读者划分为上层读者和中下层读者两类。

《申报》读者群中的重点在于知识分子和教育界人士，走的是所谓“高端”“小众”路线。上层读者除了国内事件，对国际形势也颇为关心，而且较之中下层读者，对于阅读的娱乐性和享受性需求更大。因此，申报《星期增刊》于1919年创刊，以介绍国际关系问题为特色，综述世界一周大事，并聘专家学者对问题进行评论，极大地满足了上层社会人士的获取知识需要与交流需要。针对上层社会人士的阅读习惯，《申报》还专门推出了每周六出版的申报《汽车增刊》，将市场细分到了有一定经济基础的男性读者群体。面向中下层读者群，《申报》推出的产品多以知识型和服务型为主，版面编辑上力求内容广泛、通俗易懂、形式多样、趣味性强，比如《常识》增刊、《教育与人生》周刊、《商业新闻》专栏等。

当今的报业市场上已经少有能和《申报》比肩的刊物，因而增刊也不必做得如此种类繁多，可以精选一些栏目做出特色，如地方报可以做实本地新闻，像《申报》一样，可以特辟以服务性为主要特色的《本埠增刊》，做好做强报导本地事，把百姓身边的趣事精选出来的同时转变叙事风格，把“天边事”以通俗易懂的形式呈现给读者。同时，在如今的“读图时代”可以模仿《申报》当年在《本埠增刊》内又设《艺术界》专栏，增出《图画周刊》，精选国内外时事照片和艺文图片，随报纸附送。这有利于报纸吸纳更广泛的读者。有了更多的“衣食父母”，报纸的生存保障自然也更加稳固。此外，市场细分时也不能忘记报纸的忠实读者，可以模仿《申报》的《老申报》专栏，刊载对过去某个时期的回顾，摘取所载的奇闻轶事及政治、风俗等，这对忠实读者而言十分具有吸引力。

三、挖广告，扩发行

（一）挖掘广告潜力，积累经济实力

在新媒体强势来袭的今天，传统报业想要靠一份一份卖报纸所得的利润来养活身家已经不可能。广告这个利润大、成本低的运营环节自然不能缺位。研究一下当今报业产业化的整合策略，也不乏“副业比主业做得好、副业养活主业”的现象。对此，可能有学者认为这是一种报业文化的下滑，但笔者认为这只是观测维度的差别。从经济学角度来说，用单一的利润额做指标衡量，报业的新闻采写的确已经退居到次要位置，但从逻辑上来讲，这些副业的开发还是为

了保障新闻工作的正常运行。这样一想,也就不存在争论的必要。从实用主义角度来看,只要能够保证传统报业继续生存发展,那么百花齐放、百家争鸣是可以且允许的。更何况,广告还是促进市场经济发展的一个重要行业,并且也符合当前新闻业以绩效作为标准的行业规则。

当前的问题是,我们不缺史量才时期的广告推广科,也拥有比当时更好的技术条件,那么为什么不能像《申报》当时那样做得那么出色?一部分的原因在于《申报》当时所在的报业市场竞争不像如今这么激烈,能和《申报》算一个数量级的报纸屈指可数。但细细梳理《申报》的广告策略,可以看出其“主动、精细、新颖”的发展思路,非常值得借鉴。

1.了解读者需求,增强服务意识

报纸是一种十分特殊的产品,不仅要将报纸所承载的内容售卖给读者,同时还要将报纸的版面宣传价值推销给企业,两者均是报纸成功的关键。因此,在考虑读者利益的同时,必须将企业利益放在同样重要的位置上。所以报业做广告,就得具有服务意识。所谓报业广告的“服务意识”并不是指一味地讨好客户,也不是保持报业的高姿态等着人家来投放,而是要想客户所想,先客户所想。

具体来讲,当今报业可以学习《申报》的做法将广告部人员进行合理分工:广告外勤组提供上门服务,招揽广告客户;广告设计组广聘美术设计人员,改进广告设计,根据客户的不同需要,为客户提供专门的广告设计。上文提到的《汽车增刊》实则就是在为汽车推销商提供服务做的广告。报业完全可以把自己的产品作为平台,为广告主更加详细地介绍产品。这种熔广告和知识于一炉的营销体系,在当时来讲,可谓独树一帜;在今天来讲,还是具有用武之地。寓服务于广告经营之中的理念,可以让报纸靠广告打响自己的品牌,靠服务树起报社的形象,从而赢得越来越多的商家。

除了报纸广告部的主动出击,企业在选择一家报纸做广告的时候也有自己的考量,比如发行量大、市场覆盖率高、规模成本低、广告可信度高等。针对这些因素,报业吸引广告商的根本还是在于本身的社会地位,在于其发行量与市场覆盖率。只有在把新闻产品做好的基础上去做广告主的针对性营销,报纸的广告经费才会源源不断。

2.创新广告样式,满足多样需求

广告是《申报》产业化的起点。在今天的市场经济环境中,报业更是离不开广告,广告收入在报业经济中所占的比例越来越大,已经成为报业的经济支柱。对顾客的倚重,是由《申报》的经营策略与商人的需求决定的。《申报》对其广告讲究“精细”和“新颖”,集中体现在广告形式和排版上。《申报》为了向顾客提供更专业的服务，聘专人为商家设计广告，使得广告能够充分合理地调动报纸的各种元素，创意新颖，图案优美，文字说明准确生动，大大刺激了读者的购买欲。这一措施的推出，吸引了广告客户，各地广告客户蜂拥而至。

从广告形式上来看，《申报》当时就有了“名人广告”“系列广告”“分类广告”的概念，并且还融合了当时的时代背景。以 1932 年“五洲大药房良丹”的广告为例，这个广告采用“名人广告＋类比＋时机”的方法，在民族危难之时，用岳飞的形象为其产品“良丹”做广告：“良心救国，提倡国货；将军良丹，灵丹妙药。”但就我国广告经营情况来看，报业普遍重视工商广告经营而轻视分类广告，直至我国城市晚报蓬勃发展后才又采用了“分类广告”的编排手法，节省了版面，使广告数量大幅度增加，获得了很好的广告收益。可以说，《申报》汇聚了近代商业广告创意的精华。另一方面，广告设计、编排形式也不断推陈出新。《申报》的“封面广告”“紧要告白”“中缝广告”“后幅广告”“特别广告”等都对当今报业具有前瞻意义。1932 年 11 月 30 日，《申报》在时评栏中发表了《今后本报努力的工作》一文，阐述创刊 60 周年后的编辑工作方针，其中第一条就是“在编排方面，务使新闻与广告两相配合，力求其明显、醒目”，可见报馆对广告编排的重视程度。

广告不但承载着一个企业的形象，也反映了其载体本身报纸的形象，《申报》用心经营，不断创新，保证了报纸广告质与量的双赢，是当代报业广告创意的范本。

（二）开辟发行新路，扩大受众规模

施拉姆曾经提出过一个“传媒获选的概率公式”，说的是传媒被人们注意和选择的可能性与它能够提供给人们的报偿程度成正比，与人们获得它的代价程度成反比。从广告商的角度来讲，报纸首先要有销量，之后才能有一定数量的受众，才能拥有稳定的广告到达率。而对读者来讲，报纸降价，才能获得更多的受众。而报纸降价的前提，又恰恰是需要广告收入可以补足亏损。因而发行是将潜在经济效益转化为现实经济效益的第一步。

史量才时期，《申报》在发行方面主要做了三大工作。其一，采用订阅和零售相结合。《申报》邮发和自办发行相结合的发行方式，组建高效率的发行网络，使读者能够及时便利地读到报纸。其二，采用本埠和外埠同时发行的方法。一方面研究最短的发行路线，使用报馆自备汽车，力争最快将报纸送到订户手中，同时还雇用报童沿街叫卖，为读者随时随地买报看报提供方便；另一方面为了争取外埠读者的信任，《申报》发行科根据火车时刻表精心设计邮递路线，发向外地的报纸先印刷，火车、汽车和轮船等交通工具当天能抵达的邻近地区，都

通过邮局当天送达，使长江三角洲地区的读者能尽早看到报纸，远的地方，则通过邮局或代办处发展机关团体、工厂商店和个人订户。1933年，又成立了《申报》服务部，替外地读者订购、邮寄书报、杂志等，外地的长期订户达1万多户，后来销数接近15万份时，外地销数差不多占到一半。《申报》在外埠的发行点、分销处大大超过了《新闻报》，成为畅销全国的报纸。其三，《申报》还会定期安排一些特殊的发行项目。如1919年创刊的《星期增刊》，由于其趣味性、知识性、消闲性等特点，很受读者欢迎。1912年史量才刚接办《申报》时，《申报》发行量只有7000份，到1935年全国各地销售总数近16万份，每月的广告收入在15万元以上。

相对于广告来讲，传统报业在发行方面还不够重视。目前的报业应该要明白发行是报纸在市场经济条件下不可或缺的营销手段，是扩大报纸经营规模、提高经营水平的重要途径。应该学习《申报》以读者需要为中心，采取灵活多变的发行手段，来保证发行量的稳步提升。只有把推广发行做好了，前期的劳动成果才能转化为可见的市场份额，报纸才算真正与读者建立了联系，广告价值才有了提升和谈判的空间。

四、推多元，促融合

就现实情况来讲，原有的传媒发展逻辑已经难以维系，整个媒体生态发生了根本性和结构性的变化。因而，传统媒体纷纷转型，开始进军产业。从这个角度上来讲，我们能从史量才时期的《申报》中得到什么启示呢？

（一）深度开发主体领域，推进多元经营

报业经营主体多元化是报业产业发展到一定阶段后对经营主体的合理补充与必要延伸，是报业产业发展到一定阶段后对报纸经营方式提出的必然要求。而多元发展的重点通常都在于原有或相近的领域。史量才接办《申报》后，就把集团化产业化的方向瞄准了出版业，他充分利用自身拥有的丰富信息资源优势，开展知识经营，出版了大量与《申报》相关的刊物。

除了这些史量才根据不同消费者所出版的刊物外，《申报》强烈的自我宣传意识也非常值得学习。其一，在《申报》发行50周年之际，史量才特约黄炎培主编《最近之五十年》，此书邀请孙中山、蔡元培、胡适、李大钊等名家为其撰文，详细记载和评述50年来中国和世界发展演变的情况。这本汇聚名家的时代之作在记录历史的同时，无疑产生了良好的社会宣传效果。其二，继《最近之五十年》，1933年《申报》开始出版《申报年鉴》，每年出一册四卷，结集各种统计数据，

以供读者查阅。此举保存了大量的史实资料，成为一部“我国国情之逐年的信史”，更增加了《申报》的影响力，奠定了其历史地位。

史量才的上述行为实则是一种传媒集成经济行为，整合其他社会关联资源，把原有的“内容汇聚”发展为报业与社会资源、商业资源的共同呈现，是传媒属性观念的理性回归，也是基于技术和社会关系作用的与时俱进。当代报业也可依葫芦画瓢，整合不同类型的资源，根据不同的形势背景深化发展主营业务。至于史量才时期《申报》创建申时电讯社、申报新闻函授学校、申报服务部甚至涉及金融业实业领域等行为，笔者认为对当前的传统报业来讲借鉴意义较少。目前，具有《申报》当时经济实力和社会声誉的报业企业寥寥无几。如果过多地涉及发展项目，很容易分散资金，使得整个产业资金周转不灵。且因为报业的专业经理人相对缺乏，专注发展某项支柱产业显得更为稳妥。

(二)跟进运用新兴工具，促进媒介融合

不同于《申报》当时相对单纯的纸质媒体竞争环境，当今报业面临着来自时代和技术的挑战。互联网究竟带来了什么？事实上，互联网的核心逻辑就是“互联互通”。互联网改变了传播界的游戏规则，在大数据挖掘及信息服务的大背景下，大众消费新闻的方式变了、阅读习惯变了，传统报业必须要对资源进行重构再造，必须从生产方式、消费方式到传播方式都做出改变。报业需要理解、适应、依靠新兴技术，在新逻辑中进行革命式的改造，用开放的心态在媒介融合中实现价值的交叉复现。如喻国明教授所讲，利用新兴的技术平台发展产业“有利于突破我们的一亩三分地，把格局贯通，从而突破到一个更大的市场版图中，围绕社会需要、受众需要、市场需要寻求解决方案。因此，未来判断媒体优劣时，不是看自己上中下游是否有效和顺畅，更大程度上要看如何利用别人的渠道和资源来做同一件事，也就是如何利用更广泛的资源赢取更多的市场机会，创造更多的价值，这是我们未来产业发展的竞争点”。

传统报业在媒介融合的过程中可选择一个小的突破点作为起点，如可以开发自己的微信平台。在这样一种热点介质中小试牛刀，以该平台的流量为基础，导入电商、金融企业等，聚拢流量，整合资源，实现报业的价值增值，完成盈利模式的构建。传统报业依赖新技术实现媒介融合实则是在不断适应我国用户需求的变迁和商家精准营销的要求：建构传媒中介平台支点，凭借互联网跨地域、无边界、海量信息和用户优势，聚拢社交关系圈子资源和平等信任传播能量，打破产销信息不对称的格局，在充分传递沟通中创造针对性交易经济和新型体验经济价值。所以，媒介融合集成经济的更大意义在于使得网络传播的不同要素构成符合价值而产生增值的环节，使得社会化生产效率大增，提升整体

生产力水平。

（作者：宁波市镇海区行政审批管理办公室科员）

参考文献

[1] 于鑫：《史量才主持时期〈申报〉经营管理研究》，河北大学硕士论文，2006年。
[2] 盛伟山、邓崛峰：《史量才报业经营理念的当代解读》，《新闻天地》，2008年第5期。
[3] 王学敏：《早期〈申报〉与读者关系研究》，山东大学硕士论文，2013年。
[4] 马庆：《论史量才的"史家办报"思想》，《当代传播》，2011年第4期。
[5] 刘文婷：《中国近代商业报刊研究》，西南大学硕士论文，2013年。
[6] 喻国明、樊拥军：《集成经济：未来传媒产业的主流经济形态——试论传媒产业关联整合的价值构建》，《编辑之友》，2014年第4期。
[7] 喻国明：《互联网逻辑下的传媒运作》，《新闻战线》，2014年第4期。

史量才时期《申报》商业模式及对当今媒体竞争启示的分析

刘炎飞

史量才接手《申报》之时，该报差不多已有40年报龄了。在史量才经营的22年里，《申报》创新经营思维，重构商业模式，使《申报》的经济效益与社会影响力都达到了顶峰。其发行量从1912年的0.7万份，到1917年飙升至2万份，1920年达到3万份，1925年突破10万份，1926年突破14万份，1932年超过15万份，创造了其发展的黄金时代。报纸的盈利呈爆发式增长，起初为一两万元，后来为每年10万元以上，最多的一年达到30万元。[1]《申报》在史量才经营期间，不仅经济效益得到大幅提升，而且还实现了经济效益和社会效益的完美统一。具体分析起来，史量才的经营模式与现代的平台型商业模式有很多相似的地方，我们认为，史量才经营《申报》实际运用的是一种平台战略，因此，要借鉴史量才的经营管理经验，不妨从解构他的平台商业模式出发，从而探讨其对当下我国媒体探索转型与发展的路径所带来的启示。

一、关于平台模式

一提到平台模式，大家可能就会想到淘宝商城、QQ、百度等这些靠平台战略成功的公司。其实，平台模式的概念，并非在互联网时代才出现，其由来已久，古代欧洲的“市集”和中国的农贸市场就是最好的例子。在许多城市的街道交汇处，商家可以摆摊设点，赚取来往客人的钱，但必须与管理单位分摊利润。“市集”规模越大，吸引的人就越多，人流量越大，就会不断吸引更多的商家入驻，如此一来，将“商家”与“人群”两个群体密切连接，良性循环加速，释放出惊人的能量。也就是说，市集这个“平台”提供了完善的“交易规则”与“互动环境”，并将其开放给几个不同群体，令其相互吸引，且在一方壮大的同时，牵引着其他方一起成长。

简单来说，平台商业模式实际上是指连接两个（或更多）特定群体，为他们提供互动机制，满足所有群体的需求，并巧妙地从中营利的商业模式。平台商业模式的精髓，在于打造一个完善的、成长潜能强大的“生态圈”。它拥有独树一帜的精密规范和机制系统，能有效激励多方群体之间互动，达成平台企业的愿景。平台生态圈里的一方群体，一旦因为需求增加而壮大，另一方群体的需求也会随之增长。如此一来，一个良性循环机制便建立了，通过此平台交流的各方也会促进对方无限增长。[2]

购物商城也是运用平台模式的好例子，几乎所有国家的各大城市都拥有自己知名的购物商城，那里聚合了各式各样的品牌商店和想要一次满足购物欲望的消费者。因此我们可以说，无论在哪个年代，或是在世界的哪个角落，以平台模式为战略方针的案例都是层出不穷的。

二、史量才时期《申报》的平台战略思维分析

毋庸置疑，无论哪种形态的平台企业，最关键的制胜之道是“有能力为各边用户提供最多利益与最能满足各边用户的需求”。如淘宝网、亚马逊等电子商务平台，就是通过扶植壮大商家，为网民提供多样的商品选择，发展出生态圈，形成优势。在报纸这个平台层面，主要将“广告客户”和“读者”两个群体密切连接起来，《申报》也就相当于一个“市集”，这个“市集”的规模越大，吸引的读者就越多，读者越多，就会吸引更多的广告客户，这样就形成了良性循环。史量才接手《申报》后，用平台战略思维对经营模式进行了一系列改革，抓住了这个“市集”的两个群体——读者和广告客户，用心服务他们的需求，创造了《申报》的辉煌。

（一）读者思维

几乎所有平台企业在创始之初，都必须面临的挑战是，连接了双边市场后，该先发展哪一边群体，如何启动与进行并确保其持久性。因此，平台企业主要有两个战略考虑点：一是竞争过程中，应该集中力量栽培哪一边群体使其壮大；二是该聚焦服务什么样的客户层。当然，媒体相对而言，可以很容易做出选择，首先是壮大读者群，其次是服务好广告客户层。因此，史量才在他的平台战略中，不是产品思维，而是一种用户思维，围绕用户需求去做产品，首先抓住了用户群的一边，即读者群，用读者中心思维经营报纸。

1. 改版：让读者方便阅读、喜欢阅读

史量才接手后，一是对数十年一成不变的报纸版面进行了改版。1912 年，

《申报》将最重要新闻放在显著位置，文字全部采用新五号字，设通栏标题，并配边框。同时，将报纸改为直长式版面，分 6 栏刊登，每栏高 8.5 厘米，这样的编排让读者阅读起来较为省力。1921 年，《申报》的编排开始采用标点符号，新闻采用逗点，副刊文字用双句点，评论用句点，这是对中国近代以来的报纸文字编排的一次重大革新。虽然这样的标点符号还比较简单，却提高了读者的阅读速度，同样增强了报纸的易读性。1932 年，在《今后本馆努力的工作——纪念本报六十周年》一文中，其第一条就是“在编排方面，务使新闻与广告两相配合，力求其明显、醒目”。二是购置最先进的印刷设备，以最快的速度为读者呈现最精美的报纸。1928 年 11 月 19 日，在《二万号本报小史》中详述：“至申报原有之机器每小时仅能印三千份，每份犹四张耳。后以销数日增，非此机所能胜任。盖为灵通消息见，新闻稿须午夜始竣，而拂晓即须出版，印报之时间，仅二三小时而已。故于民国七年向美国订购最新式之印报机，每小时可出三万余份。越年复购一部，又二年，再购两部。十余万份之报纸，则可两小时中完全毕事。惟求迅速起见，现又在美国添购印字机数部，不日即可到达矣。本报房屋既建筑完美，机器亦添购新式，对于各部之设备，更不得不力求完善，如铜版机、浇字机、打纸版机、浇字铅版机、铅字铜模等等，无一不备，且皆以重价购来也……”

2. 扩容：满足读者日益增长的信息量需求

一是在国内外建立了庞大的新闻信息网络，重金招聘访员，扩大信息量，提升信息质量。如在全国各地及国外伦敦、巴黎、日内瓦、罗马、柏林、东京、华盛顿聘请特约记者和通讯员，招聘黄远生、邵飘萍等名记者为《申报》撰写高质量的消息、通讯，建立自己忠实能干的记者队伍，极大地丰富了信息量。二是为了满足不同读者的需要，《申报》下大力气开办各种增刊专刊，刊物内容涉及政治、军事、艺术、人文等各方面，为各行各业的读者群提供了新鲜而实用的知识。如 1919 年出版《星期增刊》、1920 年开辟《常识增刊》、1921 年创办《汽车增刊》、1924 年开设《本埠增刊》。1930 年 5 月，又增出《图画周刊》，用橡皮影写版印刷，铜版纸精印。《图画周刊》由戈公振主编，精选国内外时事照片和艺文图照，对开 1 张，分作 4 页，逢星期日出版，随《申报》附送，对读者很有吸引力。

3. 互动：增强读者的话语权限，赋予读者归属感

一是通过《本馆告白》一栏，及时向读者通报内部消息，如该报取得的成绩、销量、问题、困境等，以求跟进读者的“次报人”意识。二是创设申报《读者通讯》栏，赋予读者表达自己观点的权利，增强读者的话语权，让他们从内心萌生对此平台的归属感。据统计，至停刊前，《读者通讯》专栏共发表来信 191 封，其中 1931 年 9 月至 12 月为 171 封，1932 年 1 月为 20 封。

4.提速:满足读者及时了解信息的需求

一是成立报纸投递公司。研究最短的发行路线,使用报馆自备汽车,力争最快将报纸送到订户手中。二是在各地设立分馆和分销处。根据火车时刻表精心设计邮递路线,发向外地的报纸先印刷。1933 年 6 月 11 日,为提供外埠读者订阅报刊的便利,《申报》又成立了服务部,替外地读者订购、邮寄书报、杂志等。经过努力,外地长期订户稳定增长,当《申报》销数接近 15 万份时,外地销数差不多占到一半。

(二)广告客户思维

若想将平台战略发挥到极致,最重要的是打造一个多方共赢的生态环境,并在平衡中成长。[3]因此必须满足所有使用者的需求,共同成长获利,并且有效维持生态圈的利益平衡,并在平衡中携手前进。就《申报》而言,广告客户是它的另一方重要群体,是维持平台发展的经济来源,因此,用广告客户中心思维去做产品是《申报》平台生态圈成长的又一关键。

1.重视每一个广告客户

史量才接手《申报》后,一是针对长期的广告大客户,如英美烟草公司和中法大药房,适时推出优惠政策,广告打八折,甚至奉送宣传性新闻。二是设立分类广告专栏,满足小客户的需求,增加其黏性。当时最小的广告多是游艺广告,在《新闻报》上这些广告总被压在最底层,广告主不满,但《新闻报》广告科不予理睬。《申报》了解到这一情况后,立即表示愿意每天将他们的广告拼在一处,条件是只登《申报》一家。于是这批数目不小的小客户就成了《申报》的固定客户。正是在这种思想的指导下,1924 年《申报》最先设立分类广告专栏。

2.优化广告设计

一是做到文案精练易懂。1914 年,《申报》上出现了产品的白话广告文案。虽然没有使用标点,却在应标点处以空格显示停顿,文字生动活泼,十足口语化的文案初具现代味,一改惯有的陈腐论调,特别适合老百姓的口味。这之前的《申报》上的广告,无论华洋,文案都是文言,且不带标点,文字表达缺乏广告意识。这可以说是我国广告文案的一大突破。二是聘专人为广告商家设计广告。《申报》认识到广告的表现力也是吸引客户的重要原因,于是《申报》广告推广科聘请广告专业设计人员专门从事广告设计,根据客户的需要精心设计,这样设计出来的广告能够更加充分合理地调动报纸的各种元素,其创意新颖,图案优美,文字说明准确生动,从而刺激读者的购买欲。这一措施的推出,极大地吸引了广告客户,各地广告客户蜂拥而至。

3.细分市场精耕细作

一是实施差异化定价策略。史量才接手《申报》之后,努力发掘广告市场潜力、积极拓展广告业务,根据广告商刊登需求与自身的版面策划,结合考虑刊登部位、篇幅、时段等因素,将广告分为特等、头等、二等、三等、四等几个不同的等级,依据不同的等级收取不同的广告费用,从而形成了差别性的广告定价策略,赢得越来越多企业的信赖和支持。[4]二是细分市场。为满足不同阶层的信息需求、扩大读者面,《申报》对读者市场进行细分,不断增加新栏目,如《星期增刊》《汽车增刊》《常识增刊》《教育与人生周刊》《业余周刊》《妇女园地》《经济专刊》等。1924年2月8日,申报创办《本埠增刊》,招揽广告,“每日出版,专为本埠各界服务,利用少纳邮税与少耗纸张两点,直接给予本埠广告以实质的利益……”[5]。

4.服务,导引读者“流量”

据现代报业经营研究表明,广告的传播效果还与读者素质(购买力)成正比例,即读者素质优良而发行数亦多时,其广告费率与发行数成正比例。因此决定广告竞争成败的重要因素是读者对新闻的“信赖”及“购买力”。史量才素有普及和提高青少年教育、教育救国思想。此外,文化社会事业在提升读者素质的同时,还可以导引流量。《申报》于1932年创立申报流通图书馆,馆址设在上海南京路大陆商场,藏书数千册,凡市民均有借书权利,直接推进民众教育。申报流通图书馆的每日读者最多时达9000人。为了帮助读者解决书本上的疑难问题,1934年图书馆创设读书指导部,负责回答读者关于时事、哲学、社会科学及生活上的问题,并在《申报》开辟《读书指导》《读书回答》专栏,选择读者共同性的问题加以解答。1933年1月,申报新闻函授学校创立,用写作通讯方式训练学员,学员远及西藏、新疆、内蒙古等地,达800余人。1933年3月,申报业余补习学校成立,作为职业青年进修之所,不到两年,学生就增加到了2000多人,还增设了3处分校。

三、史量才时期《申报》平台生态圈的机制设计分析

由平台模式搭建而起的生态圈,不再是单向流动的价值链,也不再是仅由一方供应成本、另一方获取收入的简单运营模式。每一方都可能同时代表着收入与成本,都可能在等待另一方先来报到,因此平台企业需要同时制定能够纳入多边群体的策略,“讨好”每一方使用者,这样才能真正有效地壮大其市场规模。

一是定价策略分析。平台生态圈所连接的两组使用群体被视为两个不同的市场,这两个市场都可能带来收益或产生支出。事实上,平台企业在定价方面有一定的弹性,可以选择补贴某一边群体,促进其使用者数量的增长,进而吸引另一边群体支付更多的费用。报纸这个平台,大多数企业都会选择读者为"被补贴方",而广告客户为"付费方",史量才经营时期的《申报》也不例外,选择补贴读者,使其数量不断增长,进而吸引广告客户。当然,定价策略也是根据经营情况不断进行调整的,如 1926 年 9 月 1 日,经过 10 年多的稳定价格,《申报》将每份报价由 3 分大洋涨到了 4 分大洋,成为上海价格最贵的报纸。这样的价格调整是为了建立用户过滤机制,使读者层更加高端,也使广告客户的广告投放更加精准,从而对其更有吸引力。[6]

二是营利模式分析。对于平台企业而言,最关键的问题是如何实现营利。基本上来说,"付费方"群体通常是平台的收入来源,他们不但可以补贴另一边群体,使其茁壮成长,也可为平台生态圈注入足以维持其运营的资金血液。其实,当时的民营报纸都是这样一种方式,为什么《申报》能在众多的民营商业报纸中脱颖而出呢?从表面上看,《申报》的核心服务对象似乎就是读者,从内容到价格以及公共服务,似乎完全是在为读者谋福利,然而事实却并非如此,《申报》真正的服务对象时常偏向商家,该平台所提供的价值是"精准定位的广告方案"。其一是在于它能给所有客户提供精确的发行及读者行为数据,协助其拟订广告方案。其二是设立了专门的广告设计科,专门为商家设计创意广告文案,为产品注入了灵魂,如此有创意的广告无疑为商品引来了注意力。实现这些优势的前提是,《申报》具备掌控市场命脉的能力。因为这种商业模式能形成前所未有的读者规模,将市场的各种脉动直接传导到《申报》本部。

四、对当今媒体的启示

当今媒体,特别是纸质媒体,在互联网大潮中,已受到了严重冲击,电视媒体也在遭受滑铁卢式的影响,如何保生存求发展,是摆在当今媒体面前的一个重大课题。其实史量才经营时期的《申报》,社会环境并不乐观,其时社会急剧动荡,经济发展极不平衡,然而《申报》却取得了骄人的成绩,无疑,史量才的经营理念、模式对当今的媒体具有重要启示。

一是从渠道战略向平台战略转变。毋庸置疑,当下的传统媒体要摆脱渠道"失灵"的尴尬,首先要改变的是观念,必须从过去的直线型渠道战略思维向平台型战略思维转变。当然,平台模式虽然诱人,但也并不是那么容易成功,创业者在构造平台的过程中,要按照平台模式逻辑和思维重构运作模式和管理模式，同时还需要提供给用户有着巨大黏性的服务，需要有合作共赢、先人后己的商业思维。如史量才经营时期的《申报》，经营者着力于服务读者和广告客户，无论是为读者创办“一馆三校”（申报流通图书馆、申报业余补习学校、申报新闻函授学校、申报妇女补习学校），还是为广告客户量身设计广告方案，创造价值，都是在给用户群体实实在在的利益。简而言之，平台战略需要的是“以德服人”，只有让平台上的用户群良性成长，平台才能生存和壮大。

二是从产品思维向用户思维转变。所谓“用户思维”，就是所有产品的设计与服务都是围绕用户的需求开展的。满足用户需求就是产品可以为用户解决某一方面或某些方面的难题。做产品需要时刻剖析用户需求，并不断满足其需求，以获取和留住用户，实现产品价值。进行用户需求捕捉，是产品设计的起点和难点。[7]史量才经营时期的《申报》通过补贴策略解决读者买不起报的问题，通过报纸版面编排改革解决读者阅读难的问题，通过创办“一馆三校”解决一些潜在读者文化素质的问题，通过差别性定价策略和精准广告方案设计留住各类广告客户。与此同时，更新产品优化用户体验。如史量才接手《申报》后，购买世界上最先进的印刷设备，给读者带来了高品质的阅读体验。

三是构建平台机制，创新营利模式。拥有强大的聚合能力是一个平台成功的关键，要想将多方群体吸引入驻平台内，让他们久留而不想离去，必须设计适合自己产业与服务群体的整套机制。第一，设立被补贴方和付费方。说穿了，补贴就是平台企业对于某一方群体提供低于市场的价格或免费的服务，以吸引这部分群体的成员入驻自己的生态圈，并以此为筹码，转而吸引另一方群体。一般而言，媒体受众适合被当成被补贴方，广告客户适合被当成付费方，如谷歌搜索引擎从广告商那里获取利润，进而补贴给其用户。当然，平台企业里，补贴模式可以千变万化，事实上，许多平台企业就是靠极富创意的补贴战略，建立起自己的竞争优势。设定补贴模式的目的，就是要像跷跷板一样引发第一股推动力。第二，赋予用户归属感。赋予用户归属感需要建立一套较为完善的机制协助平台生态圈来实现。当然，不同的平台有不同的着力点，我们认为最有效的方法之一就是“赋予用户权限”机制，如史量才经营时期的《申报》设立“读者通讯”专栏，与读者进行互动，给予读者表达自己意见和观点的机会，在交流过程中，读者对此生态圈的归属感不知不觉受到强化，最终凝固，有的读者甚至可能成为“意见领袖”，自发地表达自己对平台的钟爱之情，为生态圈带来更多新用户。如网络文学平台的领先者——起点中文网，主要是赋予了读者拥有传统实体书籍阅读者不曾拥有过的权利——他们对创意的源头产生直接影响力，这就是把用户变为“产消者”，即用户既是产品的创造者又是消费者。这种影响是即时且强大的。值得一提的是，起点中文网还设置了将读者群分等级的“粉丝积分制”，让参与度高的读者获得更高的荣誉。其实这些机制，说穿了就只有一个目的，即通过增强读者的话语权，让他们从内心萌生对此平台的归属感。第三，创新营利模式。营利模式随着不同的媒体而呈现出多元化趋势，那么平台商业模式的营利法则呢？平台模式与传统企业运营模式的不同之处在于，它并非仅是直线性、单向价值链中的一个环节而已。平台企业是价值的整合者、多边群体的连接者，更是生态圈的主导者。因此，今天的平台企业可以通过多方数据来拟定多层级的价值主张，进而推动企业营利。这里的关键是“数据开采”，也就是挖掘用户的行为数据，能有效协助掌控多边群体，进行营利，可以促进如精准投放广告、付费模式设立、个性化定制、视频电子商务等营利模式的形成。

（作者：湖南大众传媒职业技术学院副教授）

注释：

[1] 宋军：《申报的兴衰》，上海：上海社会科学院出版社，1996 年，第 91 页。
[2] 陈威如、余卓轩：《平台战略》，北京：中信出版社，2015 年，第 93 页。
[3] 同上，第 36 页。
[4] 闫俊霞：《1912—1934 年〈申报〉的营销策略研究》，西南大学硕士论文，2012 年，第 23 页。
[5] 林友兰：《申报七十五年》，《中国报学导论》，台北：台湾学生书局，1974 年，第 45 页。
[6] 闫俊霞：《1912—1934 年〈申报〉的营销策略研究》，第 23 页。
[7] 黄楚新：《互联网媒体融合时代的传媒发展路径》，《新闻与传播研究》，2015 年第 9 期，第 107 页。

从《申报》报道看其社会担当意识
——以 1931 年 6 月史量才主编之《申报》为例

周术槐

史量才，作为现代报业巨子，在其主编《申报》期间，一个最大的特点，就是具有强烈的社会担当意识。这一意识，让《申报》蜚声中外，受到广大读者的热烈追捧，从而让《申报》的发行量与日俱增，社会影响不断扩大。对于《申报》的社会担当意识，我们以 1931 年 6 月史量才主编之《申报》为例，可以窥见其基本概况。

一、民智的开启者

百年大计，教育为本。教育的发展程度，体现出社会进步与文明的程度。在史量才主编《申报》期间，其对于教育内容的刊载，总是不厌其烦、不吝版面，不仅开辟专栏报道教育方面的消息与发展动态，而且对教育的重要载体——书刊信息，时常加以登载。在这一过程中，《申报》要么面向社会征订教材，要么面向广大读者推介书报，为民国时期中国社会的发展努力播撒文明的种子。

在《申报》对教育方面的消息与发展动态的报道，譬如《培德女学生林琳突被拘捕》一文中，强调警察抓人应尊重法规的问题。该文指出："在培德女校及文生氏英文学校肄业之湘籍女生林琳，突于五卅清晨被捕，旋即解送特区地方法院审问。市公安局派督察员到庭，指出该女生有反动嫌疑，要求引渡。但捕房律师张天荫则以市公安局未提出确切证据，表示反对。"[1] 该文表明，警察的抓捕行为应慎重，应以事实为依据，不能仅凭一面之词。在《上海艺大学生沈筠服毒自尽》的报道中，披露学生因经济压力而走上自绝之路的事实。该文详尽报道了福建学生沈筠在上海法租界旅馆内服毒自尽的事实。其中，还刊载了该生遗留的一首绝命新体诗。诗的内容是："人生本无为，何苦来。死后留长恨，也罢了。"据此，记者推断，该生服毒自尽的原因是："似感经济压迫而出此。"[2]

同样的内容，在 6 月 2 日的报道中，以《沈筠自杀真相》为题进一步予以报道。文章称，沈筠自杀，“确系受经济压迫”。死者在遗书中指出：“此事发生，完全由于经济问题。”[3]在《教部对清华驱长态度》一文中，则报道了国民政府教育部对清华大学学潮一事的态度，指出教育部对清华大学师生提出的相关主张持不赞同立场。文章指出：“教部以清华学潮吴南轩被拒，及教职员要求撤回修改校章两事，认为不合。今日特令北大蒋梦麟校长赴清华向教职员宣达部意，声明：①既经修改之校章，不得重行收回。②校长既经任命，不能更换。”[4]尽管如此，清华学潮的发展并不以政府的意志为转移。正是由于清华师生的共同努力，导致校长吴南轩成为清华大学校史上任职最短（仅 3 个月）的一位。在鼓励小学生加入“儿童读书会”团体时，其推介内容更是体现出《申报》对儿童成长的一种崇高的使命与担当精神。其推介内容指出：“做父母的，应教子女加入；做兄姊的，应教弟妹加入；小学教员，应教学生加入；小学生的，应自动加入。‘儿童读书会’，是替小学生节省买书钱，能增进小学生读书兴趣，能指导儿童正当的娱乐，能指导儿童不看坏的书。”[5]

在教材征订方面，《申报》可谓不遗余力地加以报道。涉及的范围从中小学至大学。如：在 6 月 3 日的报道中，就以“怎样解决下学期的初中国语教本”为题，推介复旦公学教授赵景深先生编辑的《初级中学混合国语教科书》（三册）。推介词中指出：“暑期将终，新学年又将开始。先生关怀国文教育，想正在筹思如何教学可收速效，则敝局此书当能解决此中等教育最难解决之问题。”[6]在 6 月 24 日报道中，报道了国民政府教育部审定的初级小学教材 12 种，高级小学教材 16 种。其推介词是这样写的：世界书局小学教科书“完全认定儿童为本位，是儿童们自己所需要的教科书。在不背三民主义教育原则之中，极力开展儿童的思想，启发儿童的智慧，并给以丰富的趣味和爱美的观感，以助长其学习上的进步。所以真正肯为儿童着想的教师们，都应一致采用，以适儿童们的需要，及满足其读书欲”[7]。同日，《申报》还对中学教科书的征订进行了报道。范围涉及初中教科书 26 种，初中指导书 9 种，高中教科书 8 种，初高中图画书 3 种。其推介词强调：这些教科书“采用科学化的最新编辑方法，条理清楚，系统分明”[8]。对于大学教科书的征订，主要偏重于文科，特别是法学、历史学。如：6 月 14 日的广告中，专门针对现代中国史丛书的征订予以推介。内容涉及：中国现代经济史、中国现代政治史、中国现代交通史、中国现代实业史、中国现代法制史、中国现代教育史、中国现代文学史、中国现代艺术史等。

在书报具体内容的推介中，《申报》更是不吝版面，整版予以推介。其中，既有对中外出版物的推销，也有对书报内容的具体推介。推销的出版物，如黄通编著的《经济史概论》，在推介词中指出：该书“立论公允，条理明晰，而于资本主义之发达，剖释更为详尽。可供研究经济学者之参考，亦可作大学及专科以上学校教科之用”[9]。又如在推介周宪文编译的日本东京帝国大学教授河津暹所著的《经济政策纲要》时，指出该书“对于最近各国之农工商政策，叙述尤详。文字浅显，立论扼要，最合各大学经济学系采作课本；而关心国内之建设事业者，更宜人手一篇”。同样的内容，在6月3日，《申报》推销的图书涉及中学生读物如陈思编辑的《小品文甲选》、曹聚仁编辑的《散文甲选》；法学书籍如上海法学编译社编辑出版的《法学丛书》《现行法律释义丛书》《法政问答丛书》《各种法学概论》《各种判例解释》《民众适用法律浅说》《法律上各种技术书籍》，以及为迅速刊行新发布法令、宣传最新法律学识而发行的《定期刊物》等法学专业书籍数十种。在6月9日，专门推介了《世界医药报》和《医药常识报》汇集成册后的内容，面向社会征集订购。从所刊载的内容来看，两种医药报具有较强的针对性与适用性，可以增进民众的医药知识，让民众了解各类疾病的治疗方法，为民众健康提供方法论上的指导。在6月12日，在书报介绍栏目中，专门推介了《纺织之友》第一期的具体内容。该栏目指出，《纺织之友》第一期是由南通学院纺织科学友会出版的，专门介绍我国纺织业工厂生产、市场销售情况的期刊论文汇编。推介词指出：“论文中对于纺织之原理、技术，以及厂场之设计、管理，机器之比较研究，中国各地纺织业之概况，俱有极深切之论述。”[10]通过该书，民众可以了解与认识当时中国纺织业的基本概况。

二、禁毒的传播者

近代中国，自鸦片战争以来，禁毒一直是政府所推行的一项重要职责与义务。在这一过程中，令人欣喜的是，一些民间机构与社会有识之士也纷纷加入禁毒大军，让吸毒者无处可藏、无路可走。《申报》，作为民国时期一份有社会担当意识的商业报纸，毫不含糊、旗帜鲜明地加入禁毒行列，倡言禁毒工作。从1931年6月《申报》的报道来看，有关禁毒的宣传报道，前后达5次。主要集中在6月1日、6月3日、6月4日、6月10日、6月13日5天。

1931年6月1日，《申报》以《三机关筹备六三禁烟纪念》为题，报道了上海市中华国民拒毒会、国民党上海特别市党部、上海市政府根据国民政府的要求，拟筹备六三禁烟纪念活动的具体事宜。内容涉及宣传、游行、会务、演讲等多方面。

1931年6月3日，《申报》在《本埠新闻》中，以《今日六三纪念》为题，报道了国民党上海特别市党部、上海市政府、上海市中华国民拒毒会与上海各界在上海市商会将举行林则徐1839年6月3日虎门禁烟纪念典礼的概况。该新闻除报道参会各方外，对于本次活动的宣传大纲作了详尽报道。其中，对于鸦片的危害，《宣传大纲》指出："鸦片输入，为我国受帝国主义者政治经济侵略之开端，是亦民生穷困，国运凋零之起点。溯自清末季，英人不惜违背人道主义，以鸦片输入中原，意在吸收我国金钱，斩丧我国民族生机。朝野之士罔知其害，嗜者渐多，日处昏天黑地之中。微特良好身躯斩丧于毒祸，国家社会亦蒙莫大之损失。举国上下，甚且有以吸食鸦片为荣者，致成百年遗毒，酿成如斯巨患。"对于林则徐的义举，宣传者同样给予充分肯定。《宣传大纲》指出："林公则徐，洞察英人纵毒祸华之阴谋，早具芟除祸害之决心。"对于本次活动的意义，《申报》指出："今者林公焚毁鸦片，已届九十二周年纪念之期，回顾国内毒祸，犹复日肆猖獗。凡吾同胞，宁不引为痛恨，势必完全铲除。所幸拒毒运动发轫有年，禁烟法令早已颁布。苟能举国一心，共图扑灭，事诚不难。要在继续先烈林公拒毒之精神，踊跃参加拒毒运动。内而督促政府实施烟禁，外而反抗外洋毒品之输入。庶不负林公首倡拒毒之志愿，而此次纪念之意义为不朽矣。"[11]在本次新闻报道中，还刊登了时任上海市市长张群的题字："除恶务尽！"字虽仅 4 个，但其蕴含的意义却十分明显，意在表明要将禁毒事业进行到底。

同日，《申报》还报道了南京中央禁烟会举行禁烟纪念活动的新闻。新闻指出："六三禁烟节。中央禁烟会定三日上午十时，在卫生署举行纪念典礼。并假大中桥市立民众教育图书馆，开禁烟展览会两星期。戒烟医院亦于下午二时举行开幕典礼。"[12]

1931 年 6 月 4 日，《申报》对上海各界隆重举行禁烟纪念大会的盛况作了进一步的报道。本次报道的内容在三个方面：一是大会主席团主席潘公展在大会上的致词，二是上海市公安局代表郭贞梁报告一年来上海市的禁烟工作概况，三是中华国民拒毒会总干事黄嘉惠报告一年来开展禁毒宣传的基本情况。其中，在主席团主席潘公展的讲话中，尤其谈到禁烟的方法问题。在潘公展看来，禁烟工作是一项十分艰巨的事业。仅仅依靠政府的力量远远不够，还必须依靠民众的力量，发挥民间力量在禁烟工作中的作用。他说："拒毒工作，决非个人，或少数人，或政府，所能办成。必须全国人民个个人都能明白鸦片之流毒，然后收效自宏。若单靠政府的法律，是不对的。政府虽定了很严的禁烟法，然而效果若何，还不是种者自种，贩者自贩。吃鸦片烟者还是依然。不独未见其减少，反见增多。所以除毒工作，决不能单靠政府的法律，鸦片即可根本消除；其根本办法是要使人民能知鸦片之祸害，而能自己约束自己。"[13]

1931 年 6 月 10 日，《申报》以《毒药祸吾中华》为题，报道了在日内瓦召开的国际鸦片大会内幕。据报道，本次大会中方代表和有殖民地国家的代表均对"苏俄代表"提出的允许鸦片在最高限额的范围进行种植的提案予以反对。中方代表认为:“海洛因私运入中国者,岁以数十公斤,为害之烈,不堪设想。取缔此物之出产,实急不容缓之举。”[14]

1931年6月13日,《申报》直接报道了国民政府财政部决定在中央设立“全国禁烟处”,各省设立“禁烟局”的消息。[15]“禁烟处”“禁烟局”的设立,进一步表明了政府在禁毒工作中的主导地位以及政府要求禁毒的坚定决心。

三、民众健康的使者

健康无小事。在《申报》报道的内容中,《申报》堪称民众健康的使者。《申报》在每期的版面中,不断通过生动活泼、形式多样的文体,向社会推介各类药品的功能与疗效。这一举措,既宣传了医药企业的产品,给医药企业带来一定的经济效益,同时又向社会普及了医药知识,为民众的疾病救治提供可以选择的机会,服务于民众健康管理的需要,可谓各方受益的善举。

从已有的药品功能的推介来看,涉及各类药品信息主要有:“万应止痛散”,主要用于治疗各类疼痛疾病;“包好狐臭药”,主要用于治疗狐臭,能当日见效;“肺形草”,主要用于治疗痨病,被称作“治痨圣药”;“护命片”,其功能是杀菌、消毒、祛腐;“李施德霖药水”,主要用于治疗喉痛;“爱华调经丸”,被称作“妇科圣药”,能散寒祛积、调经种子;“补尔肺经”,属治痨特效药,等等。

在药品功能的推介词中,不乏颇具文采的推介。譬如在推介治疗梅毒的药品时,作者采用的标题是《梅毒患者之经验谈》。该文采用患者自述的语气指出:“梅毒,恶症也!患者若调治不当,则耗金钱,损颜面,伤身体,绝子嗣,种种危害,言之可惧!然据梅毒患者之经验谈:如果治得其法,则只须费少数之金钱,在极短时间内,可获完全治愈,且秘密自疗,无人察觉,无损颜面,不伤身体,确能永远断根,而且照常生育。其法维何?即购服‘袁制杂牌解毒精’也。其品质之王道,药力之伟大,见效之神速,确为梅毒药中之无上上品,早为服过者所共认!”[16]在这里,作者将药品的功能与社会心理学、经济学、药学方面的知识相结合,让读者耳目一新,有一睹为快之感,既有利于提高药品的宣传效应,又满足患者治病心切的心理需要。又如《勿因疼痛而坐令容颜衰老》一文,就是一篇推介治疗女性皮肤病的药——“如意膏”。该文在推介中,同样颇具文采。文章指出:“痛能令人衰老,科学早已阐明。惟有少数之妇女或尚未晓其实。此理甚明,一思便得:人感疼痛,必然皱眉。久而久之,面部肌肉一再受此反常之紧缩,遂成深刻之条纹而顿呈老态矣。故欲长保青春……切勿忍痛,宜速治疗。如意膏即为治疗一切皮病之圣药。止痛除痒,消毒生肌,神效无比。”[17]该文虽然多有用词不当,但是同样采用了一些心理学、药学方面的知识,意图引起女性患者的注意和青睐。

四、草根情结的推行者

所谓草根情结，是指《申报》在其报道内容中，通过不断搜集与报道大量与普通民众有关的故事与情感的内容，从而拉近与普通民众的距离的一种特殊情结。这种贴近生活、贴近社会、贴近民众的做法，正是现代报刊所应持有的基本理念，也是现代报刊得以生存延续的重要力量源泉。

"关注社会事务，披露社会万象"是《申报》报道的主要内容。这些内容包括男女情感、婚姻家庭、灾难救济、百姓故事及自杀、车祸、犯罪、纠纷等多方面。这些报道，一方面，向读者打开了一扇了解自身所处的纷繁复杂的社会现状的窗口，让读者自身去评判、去认识事件本身的属性，于无声处去教育人、影响人；另一方面，它又为学者们研究民国时期的社会史提供了有用的第一手史料，具有较高的史料价值。现将《申报》1931 年 6 月 1 日至 9 日报道社会事务的典型文章略展示如下。

(一)婚姻家庭

1.《又一虐待养女案》(6 月 1 日)(第 4 张)(15)

2.《姊夫纠众抢姨妹》(6 月 2 日)(第 4 张)(15)

3.《李国筠之女诉请与夫离婚》(6 月 3 日)(第 4 张)(15)

4.《王松柏卖妻》(6 月 4 日)(第 4 张)(15)

5.《勒杀姘妇之马松廷绞决》(6 月 7 日)(第 4 张)(15)

(二)车祸

1.《跳汽车跌死》(6 月 1 日)(第 4 张)(16)

2.《撞死人命之汽车夫》(6 月 2 日)(第 4 张)(15)

3.《小孩被汽车碾死》(6 月 3 日)(第 4 张)(15)

4.《西妇被车撞伤》(6 月 4 日)(第 4 张)(15)

(三)经济纠纷

1.《盗卖七代祖坟案上诉》(6 月 1 日)(第 4 张)(16)

3.《八仙桥菜场摊户之呼吁》(6 月 3 日)(第 4 张)(15)

4.《沪西人力车纠纷》(6 月 4 日)(第 4 张)(15)

5.《薛堉为子女控争外家遗产》(6 月 7 日)(第 4 张)(15)

6.《盛毓邮控表弟窃存款十万元》(6 月 7 日)(第 4 张)(15)

(四)自杀

1.《两人自杀，一死一伤》(6 月 2 日)(第 4 张)(15)

（五）灾难救济

1.《济生会所得陕省白水县灾情》(6 月 1 日)(第 4 张)(16)

2.《赈务委员会驻沪办事处二十年三四五月份经收赈款报告》(6 月 2 日)(第 2 张)(6)

3.《努力办理江浙掩埋事务》(6 月 2 日)(第 4 张)(14)

4.《红会昨仍照常办公》(6 月 2 日)(第 4 张)(14)

5.《上海筹募陕灾临时急赈会紧要启事》(6 月 4 日)(第 2 张)(5)

6.《内部制定灾况调查表》(6 月 6 日)(第 2 张)(7)

（六）刑事案件

1.《飞虹支路破获铜宝赌窟》(6 月 1 日)(第 4 张)(16)

2.《械斗打伤两人》(6 月 1 日)(第 4 张)(16)(事件起因：调戏妇女)

3.《取缔游戏场中赌博》(6 月 7 日)(第 4 张)(15)

4.《新昌邮差侵款逃沪》(6 月 9 日)(第 3 张)(12)

5.《黄包车夫被控迷药奸污妇女》(6 月 5 日)(第 4 张)(15)

6.《得意楼下之血案》(6 月 5 日)(第 4 张)(15)

7.《喫请茶打死一人》(6 月 3 日)(第 4 张)(15)

（七）百姓故事

1.《争风喫醋砍六斧》(6 月 2 日)(第 4 张)(15)

2.《可怜之孩》(6 月 2 日)(第 4 张)(15)

3.《俄青年之壮举》(6 月 3 日)(第 4 张)(15)

4.《迷路男孩》(6 月 3 日)(第 4 张)(15)

5.《一命四铜元》(6 月 4 日)(第 4 张)(15)

6.《黄包车夫剖腹验尸》(6 月 5 日)(第 4 张)(15)

7.《品吉里断梯跌伤一妇人》(6 月 6 日)(第 4 张)(15)

8.《西捕无端殴辱华人》(6 月 6 日)(第 4 张)(15)

9.《女子失足悔恨服毒》(6 月 6 日)(第 4 张)(15)

从以上所列报道的内容可以看出，走草根之路线，属当时《申报》报道内容的重要指导思想。这一思想，正是《申报》的活力所在、生机所在。众所周知，报刊的出现，是人类文明走向现代化的重要特征之一。在近代中国，《申报》之所以能有如此广泛深厚的读者群体，在社会上产生重大影响，其根本原因在于其始终挥之不去的草根情结。正是这一深厚的情结，让《申报》少了空洞抽象的事理说教，多了民众耳濡目染的生活气息，从而拉近了《申报》与民众之间的距离，进一步增强了《申报》的耐读性、可读性、亲切性，让民众于细微之处得到大道理、大启发、大收获。这正是《申报》的良知所在，也是《申报》浓烈的担当意识所在。

（作者：贵阳学院马克思主义学院教授）

注释：

[1]《培德女学生林琳突被拘捕》,《申报》,1931 年 6 月 1 日,第 15 版。
[2]《上海艺大学生沈筠服毒自尽》,《申报》,1931 年 6 月 1 日,第 15 版。
[3]《沈筠自杀真相》,《申报》,1931 年 6 月 2 日,第 15 版。
[4]《教部对清华驱长态度》,《申报》,1931 年 6 月 2 日,第 10 版。
[5]《儿童读书会》,《申报》,1931 年 6 月 8 日,第 4 版。
[6]《怎样解决下学期的初中国语教本》,《申报》,1931 年 6 月 3 日,第 4 版。
[7]《世界书局小学教科书》,《申报》,1931 年 6 月 24 日,第 3 版。
[8]《遵照教育部课程标准编辑的中学教科书》,《申报》,1931 年 6 月 24 日,第 4 版。
[9]《经济史概论》、《经济政策纲要》,《申报》,1931 年 6 月 3 日,第 4 版。
[10]《纺织之友第 1 期》,《申报》,《本埠增刊》,1931 年 6 月 12 日,第 3 版。
[11]《今日六三纪念》,《申报》,1931 年 6 月 3 日,第 13 版。
[12]《今日禁烟纪念》,《申报》,1931 年 6 月 3 日,第 4 版。
[13]《本市各界昨日禁烟纪念大会》,《申报》,1931 年 6 月 4 日,第 13 版。
[14]《毒药祸吾中华》,《申报》,1931 年 6 月 10 日,第 7 版。
[15]《财部决议全国禁烟处》,《申报》,1931 年 6 月 13 日。
[16]《梅毒患者之经验谈》,《申报》,1931 年 6 月 3 日,第 9 版。
[17]《勿因疼痛而坐令容颜衰老》,《申报》,1931 年 6 月 3 日,第 9 版。

史量才与申报馆图书出版事业

冯　勤

《申报》作为我国近现代第一大报，除了规模宏大的日报系统，报馆还有其他相关事业的经营。而图书出版从一开始，就被申报馆予以关注。申报馆初创时就已把自己定位为一家图书公司，其业务范畴并不仅仅局限在只是发行《申报》而已，胡道静先生在《申报六十六年史》中写道："申报的副业是编印各种书籍月报，计可分为四类：(一)编刊月报；(二)编刊通俗报；(三)编刊画报；(四)翻印书和刊印新著。"[1]创办人美查作为商人，在他看来，最大化的盈利是最重要的，只要经营期刊与图书出版与日报一样有盈利，就不存在主业与副业之别了。

其实，在当时，书报刊共同经营这种现象在报馆和出版机构中并不少见，比如墨海书馆在主要出版书籍的同时，还出版《六合丛谈》之类的期刊。但早期申报馆在报业之外经营图书出版，则更为突出和频繁。报馆先后设立了图书集成局、申昌书画室、申昌书局、点石斋石印局等机构，该馆用铅字排印了许多小说、笔记和其他书籍，特别是"申报馆聚珍版丛书"，前前后后共出版有 160 余种，成为晚清社会流传相当广泛的一套著名丛书，至今仍被学者使用，所以，申报馆经营图书出版，应该说是很早的，也是最成功的。

1912 年，史量才接手申报馆后，为了集中精力，一心一意办好《申报》，尚无暇顾及报业之外的相关事业经营。而商务印书馆、中华书局等民营出版企业异军突起后，图书出版就更难以受到他的关注，申报馆逐渐退出图书出版领域而专营报业。1912 年至 1922 年《申报》50 年大庆前，报馆出版图书极少，现在可以查到的只有零星几种，如 1919 年申报馆印行的王一之著《旅美观察谈》，作者曾就职于驻美公使馆。该书介绍美国的风土人物和生活方式，内附二百余幅照片，卷首有史量才、陈冷、陈竹、江亢虎序各一篇。另一种是 1921 年 9 月申报馆印行的《太平洋会议之参考资料》，前有王正廷、沈恩孚、黄炎培等序及编者自序，内容主要为《太平洋会议与中国》等 24 篇文章及"申报评论"部分。第三种是1921年申报馆印行的项衡方、康时达译述《美国议员团远东视察记》，该书采自美国国会议事录。记述美国议员团到中国、日本、朝鲜各地参观访问情况。这一时期比较重要的图书不多。

一、史量才与《最近之五十年》

当《申报》步入正轨、逐渐做大后，史量才"史家办报"的责任感也更加强烈起来。1922年，时值《申报》创办50周年之际，"同人谋所以纪念之"，史量才也开始考虑纪念活动内容和形式。出人意料，史量才最后决定出版一部大书——《最近之五十年》，以此来作为50年大庆的纪念物。他认为："无谓之举不必也。近人遇寿辰或节期或其他喜庆，往往移振饥民。今教育界之饥荒甚矣。我将援是例，广征国内之名流学者，各就其专门之所学，各述其所闻所见，编辑《最近之五十年》一书，以贡献于社会，使少年学子得略窥五十年中内外情势种种，政治学术之变迁，或于饥荒之教育界不无稍补乎？"[2] 史量才为纪念《申报》50周年活动而策划的这个金点子，立即受到报馆"同人皆曰善"的呼应。接着，在史量才的安排下，由黄炎培主持，拟定主题、篇章，分别向国内名家发出邀请。《申报》登高一呼，群贤毕至。自1922年1月至1923年2月，经过十余月筹备，八开大本，精装巨册，600多页，百万余言的《最近之五十年》由申报馆印行面世了。

这部凝聚史量才"录其既往、以诏方来"思想的大型纪念册包括"五十年来之世界""五十年来之中国""五十年来之新闻业"三大部分（即全书分为三编）。这不仅是《申报》对中国乃至世界报业50年来的一次总结，而且也是对中国、世界各方面历史的回顾。这部重要的著作卷首有发刊词、例言，以及张謇、章炳麟的序两篇和史量才自序。末有编辑余谈。全书收入孙中山、李大钊、梁启超、蔡元培、杨杏佛、胡适、张君劢、马寅初、任鸿隽、丁文江、张相文、李仪祉、张子高、张一麐、叶恭绰、马相伯、黄炎培、聂云台、穆藕初、邹韬奋、邹秉文、汤尔和、江亢虎、蒋百里、廖世承、江庸、吴鼎昌、周瘦鹃、陈景韩、赵君豪等人的文章70余篇。其中第一编"五十年来之世界"共有17篇，第二编"五十年来之中国"共有30篇，第三编"五十年来之新闻业"共有24篇。其中以第二编的文章分量最重也最精彩。主要篇目见下表。

《最近之五十年》篇目

编次	篇名	作者
第一编 五十年来之世界	五十年来世界进化概论	徐则陵(徐养秋)
	五十年来世界大事表	徐则陵(徐养秋)
	五十年来世界变迁大势图	童世亨
	五十年来之世界哲学	胡适
	严氏复输入之四大哲学家学说及西洋哲学界最近之变迁	张嘉森(张君劢)
	五十年来之世界科学	任鸿隽
	恩斯坦学说之浅释	戴练江
	五十年来之世界宗教	华封老人(马相伯)
	新民主主义与新社会主义	江亢虎
	一八七一年的巴黎“康妙恩”	李守常(李大钊)
	五十年来之世界农业	邹秉文
	世界航空之进化	厉汝燕
	线列颗粒(医学上之新发明)	汤尔和
	五十年来世界之卫生	胡宣明
	五十年来之世界妇女运动	程婉珍
	英法财政与金融之比较	马寅初
	五十年来之世界军备	钱桐
第二编 五十年来之中国	五十年来中国进化概论	梁启超
	五十年来中国大事表	黄炎培、沈锜
	五十年来中国之哲学	蔡元培
	五十年来中国之科学	张准(张子高)
	五十年来中国之文学	胡适
	中国之革命	孙文(孙中山)
	五十年来中国政体改革之经过	沈恩孚
	国会非国民代表机关	吴鼎昌
	五十年来国事丛谈	张一麐(张一麟)
	中国五十年来之外交	邠
	五十年来中国之法制	江庸
	五十年来中国之财政	贾士毅
	中国五十年来军事变迁史	蒋方震(蒋百里)
	五十年来中国之初等教育	袁希涛
	五十年来中国之中学教育	廖世承
	中国之职业教育	邹恩润(邹韬奋)、秦翰才
	五十年来中国之高等教育	郭秉文
	五十年来中国之体育及武术	麦克乐
	中国女青年会之历史现状及其成绩	中国女青年会全国协会

续表

编次	篇名	作者
第二编 五十年来之中国	统一国语问题	陈懋治
	五十年来中国农业史	葛敬中
	五十年来中国之工业	杨铨(杨杏佛)
	中国棉织业发达史	穆湘玥(穆藕初)
	五十年来中国之矿业	丁文江
	五十年来中国之商业	聂其杰(聂云台)
	四十五年来中国之对外贸易统计	黄炎培、沈锜
	甲　历年输出入货物价值比较图及表	
	乙　历年海关税钞收入价值比较图及表	
	丙　最近十六年间对外国输出入货物价值比较图及表	
	丁　历年织物输出入价值比较图及表	
	戊　历年蚕丝输出数量价值比较图及表	
	己　历年茶输出入价值比较图及表	
	庚　历年烟酒输入价值比较图及表	
	五十年来中国之交通	叶恭绰
	近五十年中国之水利	张慰西(张相文)
	五十年来中国之水利	李协(李仪祉)
	五十年来中国之卫生	俞凤宾
第三编 五十年来之新闻业	世界新闻事业	谢福生
	世界报纸进化小史	美国 James Edward Rogers 原著,秦理斋译
	墨衢实录	伍特公
	中国报纸进化小史	秦理斋
	五十年来北方报纸之事略	熊少豪
	本报最初时代之经过	黄协埙
	申报馆之过去状况	雷瑨
	本报之沿革	李嵩生
	二十年来记者生涯之回顾	陈冷(陈景韩)
	五十年中之二十年	张默
	五十年中之十年	周莽庸
	五十年中之两个一年半	张继斋
	最近十年之回顾	武维祺
	新闻事业与上海	戴怡僧
	祝本报五十年纪念系之以论	葛豫夫
	新闻纸之外观内观	瞿钺

续表

编次	篇名	作者
第三编 五十年来之新闻业	对于常识增刊后之感想	渐
	新闻纸与广告之关系	薛雨孙
	世界报界名人来华者之言论丛辑及予之感想	谢介子
	予对于本报已往之观察及将来之希望	徐忍寒
	论报纸之生命	赵君豪
	一馆役之自述	立德
	西洋新闻纸杂谈	周瘦鹃
	申报五十年纪念赠言	心史(孟森)

全书如百科全书一般,详细记载和评述 50 年来中国和世界发展演变的情况,1947 年 9 月 20 日《申报》19 版刊出《本报出版事业回顾》一文中"五十周年纪念出版物"还认为此书"举凡五十年来国内外发生之大事,时局趋势,学述发明等等,都有综合精微的剖析说明。全书洋洋洒洒百万字,蔚为壮观,但又能坚持百家争鸣、兼收并蓄的方针,遂能邀请到当时国内几十位顶尖学者撰写的总结性、高质量的文章,与《申报》50 周年的辉煌相吻合,也彰显了《申报》在国内舆论执牛耳的地位,这样富有创意的策划,是极为令人敬佩的,也符合"史家办报"的宗旨。正如该书在发刊词中所言:"本报成立以来纪念史,也可谓为世界国家最近之进化史也。"这部《最近之五十年》在 20 世纪 20 年代初的中国出版界是一项创新的选题开发,是一部扛鼎的巨制,在整个民国出版物中也是一部具有里程碑意义的成果,更是一部流传后世的"史著"。在当时,"自五十年纪念册之刊行,人手一编,不胫而走"[3],胡适、马相伯等人并将自己的文章单独抽印,可见作者自己也颇为珍视。至如今,这样一部 90 多年前的旧著还常常被引用。用这样的方式来做纪念宣传,效果可见一斑。历史厚重感之强烈,也唯有史量才这样"大家风范"才能为之。

二、史量才与年鉴、地图出版

《最近之五十年》大获成功之后,史量才感觉到了"国人之所需求者,日报以外,正复为此长篇统系之撰述。《申报》既以促进文化之责自励,又以顺时演进自策,则为读者之需求计,宁有固步自封于日报之理? 于是国人乃益相督责,期复竭其知能,尽其责任于日报之外矣"。[4] 作为《最近之五十年》的继续,按史量才"以史为鉴"的主张,《申报》开始出版年鉴。

史量才心目中的年鉴是"集一年来国内政治、经济以及社会上重要事项,作有系统之叙述,附以各项统计,为我国国情之编年信史"[5]。从编辑《最近之五十年》开始，史量才“史家办报”理念中的两项不同于一般日报的形式非常清晰地呈现出来，一是“长篇统系之撰述”，二是“各项统计之图表”。这些想法在日报没法发挥，那就另辟新径，年鉴自然成为极好的选择。结集各种统计，可供读者参考查阅，在此之前，史量才早就有了这样的考虑，他认为：“欧美各国之政教工商，莫不统计，莫不年有专书出版。故欲查察其始末而究其盈虚消长之所在，取携甚易。独我中国无统计，无专书，欲知近数十年中之事迹与其进退兴废之故，则茫然无从着手。”[6] 从有此想法到有条件实现，史量才足足等待了10年。

1933年4月，史量才聘请谨慎细心的张梓生主编《申报年鉴》，以更好地实现全面记载时代发展的宗旨。《申报年鉴》“自民国廿二年起迄民国廿五年止，每年编印一巨册”[7]，《申报年鉴》的出版在很大程度上补充了日报、月刊的不足，成为一部“国情编年信史”。它是继《最近之五十年》后更全面、更有时间秩序的一种“史书”。全书分一年来之国难、土地、历史、人口、党务、政制、行政、立法、司法、考试、监察、国防、财政经济、金融、侨务、交通水利等类。参加编写的还有孙怀仁、章倬汉等。有些年份还出版过补编。2010年，国家图书馆出版社重新出版了《申报年鉴全编》，并称之为“民国时期年鉴的一个杰出代表”。

为了制约日本的侵略势力肆意扩大，守护国家疆土，史量才邀请丁文江、翁文灏、曾世英等人“搜集各种精密材料，费时两年余”精心绘制而成《中国分省地图》和《中华民国新地图》，分别于1933年和1934年出版(1948年申报馆还出版了战后订正第五版《中国分省新图》)，向帝国主义宣告中国领土神圣不容侵犯。地图册内有中国立体模型、政区、地形、交通、矿产、气候、磁针偏差线、土壤、重要城市及农户分布、语言区域等图及分省政区图，共36幅。彩色8开对折。图后附中国分省新图细表及四角号码地名索引。这两本地图册是我国最早采用“等高线设色”的地图，详细明确，“无出其右者”，代表了当时地图出版的最高水准，成为当时书籍中的精品。新地图的出版，也被誉为史量才“出版事业最重大的一次”。[8]

三、史量才与《申报月刊丛书》《申报丛书》

自1932年起，史量才申报馆的图书出版规模快速扩展，陆续编辑出版了“申报月刊丛书”和“申报丛书”。

20世纪30年代初期，深陷经济危机中的资本主义世界动荡不安，而新生的苏维埃政权则展现出了蓬勃发展的势头。与此同时，日本军国主义蠢蠢欲动，对邻国不断滋扰挑衅，并先后在我国东北和上海制造了“九一八”事变和“一·二八”事变，激起了全中国人民的强烈愤慨。正是国际局势风云变幻、民族危难迫在眉睫之时，作为上海乃至全国最重要的报馆，申报馆适时推出了两套主题鲜明的丛书:“申报丛书”和“申报月刊丛书”。这两套丛书共有50多种图书,紧扣时代脉搏,多为介绍中国和世界各主要军事强国历史及现状的专著和译著,尤其侧重于对美、日、苏等强国的政治、军事及经济的阐述和分析,甚至还有不少新近的调查报告,以唤起国人警惕外敌、强盛祖国的拳拳爱国之心,在当时无疑具有很强的时效性和现实意义。

史量才一直对月刊是寄予厚望的,他在《申报六十周年发行年鉴之旨趣》中曾经提到,办报应该“力趋时代之前,应环境之演化,开风气于方新,所求不负其使命者”。而“就责任言,同人虽晨夕不敢自懈,固尚以日报之外未能多印旁通之刊物为憾事”。所以将创办月刊作为“谋事业之发展,加重自身应尽之责任”的措施之一。1932年年底,史量才在《申报》上又再次重申:“月刊者,多载有统系之长篇著作,足以供一般人之研究,盖几于文化所包含之科学艺术,无不毕赅。而其记事之部分,亦有类于史部之月表。”与报纸相比,月刊可以更加自由地发表观点和评论,登载相关区域性或全国范围现实问题的新观点、新看法,极为符合他的“史家办报“理念。

“一·二八”事变后,商务印书馆受到重创,著名的《东方杂志》也一样遇到困难。在此时刻,他毅然决定创办《申报月刊》,接续《东方杂志》的旗帜。他邀请俞颂华担任《申报月刊》主编。《申报月刊》定位为一种政治、经济、文艺的综合杂志,主要作用是“申述论断国内以至国际间现实政治经济的情况,并指陈其动向,以补日报之不足”[9]。

此后,《申报月刊》与《自由谈》副刊共同组成史量才反对蒋介石独裁统治、保卫进步文化的阵地。这次改革意义深远,因为“所有这一切社会文化事业,都是史量才以坚毅的魄力,顶住了国民党当局的压力,抱定以服务社会为职志而创办的,可以说都是进步的文化事业”。[10]

《申报月刊》创办后,俞颂华、黄幼雄、凌其翰策划的学术论文和连载文章一直为广大民众所喜爱,在发行后常有很多读者无法购买到,虽然月刊社经常应读者要求多次再版,但读者收集起来仍然很不方便,于是从1932年起,迄于1935年,《申报月刊》社编辑陆续将相关主题的文章集结成册,《淞沪血战回忆录》《苏联研究》《中国经济现势讲话》《创作小说选》《印度丛谈》《赣皖湘鄂视察记》等先后推出,前后共达10多种,颇受业界好评。“申报月刊丛书”的热销从侧面反映出该刊内容的受关注程度,也直接促推月刊本身影响力的提升。

“申报月刊丛书”总目提要

序号	书名	内容简介
1	《淞沪血战回忆录》（翁照垣）	原在《申报月刊》连载，深受读者欢迎。1933年汇编出版，列为“申报月刊丛书”第一种。1937年重版。该书据1932年淞沪抗战时十九路军的旅长翁照垣的战事笔记及阵中日记整理而成，分“前言”“战事的酝酿”“一二八之战”“停战和停战以后”“吴淞一月”“三月一日”“以后”共7个部分。书中附有手绘战斗准备图、战斗图及图表，再版时增加战时照片多幅，都极为珍贵，有独特的历史价值。末有跋。
2	《苏联研究》（胡愈之等）	该书按历史、政治、外交、国防、建设、经济、农工、教育、社会、文艺、游记11个专题记述了苏联的新状况，内收《苏联革命史的回顾》（胡愈之）、《苏联的政治体系》（董之学）、《苏联的外交政策》（张一元）、《苏联的国防运动》（彬如）、《苏联红军的组织》（宗涛）《苏联的五年计划与新五年计划》（陈彬龢）、《苏联社会主义的都市建设》（陈天达）、《苏联发展西伯利亚的大计划》（王检）、《苏联的计划经济》（斐丹）、《苏联的财政》（张耀华）、《苏联的国家银行》（伍迁耀）《苏联关于民食供给的新政策》（静观）、《苏联农工业的现状》（杨幸之）、《苏联农业集产化的方法和成绩》（王检）、《苏联的教育》（熊洁）、《苏联的青年》（康以素）、《苏联的妇女》（金仲华）、《苏联人民生活的剪影》（林克多）、《苏联文坛的一瞥》（徐调孚）、《苏联的国民艺术》（苏伍）、《萧伯纳苏俄旅行记》（马星野）、《十二年前旅游苏俄的回想》（俞颂华）等文章22篇。该书对研究苏联、中苏关系有重要参考价值。
3	《人体美之研究》（俞寄凡）	该书主要研究人体美的本质、分类、要素、姿势、标准及美容体操等，分为“中国人与人体美”“人体美总论”“人体美分论”“助成人体美的要素”“优美的姿势”“基本的美容体操及其实行方法”“上半身之美容运动法”“腰部腹部之运动法”“美的姿势与下肢运动”“皮肤之卫生的美”“女子之游泳及其注意”“美的体格与美的标准之算出法”12章。综观全书，作者以为人体美是自然美之极致，艺术表现了人体美，裸体人体之美是超道德的艺术。首有序言。
4	《创作小说选第一集》（申报月刊社）	该书收《秋收》（茅盾）、《林家铺子》（茅盾）、《沙丁》（巴金）、《巨石》（陈瘦竹）、《黑暗占领了空间的某夜》（沈从文）5篇小说。书前有编者序言。
5	《创作小说选第二集》（申报月刊社）	该书收《席间》（叶绍钧）、《夜》（穆时英）、《帝国的女儿》（黑婴）、《三太爷》（马仲殊）、《来客》（沈从文）、《某村记事》（王家棫）、《被遗忘的人的故事》（蹇先艾）、《毛掌柜》（徐訏）、《牛市》（王任叔）、《时间与人》（李同愈）10篇小说，都是在《申报月刊》上发表过的，首有编者序言。

续表

序号	书名	内容简介
6	《赣皖湘鄂视察记》(陈赓雅)	该书收《申报》记者35篇通讯。内容涉及赣、皖、湘、鄂各地政治、经济、军事等问题。附录:对本书中第十六篇和第十三篇的更正函,华北抗日战地通讯选,包括喜峰口方面(4篇)、古北口方面(3篇)、滦东方面(3篇)、从前线归来(3篇),首有《申报》总主笔张蕴和序、自序,末有跋。
7	《一年来中国经济概况》(钱俊瑞、姜君辰、房福安)	该书分导言、对外贸易的检讨、重要工业的状况、农村恐慌、金融市场动向、结论等6个章节,是中国经济情报社的几位专家搜集了当时最新颖、较精确的统计资料,对1933年中国经济社会各方面现状做出的综合叙述。卷首有《申报月刊》编者序。
8	《中国经济现势讲话》(申报月刊社)	该书由《申报月刊》约请多位经济学者根据当时中国经济现状合撰而成,共8讲,包括孙怀仁的《中国经济现势概观》,章乃器的《中国财政金融之现势》,武育干的《中国国内外贸易与国际收支的状况》,中国经济情报社的《工业》《农业现状》《交通》《列强在华经济势力》,钱亦石的《中国国民经济的出路》,旨在唤起国人对中国当前危机的注意。每讲以浅显的文字,作系统的叙述。首有编者序言。
9	《印度丛谈》(谭云山)	著者曾游学印度,追随甘地、泰戈尔等研究学术多年,对印度十分了解。该书收录了作者曾陆续发表于《申报月刊》的文章56篇,大抵关于印度人物、宗教、风俗、习惯与社会经济生活以及学术思想等各方面的情形,记录其所见所闻以及研究心得,并附加铜版插图十余幅。内收《印度人之粪事》《印度人之食事》《甘地与太戈尔》《内哈鲁氏父子》《甘地先生夫人》《印度国民大会》《印度宗教一般》《印度教之演化》《印回两教关系》《所谓六派哲学》《咔斯特社会制》《新旧都城德里》等,首有自序。
10	《小品文选》(申报月刊社)	该书收《申报月刊》刊登的小品文多篇,如《疯子》(横波)、《某一次旅行》(欧阳山)、《话别》(草明)、《寂寥时》(马星野)、《乡土》(徐盈)、《风夜》(子冈),首有编者序言。
11	《杶庐所闻录》(瞿兑之)	该书汇集了文史名家瞿兑之发表于《申报月刊》的关于中国近代史料的笔记《佛学中之侦探术》《元代燕京风俗》《唐代之胡商势力》《湘绮楼佚事》等98篇。著者对于掌故极为熟悉,凡有征必引,必举原书。该书为笔记小说中的上品,可作笔记读,亦可作史料观。书前有俞颂华的序及铢庵居士自序。

1933年,在史量才支持下,申报馆又出版一套即可供普通读者阅读,也可供专家学人参考的“申报丛书”。丛书由陈彬龢主持,从1933年6月开始,陆续编印出版的国际情势和世界知识书籍达40种。丛书旨在介绍周边各国政治、军事、经济等情况和世界发展的新知识、新状况,丛书视角来自舆论关注的重点和

聚焦，丛书设想回应当时人们的焦虑和解决读者的疑惑，丛书编写方法以编译居多，丛书内容以介绍日本、苏联最多。

这里需要说明几点：第一，有些论著会提到申报馆还有另一种丛书“上海文库”。其实，“上海文库”只是一个编辑机构，并不是丛书名。它是陈彬龢主持的编辑部，主要工作就是策划“申报丛书”的选题并编译成书，所以“申报丛书”中有些品种就署名“上海文库”编，有些品种的版权页、广告也明确署“上海文库主编申报丛书”。第二，还有一些列入“申报丛书”的品种虽已经刊登于书籍内广告，明确表示在“印刷中”，[11]但以后并没有看到成书，这些未出版的书目有《航空浅说》《日本军需工业论》《日本经济统制论》《世界往何处去》《意大利论》《世界重工业论》《东北现状论》《统制经济原理》《日满统制经济论》《帝国主义论》《无线电的故事》[12]等，推测其原因，或许书名有改易[13]，或许战争形势日趋严峻而取消，或许丛书发行不够顺畅而停顿下来。第三，“申报丛书”各书版权页有些是署有“申报特种发行部发行”，史量才在申报馆的传统架构下，逐渐也在尝试图书出版机构的设置，即编辑部“上海文库”和发行部“申报特种发行部”，似乎有出版社的雏形或影子，但还未组成独立出版架构，尚处在实践和探索阶段。

“申报丛书”总目提要

序号	书名	内容简介
1	《日本战时经济》(罗叔和编译)	该书以日本东洋经济社所编的《日本战时经济之全貌》为蓝本，参以作者意见编译而来。全书分“战争与国家总动员计划”“日本军需品工业状态”“日本官办事业的解剖”“战时经济的构成”“战时金融政策的动向”5章，主要论述战争与国家总动员之间的关系，介绍日本军需品工业及官办事业，并分析战时经济的构成和金融政策的动向。
2	《日本的陆军》(章倬汉)	该书主要介绍了日本陆军的历史、特色、制度、实力、兵器、各兵科现状，以及日本的空中国防、国家总动员等相关内容。书中还对日本兵役各法规、在乡军人会章程等做了简介。
3	《日本的海军》(申报资料室编)	该书主要就日本与海军的关系、日本的地理、海军的历史、组织、人事行政、军舰、海空队作了详细介绍。还用相当篇幅介绍了“国防第二线”，即海军预算、战时做海军后卫的商船队、军事工业等相关情况，并解读了伦敦会议、华盛顿会议对各国海军，尤其是日本海军的相关协定。全书分为“绪言”“日本海军发展简史”“现有军备一览”“组织与机构”“海军的训练及其传统精神”“结论”6个部分。
4	《日本的航空》(徐渊若)	该书从日本航空之过去现在及将来、日本之防空、横断太平洋问题、少年航空兵、杂录等5个篇章进行了叙述。作者强调了飞机发明后对军事战术、世界交通之影响重大，期望国人能学习日本，重视航空业的发展。首有自序。

续表

序号	书名	内容简介
5	《日本现状论》（第一集，陈彬龢编）	该书共分3编：第一编“日本史的研究”据日本左派学者佐野学《物观日本史》编译；第二编“国际形势中之日本”据匈牙利的伐尔加的《世界经济年报》第17期第一部分材料改编；第三编“日本军事费之膨胀与其财政之危机”据东洋经济新报的《日本经济年报》第11期第二部分编译。卷首有编者序，序中提到第二集主要内容为“日本人口问题”“日本法西斯研究”“日本产业统制全貌”，但第二集似未见出版。
6	《日本现代人物论》（孙怀仁编译）	该书对当时活跃于日本政坛上的重要人物内田康哉、宇垣一成、若槻礼次郎、铃木喜三郎、安达谦藏、币原喜重郎、斋藤实、芳泽谦吉、大角岑生、松冈洋右等10位人物作了小传和评介。卷首有编译者序。
7	《俄罗斯历史大纲》（陈念慈译）	本书据鲍克洛夫斯基《俄国史简编》意译，补入德文本增加的1905年至1917年内容。该书分两编，第一编内分俄罗斯史之开首莫斯科之产生、莫斯科与诺夫戈罗德间之斗争、莫斯科封建制度之灭亡、商业经济与奴隶制、农民革命、罗曼洛夫帝国与教会分化、北部战争与俄罗斯帝国7章；第二编内分工业资本主义、农奴制度之国家、革命之资产阶级、民粹派之革命4章。本书叙述从古代至19世纪80年代的俄国史，以唯物史观的立场将俄国历史重新整理了一番，是公认的权威之作。
8	《苏联经济概论》（徐渊若译）	该书共分8章，介绍了苏联经济概况，包括经济发展简史、经济动向、人口、资源、电气化、工业分布、交通、农业、对外贸易等方面内容，最后阐述了苏联经济各部门在世界经济的地位。
9	《苏联第二个五年计划》（樊英）	该书对苏联第一个五年计划进行了回顾，分析了其优缺点，着重介绍了第二个五年计划的基本任务，工业、农业、商业、交通运输业、文教、科技等建设项目所要达到的目标，开始执行时候的阵容，并论及资本主义世界的前途问题，预言资本主义国家必将挑起战争，重新分配殖民地和市场。首有引言。
10	《苏联农业五年计划》（高志翔）	该书对美国和苏联的农业组织、苏联农业发展的新任务以及巩固和发展大农场的组织方法作了介绍，还用一定篇幅叙述了苏联第一个五年计划中农业取得的骄人成绩，并将美国农民和苏联农民的现状作了比较对照。译者以为苏联的经验对农民生活困苦、农业发展落后、农村极度衰弱的中国有一定借鉴意义，对当时复兴农村的工作有一定参考意义。根据1931年美国纽约国际出版公司出版的《红村》(*Red Villeges*)一书重译，并采用日本产业劳动调查所的译本《农业五年计划》中的译名。原著者系苏联农业人民委员。卷首有译者序及英译本序言。

续表

序号	书名	内容简介
11	《苏联的教育》(张任远)	该书介绍了苏联教育的政策、系统和发展概况,具体包括教育的任务及实施原则、教育行政系统、学龄前教育、社会工艺教育、职业技术教育、高等教育、政治教育、学生生活、民众教育、氏族文化之独立发展、最好学术研究机关、出版事业等方面的内容,尤其突出了十月革命后,关于劳动学校教材、学校管理方面的改革,显示出苏联教育的与众不同。
12	《苏联妇女的生活》(樊英)	该书介绍了世界上唯一获得彻底解放、真正实现男女平等的苏联妇女,她们在政治、经济、社会各方面的新生活。作者在莫斯科留学期间,从一位女性的视角对苏联妇女的生活有较深切的了解与体会。她直指中国都市妇女中的一些现象,批判了国内1927年前后妇女运动中出现的问题与偏差,提出了妇女生活的另一种模型,对国内妇女运动的发展提供了一个新的方向。
13	《苏联政治制度浅说》(张任远译)	该书从国家制度的主要特征、选举权与被选权、国家的构造和中央行政机关、地方行政机关、自治苏维埃社会主义共和国等五个章节详细解释了苏联的政治体制。译者还增加了《苏联宪法》《俄罗斯社会主义联邦苏维埃共和国宪法》2个附录置于书末,以供读者研究。
14	《苏联现状论》(陈彬龢)	该书分"社会主义的发展之基础""社会主义工业之发展"等4编,主要阐述了苏联社会主义建设的意义、物质基础、工业和运输业的发展,是当时介绍苏联建设现状最翔实的书籍。译者指出苏联在建设方面取得的成就,值得我国借鉴。译自德国 Hermarr Remmele 所著《苏联》(*Die Sowjet-Uniou*)一书的第1卷(1931年柏林汉堡卡尔洛意姆书局出版)。首有编译者序。
15	《苏联十二种研究》(英国新费边研究所编,李公朴译)	该书是由12篇描写苏联社会组织及生活的文章合订而成的,重点关注及研究了英国对苏联未尝注意或完全忽略的一些问题。每一问题由一专家负责考察,具有独特性,又各有其系统。其中包括苏联的经济、财政、农业、电力工业发展、工人状况、政治司法制度、妇女与儿童、建筑与都市设计、新闻出版业、知识劳动者、电影等。首有原著者绪言、李公朴"本书特点及译后的感想"。

续表

序号	书名	内容简介
16	《苏联译丛》(杨雪轩译)	该书是一本有关苏联的翻译文章汇集,涉及政治、经济、军事、实业、航空、教育、艺术、出版、妇女等方面,收入“苏联经济的概况”“苏联的经济生活”“苏联的农业”“苏联一九三三年的经济计划”“苏联商用船舶之复兴”“苏联的赤卫军”“苏联的出版事业”“苏联的妇女”“苏联教育的工艺化”“苏联的公共卫生事业”“苏联的橡皮与树胶业”“苏联民用航空发展”“苏联的电影事业”“一九三三年苏联经济的总结”14 篇文章,直接译自苏联的一些报刊,如《苏联评论》《莫斯科周报》《苏联伊士威斯吉亚报》等,多为当时最新的信息。
17	《战争论》(沈兹九译)	该书共分 8 个部分,分别对日苏两国在我国东北地区的对立、军事产业及战争之必然到来、毒瓦斯战及细菌战之威胁、勃利欧盆地之秘密、第二次世界大战之迫切及其意义、围绕着煤油的国际政局、英美资本的争霸、无产阶级眼光中的太平洋军缩会议等多个问题进行论述。作者指出《日内瓦条约》的实施缺乏监督约束,各国埋首于战器的研究,预示二次世界大战的必将爆发。
18	《空中战》(徐渊若编译)	该书分 10 章,详细介绍了空战所涉及的各个方面,包括空中战的特点,各机种在战斗中的运用与配合,空中防御的要点,各国空军现状及远东空军势力格局。
19	《欧美的航空》(徐渊若)	该书介绍了欧美列强美国、法国、英国、意大利、苏联各国航空界的现状,涵盖了军事航空与民间航空两个方面,以及列强各国的空防,回顾了欧战中的空袭情况及损失,并以伦敦为例解析了其战时防空的种种。
20	《列强军备比较论》(何济翔编译)	该书对苏联、美国、英国、法国、德国、意大利、日本等国的陆军、海军、空军、化学战的准备,以及各自在兵力编制、预算、设施等情况做了概述,并附各国比较图表。
21	《美日苏三国军备》(杨伯恺)	该书分别概述了美国、日本、苏联三国的海军、陆军、空军的军备状况,用相当篇幅对三国军备作了一番详细比较。作者从地理等方面,分析了各国对海、陆、空军发展侧重不同的原因,大胆总结:日美间的战争将是海军的战争,日苏间的战争则是陆军战争,空军在其中都占据重要地位。
22	《新兵器上编》(陈昌蔚)	该书介绍了兵器的沿革与变迁、军队的机械化、坦克车、装甲及特种汽车、化学战兵器的威力、毒瓦斯及其用法与防御方法、细菌兵器、燃烧弹及火焰放射器、烟幕、近代兵器的特性与补充等。

续表

序号	书名	内容简介
23	《日苏战争之预测》(陈彬龢)	该书详细分析了“九一八”后日苏两国之间的紧张外交关系,苏联与我国东北特殊的地理及利益争端问题,预示日苏之间必然会引发战争。书中对两国各自在军事上的准备与国力进行了一番比较,认为苏联在第一个五年计划后国力日益充实,在各方面显然略胜日本一筹。
24	《美苏复交》(陈念慈)	该书回顾了美国对苏联的外交政策,第一章概述了美国共和党对苏政策从摇摆不定到最后确定的过程,第二章开始评述其外交政策的得失、美苏复交的背景及其过程等。书末还收录了日本古垣铁郎的《美苏复交问题》、稻原胜治的《美俄复交与苏联极东政策的转变》文章两篇,给读者以新的视角,从日本的角度又一次分析了美苏复交的问题。
25	《〈申报〉读者顾问集(第一集)》(王灵均编)	该书为记者王灵均与读者来信的答问集。编者于1932年底至1933年6月28日担任《申报》“读者顾问”,答复读者的来信。来信读者涉及社会各阶层的人员,有教职员、工人、乡村中的知识分子、大中学生、店员、宗教信徒等,并提出了各方面的问题。第一集收有47篇文章,主要涉及婚姻、恋爱、妇女问题、社会腐败、教育、心理等问题。
26	《读者顾问集(第二集)》(王灵均编)	该书是《读者顾问集(第一集)》的续集,此集主要收录了农村、读书、出路、失业、自杀、妇女、婚姻、教育、家庭、边疆、从军方面问题的书信答问,如《如何解决失业问题》《由农村问题说到青年之出路》《中国农村问题应采何种办法来解决》等文章47篇。较之第一集,又增加了关于“如何解除农民的痛苦”“农村回得去吗”等问题的讨论。
27	《国耻演讲集》	该书系上海青年会国耻演讲周演讲词编成,有蔡元培的《日本对华政策》、廖世承(茂如)的《甲午战争》、陶百川的《二十一条的研究》、沈体兰的《五卅惨案》、陈彬和的《九一八》、王云五的《一二八》及章友三、章乃器、李公朴、黄炎培关于《中日关系前途之我见》等演讲,共10篇。全书旨在激起国人知耻明耻之心,能由今奋起,洗雪国耻。有马相如、张蕴和序。
28	《现代电影论》(杨骚编译)	该书主要有“美国电影发达史”“欧洲电影发达史”“苏俄电影界概观”“有声电影论”4个部分,对欧美各国电影的发明、欧战前有声电影出现、有声电影的出现后到20世纪30年代初的现代电影,分三个时期进行论述,对现代电影(有声电影)的出现、技术、发展、重要性、以及未来发展方向一一作了阐述。

续表

序号	书名	内容简介
29	《少年人》(宗涛)	该书通过一群人在一起以对话、讨论的形式，以小说的体裁，新颖活泼的笔调，将有关两性问题的基础知识及社会难题，如对性清白的定义、妇女的压迫、卖淫等问题一一呈现。全书共收录了“言人所不言者”“繁殖细胞恋爱经历和青年运动”“女性生殖器”“男性生殖器”“堕胎法条文”“妊娠避孕法”“私生子”“讨论难题的信”“性的清白定义”“结婚仪式与卖淫”“青年时代”“成熟时期”12 篇有关性知识文章，及《资产阶级青年运动中之性问题》《性欲的障碍》附录 2 篇。
30	《唯物辩证法读本》(罗叔和编辑)	该书根据日本大森义太郎著作编译，主要讲述了辩证唯物论与历史唯物论的基本原理。书中分别论述了马克思、恩格斯的唯物史观、德国古典的哲学，分析了观念论、唯物论、唯物史观的内涵。作者认为需以唯物史观来解释社会上发生的事件的起始原因及结果，才能把握社会法则。全书分序论(唯物史观的内容)和本论，本论包括：唯物史观的起源、辩证法的唯物论、唯物史观 3 章。
31	《资本主义国际与中国》(章乃器)	该书分资本主义的形态、资本主义当前的危机、资本主义的前瞻、资本主义国际间的矛盾与中国 5 章。详细分析了资本主义各国之间关于生产、军备、关税、货币 4 大方面的矛盾。末有作者附言一篇。
32	《计划经济学大纲》(沈志远)	该书将计划经济作为一门学科进行阐述，全面概述了计划经济学的研究对象、经济政策、实质、规律性、利润、资本积累等问题，分析了社会主义计划经济中的问题与矛盾。
33	《世界经济会议》(刘惠之编)	该书分两卷，上卷辑译国外报刊评述 1933 年在伦敦召开的“世界经济会议”的论文近 20 篇，包括会议前的预测、会议中的观察以及会议后的检讨，内容涉及列国利害的错综、主张、世界经济会议的原因、意义、赔款、关税、货币等问题。下卷编入为召开该次经济会议而举行的“华盛顿会谈”及伦敦“世界经济会议”经过的资料。末附《申报》时评 10 则，是国内关于该次经济会议各方面的评论的汇编。卷首有“编者的话”。
34	《世界经济恐慌之解剖》	本书根据 Paul Einzig 原书编译，分“绪论”“恐慌成因”“出路”“将来展望”4 章，剖析了世界经济危机发生的原因、对世界经济的影响和发展的趋势。作者最后提出世界各国应密切合作的一揽子解决方案，以避免经济的倒退，危机的再次爆发。首有原序、马寅初、庄智焕序。

续表

序号	书名	内容简介
35	《世界经济现势讲话》(孙怀仁等)	该书分7讲,包括孙怀仁《世界经济现势总观》、张仲实《世界经济恐慌中的新现象》、姜君武《各国的挽救恐慌策与苏联的计划经济》、武育干《世界各国贸以及关税政策》、张原《各国赤字财政之膨胀》、章乃器《各国金融恐慌与货币战争》、钱亦石《世界经济发展的总趋势》等。著者以为应从世界演变的历程中去认识中国,进而设法挽救中国的经济。
36	《美国战时计划经济》(森武夫著,陈文鹭译)	该书论述了第一次世界大战前后美国经济实况,包括战前美国的军械工业,普通工业的现状、参战前给协约国的军需,工业动员,劳动、铁路、海上运输的统制,战时财政及金融等。
37	《德国往哪里去》(袁文彬译)	该书系作者奉《纽约晚报》派遣,赴德国考察30亿美元投资及德国偿还债务能力所作的报告,按作者所经城市逐一记述,对当时德国各派政治力量、政治局势、经济形势等详加分析后作出估计。
38	《大南洋论》(李崇厚编译)	该书共18章,第1章为绪论,第2—7章分述英国、法国、美国、荷兰、日本、葡萄牙所属南洋殖民地的现状,第8章介绍南洋华侨情况,第9章介绍暹罗独立国,第10章叙述日本在南洋发展的现状,第11—17章分述南洋的农业、农林物产、林业、矿业、渔业、其他产业、海运。18章是结论。详细分析了南洋的自然环境、历史、法规等社会事项。南洋与中国交往最早,历史最久,然对于其真正的研究和相关材料却少之又少,该书是当时研究南洋问题难得的罕见之作。首有周启刚序。
39	《西北视察日记》(薛桂轮)	书系作者1932年7月至8月间,随团宣慰新疆途径过程中所写的日记。书中对新疆及西北各地盐务、矿务、农业、气象、政治、教育等情况做了概述。分析了新疆问题的根本原因,提出了发展西部以求解决问题的途径。书前有黄炎培、朱庆澜的题字及著者自序。附照片60余幅。
40	《无线电读本》(黄鉴村)	本书由"无线电原理启蒙""收音机的一般构造""矿石收音机""真空管""真空管收音机""收音机制造法"6部分组成,文字浅显明白,切合实际。
41	《日本论》(徐渊若译)	本书是译自日本著名评论家的著作,是以日本人的角度论述日本的过去、现在,进而推论未来,首有序,共有"日本""商工日本呢还是农村日本""日本的理想"等7篇。

这两套丛书的编辑方法略有不同,"申报月刊丛书"取材于《申报月刊》广受读者欢迎的连载和专栏文章,具有创作作品的性质,出版后重版不少。"申报丛

书”主要是从国外图书和报刊文章进行编译,具有汇编的性质,出版后销路并不很畅,史量才生前已被叫停。2012 年,上海科学技术文献出版社从“申报丛书”和“申报月刊丛书”的 50 余种图书中选出 46 种,总以“申报丛书”之名重新出版。

四、余　论

史量才主持申报馆之时,一直在推行多种经营(也有称之“大经营”)。报、刊、书、广告、学校、图书馆等文化事业,层层推进,但总体来看,图书出版在史量才的“大经营”中的规模并不算大,尚处于探索而未定型过程之中。图书中有不少精品力作,一些渗透他“史家办报”理念的品种,在经过了 90 多年岁月洗礼后,仍然绽放出编辑初心的光芒。所以,有些论者认为“图书出版不再是申报馆考虑的营业重点,于出版史的意义也不大 ,不述也可”的观点,是不够准确的。

当然,我们进一步探讨一下史量才兴办图书出版未获更大规模发展的原因,还是有一定借鉴意义的。原因大致是:第一,申报馆虽然不缺财力物力和平台,但缺乏专业的图书出版队伍,报刊编辑与图书编辑还是有一定距离。人才的匮乏导致出书量的寡少,一切单凭史量才一人的关注度高低,[14]不少年份出版的空白,即是最好的证明。除了以上所述,其他零星出版物并不多见,大概还能找到数种,如 1932 年申报馆印行的陶行知著《斋夫自由谈》和陈彬龢著《申报评论选》(第一集),以及申报流通图书馆读书指导部出版的《读书问答集》(李公朴主编)、《怎样自学社会科学》(柳辰夫著)。第二,没有充分挖掘老申报时代图书出版的良好传统,将出版事项一直置于附属事业范畴,限制了发展的动力。第三,没有认识到《申报》及相关刊物(尤其是各类增刊)上丰富的内容资源和作者资源。第四,没有充分利用《申报》庞大记者队伍在各地、各行业采访的优势。20 世纪二三十年代也是图书出版的大发展大繁荣时期,申报馆身处其中,未能大施拳脚,未免略嫌遗憾。

(作者:上海交通大学出版社古籍文献部主任)

注释:

[1] 胡道静:《申报六十六年史》,《新闻史上的新时代》附篇,上海:世界书局,1946 年,第 81 页。

[2]《述最近五十年之缘起》,《申报》,1922 年 10 月 10 日,第 9 版。

[3] 史量才:《申报六十周年发行年鉴之旨趣》,《申报月刊》,1932 年 11 月 30 日。

[4] 同上。

[5]《史量才的事业》,《申报》,1947 年 9 月 20 日,第 18 版。

[6]《述最近五十年之缘起》,《申报》,1922 年 10 月 10 日,第 9 版。

[7]《史量才的事业》,《申报》,1947 年 9 月 20 日,第 18 版。

[8] 同上。

[9] 胡道静:《申报六十六年史》,《新闻史上的新时代》附篇,第 81 页。

[10] 陆诒:《史量才与〈申报〉》,《上海文史资料选辑》第 75 辑,上海:上海人民出版社,1994 年,第 83 页。

[11] "申报丛书"《日本的陆军》《现代电影论》《德国往那里去》《国耻演讲集》《苏联现状论》等书中都有"上海文库主编申报丛书新贡献""出版预告"等丛书新书广告单页。

[12]《无线电的故事》似即丛书第 19 种黄鉴村著《无线电读本》。

[13]张任远《苏联宪法浅说》已被列入图书广告"最新出版"目录中,标明"九六页,实价三角",但目前并未看到"申报丛书"版《苏联宪法浅说》,只有张任远另一种《苏联政治制度浅说》,列为《申报丛书》第 33 种,或许是《苏联宪法浅说》名称的改易。另有一本《苏联新宪法研究》1937 年 5 月由生活书店出版,署名张仲实(张任远是张仲实笔名,时接替赴港的邹韬奋担任生活书店总编辑),可见张任远确实承担过《苏联宪法浅说》的编写工作。

[14]《申报》总主笔张蕴和也向《申报月刊丛书》提供过一些记者采访的选题,并有撰写序言。

读者眼中的《申报》镜像

董　浩

中国新闻史的书写多是宏大叙述的范式或是革命范式，无形中已走入了一个“死胡同”，我们在看到新闻史研究日益繁盛的同时，也看到了新闻史研究的“同质化问题”——新闻史的书写大同小异、千篇一律。当然，也有对此进行呼吁、反思的学者，比如黄旦老师对此多有言说，强调要改变中国新闻史书写的“沉疴弊病”，需要“在范式上有一个根本创新”，亦即进行“新报刊史”的书写，这种新报刊史的书写的创新之处在于“空间维度的新拓展”，其研究视野不同于以往的报刊史书写，但非新桃换旧符之意。[1]本文希望实现原有研究范式的转向，试图在原有的报刊史的书写上增加一个新的维度。

一、“镜像理论”的启发：以“读者视角”来书写《申报》的媒介形象史

我们的报刊史研究要实现范式的转变，需要打破“路径依赖”[2]，跳脱现有的、主流的报刊史书写叙述范式的桎梏，以批判的眼光思考、质询现有的“陈腐老旧”的书写范式，以期发现和另辟研究新路径。正如怀特所言，“如何将了解的东西转换成可讲述的东西，如何将人类经验塑造成能被一般人类，而非特定文化的意义结构吸收的方式”[3]，这是目前中国新闻史书写范式所欠缺的和应该为之努力的方向。

（一）“新报刊史”书写范式的“读者转向”尝试

现有的中国报刊史研究范式帮助勘定、绘制、构建、奠定了报刊史——包括知识脉络、范围边界等在内的——最初的“知识谱系”。但是这种范式研究本身也遮蔽或消解了报刊史的丰富多彩，使得报刊的面貌只是“单个维度”的同质化的重复出现。而历史的面貌应该是一个丰富的、多向度的、由不同“主体”建构

的产物，由于“主体”的多样性，所以即使是对同一个历史事件，不同的主体也可能会有不同的认识。报刊史研究也应该是多个维度的、多个主体的呈现，应该是多样色彩的，甚至有可能是相互矛盾的一种“存在”，这也许才是报刊史的“本真”、多样性。

本文试图通过以研究“不同读者眼中的《申报》镜像”为例，切入“一般报刊（思想）史”的研究。把研究“主体”转向“一般读者”，是作为用“新报刊史”范式研究报刊史的一个“尝试”，为其做一个小小的“注脚”。

（二）以“读者”来书写《申报》媒介形象史的“跳越”

学界现有的关于《申报》的研究大都集中于以下几个方面：一是作为传播者的《申报》的相关研究，包括《申报》的经营管理、改革、编辑等；二是对于《申报》的历任掌控者的研究，包括美查、席子佩、史量才等的研究，尤其是其最后一任掌控者史量才的研究更多；三是《申报》与时代、社会的关系的视角等的相关研究。而本文则试图通过阅读史的方法，希望能够另辟蹊径，从受众——“异质的读者”的角度来考察、研究《申报》在读者眼中的媒介形象。其实，也许在读者眼中，谁是《申报》的主人并没有那么重要；也许在读者眼中，无论人事更替、世事变幻，《申报》就是《申报》，是一个品牌，一个“统一性”的存在。

本文尝试通过“支离破碎的”“散见于历史长河中”的“阅读碎片”的拼贴、勾连，来还原一个也许迥异于“宏大叙事或传播者视角”的别样的、“异质”的读者眼中的《申报》“镜像”。也许以这种镜像呈现的《申报》，更接近于葛兆光先生所讲的“一般知识与思想”[4]。也许这是报刊史研究需要借鉴、吸收、学习的，以期实现报刊史研究范式转向“一般的报刊（思想）史”以及“还原”一个更加“多维、丰富、立体”的报刊史“本真”存在形态。

二、描摹“众读者”所“读解”的、“多维”的《申报》镜像

《申报》是中国近代报刊史上创刊时间最早的报刊，被称为“中国的泰晤士报”[5]。它在中国报刊史上的地位和贡献是无可替代的，但是这种评价是一种宏大叙事或从传播者视角界定的，无形中忽视、遗漏了《申报》庞大、异质的读者群。传说当年史量才先生之所以敢于和能够与蒋介石“叫板”，就是因为其背后有“一百万读者”的支持。所以，《申报》的研究，“读者群体”是一个不可忽视和越过的研究“主体”。

但是，“读者”的研究有诸多的困难和不便，除了研究范式的“遮蔽”外，还有其他诸多困难：一是由于“读者”的“异质性”，导致读者分类的困难；二是史料的

留存的困难，史料残缺不全，导致关于读者的史料相对"奇缺"。随着研究范式的转向、史料的逐步发现、挖掘，从"读者"的视角研究"一般的报刊（思想）史"开始被提上"学术日程"。

限于目前关于"一般的报刊（思想）史"的学术研究刚刚起步，诸多的标准、概念还未健全。关于《申报》"读者"研究也存在着类似的问题，故本文只是做一个尝试性的探索研究。本文在对《申报》的读者进行研究过程中，拟将《申报》众多的异质读者分为普通大众、士绅读者、"新生代"青年读者、统治者等"主体"。

《申报》读者的"类型划分"是基于现存史料而圈定的，可能存在一定的边界划分的模糊、重合、残缺。本文试图通过"捡拾"那些散落在书刊、日记里的"断篇残章""记忆碎片"，尝试着把"不同读者眼中所'看'到的不同的《申报》镜像"进行拼贴、缝合，希望并力图"还原""捏合"出一个色彩斑斓的、多维的、具有丰满血肉的《申报》形象。

正如"一千个读者眼中，有一千个哈姆雷特"，一千个《申报》读者眼中，也有一千个《申报》形象。由于种种原因，《申报》形象一直处于被遮蔽状态，被塑造为一个"高大伟岸"而又与我们有着"距离感""疏离感"的形象。这种占主导地位的媒介形象遮蔽了《申报》形象的其他侧面，使得《申报》在某种程度上，被形塑为一个"单向度"的媒介形象。其实，《申报》的形象也是丰富、立体、多维的。本文试图通过对普通大众、士绅读者、"新生代"青年读者、统治者等"读者主体"的考察，尝试发掘、还原《申报》的"本真"色彩。

三、普通大众："代表所有报纸"的"申报纸"与被信以为真的"奇谈"

《申报》作为中国第一张现代意义上的报纸，其意义非凡。对于普通民众来说，其意义也许"有过之而无不及"。

（一）可以"代表所有报纸"的"申报纸"镜像

其中，可以"代表所有报纸"的"申报纸"发挥了重要的作用。正如徐铸成回忆："在我幼年的江南穷乡僻壤，都是把《申报》和报纸当作同义语的。"[6]关于民间把《申报》等同于报纸的习惯，曹聚仁老先生也曾这样说过："我们乡间，凡是报纸，都叫做'申报纸'，一个专有名词当作普通名词用，可见这家报纸的权威。"[7]"申"是因春申君黄歇而得名的上海的简称，应属专用词[8]，但是为什么报纸会被等同于《申报》呢？

这是由于《申报》的创刊有着不同寻常的历史意义，因而被读者尊称为"老申报"。在《申报》创办前出版的报纸，基本上是外报的中文版，内容多译自外报,读者只限于买办阶层和高等华人。[9]而《申报》在创刊后,其内容面向普通大众,“专为民间所设,故字句俱如寻常说话,每句及人名地名尽行标明,庶几稍识字者便于解释”[10]。为了维护、自证其“中国血统”,《申报》以古代“采风”之说来比附新报,称“(邸报)阅之者学士大夫居多,而农工商贾不预焉,反不如外国之新报人人喜阅也。是邸报之作成于上,而新报之作成于下。邸报可以备史臣之采择,新报不过如太史之陈风”[11]。纯正的中国血统——现代版的“太史采风”,为其带来的是自身的合法化,以及中国社会的接受,也是来自西方的舶来品——新闻报刊——中国本土化的最佳的方法、路径选择。

尽管《申报》被当时的士绅鄙夷,以其“记载猥琐,语多无稽,不学无术,无关宏旨”[12],但是《申报》的出现,对于普通大众来讲却是一种“解放”,以前在报纸出现之前,了解社会的动态,主要是通过乡绅这一中介。当然也有其他的通道来获取来自远方的消息,但是这些渠道是模糊的、不确定的。奏折、邸抄与书信,再加上流言网络,便是中国前现代传播体系的主要构成。[13]在众多的选择中,前四项是属于乡绅读书人的,只有最后一项——流言、小道消息是普通大众获取信息的重要渠道。作为对于由政府(乡绅)控制的信息系统的重要补充的“小道消息”,沿着遍布全国的商业网络“流通”,“是当时中国村民(更不必说城里人了)的日常生活中须臾难离的”。[14]但是,最后确认真实与否或者解释权还是需要乡绅来完成的。乡绅对于社会、知识具有最终的解释权,但在报纸出现之后,乡绅的这种对于知识、消息的垄断权就被无情地打破了。

(二)被普通民众信以为真的《申报》“奇闻怪谈”

《申报》在带来“信息获取自由”的同时,也带来民众对“信息真伪”的判断问题。而当时的普通民众由于长期世代处于“信息真空”状态、对士绅的信息依赖,以及小道消息为普通民众重要的信息获取渠道的信息生态环境下,对《申报》所传播的信息深信不疑,即使是“一切狐怪异闻”、“稀奇怪异”之事[15]、“夫一切可惊可愕可喜之事,足以新人听闻者,靡不毕载”[16]。《申报》早期为了打开销路,普通民众是其重要的目标受众,奇闻异事则成为其报道的重要选题。其在《本馆自述》中也讲到:“网罗轶事,采访奇闻,论可解颐,如听说诗之鼎言,以足志,恍师作史之迁。”[17]

《申报》传播的“奇闻异事”——其实是《申报》所呈现的“拟态环境”被普通民众当作“现实世界”的真实而被认知。孙玉声老先生在回忆其童年时所阅《申报》,日记中这样写道:“余幼时,阅同治间老《申报》,忆有一事,甚为可异……报中载有省县地址,商人与宰之姓名,当非向壁虚造。”[18]无独有偶,著名学者缪荃孙在写给友人汪康年的信中,也回忆到早年阅读《申报》的轶事:“同治年《申报》

有一则云，洋行中畜一犬，无故乱吠，人问其故，有知之者曰：无他，止（只）是吃洋屎太多耳。”[19]正如周树人所言：“他不要看新闻，却仍是信托它，凡是有什么事情，只要是已见于《申报》，那么这也就一定是不会假的了。”[20]这是那个时代背景下，人们对新闻这个新生事物的初步接受过程中的“偏狭的认知”，一如当时中国对于世界的认知一样偏颇。

关于对《申报》的此种认知——对《申报》报道的“奇闻异事”信以为真，在当时有很大一部分普通民众读者，以至于后来很大一部分读者关于《申报》的记忆，掺杂着许多《申报》传播的“奇闻怪谈”被普通民众读者信以为真的媒介印象。

四、士绅“观”《申报》：由认为是“琐闻屑谈”到“现实转向”的“急先锋”

《申报》的创刊意味着“第一次形成了一张现代意义的中国报纸”[21]。《申报》的出现不仅对于普通的大众读者具有现实的意义，对于士绅读者同样具有极大的影响。其使得士绅阶层通过报纸实现了自我以及这个阶层的现实转向：报纸促使士绅撤离由经史子集填充的“前人世界”，超越“周遭世界”的限制，建构了一个新人新世界。其中，“1872 年创办的《申报》，逐渐进入、重构了这个古老的传播体系，成为读书人依仗的新的信息来源。这一新式媒介，将人们带入更为广阔、确定的现实世界，扩大了人们对同时代人的了解”[22]。这不单单是媒介技术的发展，更是作为一个新的“变量”，在输入旧的落伍的社会信息系统后，所引发的社会系统的连锁反应。正如麦克卢汉所言的“媒介即讯息”：真正有价值的讯息是每个时代所使用的媒介及其开创的可能性。“这就告诉我们，物质文化和技术的发展会反过来影响人们感受认知世界的方式。”[23]

清朝前期统治者为了维护统治、加强皇权，采取了包括大兴“文字狱”等在内一系列的举措，限制甚至是禁止汉族士大夫参政、议政。这就导致清朝乾嘉朴学或称之为考据学兴盛一时。因文字狱的打击，文人动辄得咎，士绅读书人和古代作者的“隔空对话”可以有效地规避现实的“政治红线”，所以士绅最安全的做法只有也只能沉浸在前人的世界。因“彼时社会以帖括为唯一学问”，那么，对于理解士绅读书人最初对《申报》的“不屑”也就顺理成章了。“而报纸所载亦实多琐碎支离之记事，故双方愈无接近之机会。”[24]但是，为何后来许多士绅读书人还要阅读被认为是“琐闻屑谈”、不受文人待见的《申报》呢？

近代中国，国家命运多舛，战争不断，但是，中国传统的信息传播系统是一个封闭性的“T”型的传播体系：“在统治阶层内横向流动的水平流程”和由统治权力“流向被统治阶层，即自上而下的单向垂直流程”[25]，在此时已经不能满足士绅们的信息需求。而报刊的出现在一定程度上，作为一种体制外的信息通道重构了传统的信息传播系统，或者说至少在当时使帝国原有的“T”型的信息传播系统演化、过渡为“工”型信息传播系统，那多出的底下一“横”就是由报刊构建的新信息通道。发生于1883年至1884年的中法战争，“由于《申报》和香港的中文报纸的存在使这场发生在越南的战争实际上成为中国历史上第一场公共的战争”[26]。而且更加奇妙的是，“朝廷自己也成了读者群的一分子，只能够在《申报》和其他中西文报刊中读到局势的进展”[27]。现实迫切的信息需求，“迫使”士绅读书人接触《申报》等报纸。

1884年以后，中法战争结束，读书人不再摘录《申报》的内容，因为《申报》又重回昔日的风格，但是发生于1894年的甲午战争，曾使得上海新闻纸(《申报》在其中发挥了重要的作用)与读书人的关系骤然地紧密起来。“见《申报》言海上战事”[28]，“据三月间《申报》云，李鸿章为全权大臣出使议和”[29]，以《申报》为代表的上海新闻纸对战争的报道，使士绅读书人从沉溺于科举考试的“迷醉”中暂时跳脱出来，关心国家的兴亡，可以能够超越“周遭世界”的限制，实现对远方发生的事物的感知，建立一个和“同时代人”对话的“共同世界”。

这些个体虽然可能更多的是互不相识的，但是他们却知道“天下兴亡，匹夫有责”，儒家的担当意识在无形中促使他们形成了一个“以国家(天下)利益为中心的共同体”。他们散布在中国的各个角落，但是时刻关心着中国的命运。正如舒茨所言：“他我的身体固然不呈现出来，也就是不具有时间和空间上的直接性，但是我知道他和我共同存在，他的意识体验和我的意识体验一同前进着。”[30]《申报》作为新的媒介，其功能不只是传播信息，更是作为一种新的交往方式，重组了士绅的时空观念，也形塑、重构了人们的交往关系，加速了士绅跳脱“前人世界”转向现实世界的进程。

五、“新生代”青年读者“看”《申报》：作为“传播新知的媒介”[31]

从中国近代报刊的发展历史看，中国的报刊是从西方引进而来的舶来品，被引进中国之后，报刊被赋予了太多的希望，我国的报刊具有“一体多功能”的特性，除了具有西方报刊的共性功能外还承担着符合中国国情的特殊功能。“因此，中国的报章就被赋予了西方报刊所没有的、力挽狂澜的沉重感。这一角色定位决定了晚清报刊的整体面貌，其结果之一便是其内容远远超出新闻的范畴，还要承担提供时务、论述西学知识体系的任务。”[32]其中作为传播知识的媒介就是一个典型的具有中国特色的特征。早期的中国报纸，其形式和内容均是仿照“书本”的样式。像创刊于1872年的《申报》，在其早期还是采取书本的样式，更别说像《察世俗每月统记传》《东西洋考每月统记传》等更早的报纸了。

作为传播报刊学问的方式，是产生于中国语境的认识论。[33]学界对此的认知和讨论，除了有“报刊可以起到新知的作用”，还有另一认识：“报刊本身就是一种新知。”[34]以报刊为媒介传播知识在中国的报纸中是一个普遍存在的现象。本文主要是在第一种认识下的讨论。在中国近代报刊的读者中，也许（也应该是）《申报》是作为“传播新知的媒介”的典型代表。

“有心栽花花不开，无心插柳柳成荫”，早期《申报》在扩大其读者群的同时，也取得意想不到的传播知识的效果。“《申报》文理不求高深，但欲浅显，令各人一阅而即知之。购一《申报》，全店传观，多则数十人，少则十数人，能识字者即能阅，既可多知事务，又可学习文墨。故自《申报》创设后，每店日费十余文可以有益众友徒，亦何乐而不为哉？”[35]《申报》的“无心之举”出乎意料地产生了“传播知识”的客观效果。

其后，《申报》职业主体意识觉醒，开展了一系列的主动地向社会传播知识的具有公益性质的行动。“《申报》副刊《常识》介绍科学和新知，吸引了无数青年人，甚至改变了他们的命运。”[36]曾经是一名学徒的沈鸿通过《申报》副刊《常识》的知识介绍产生了自学兴趣，经过努力成为一位有为青年，新中国成立后成为了中科院院士。这是报刊扩大视野、传播知识，知识改变命运的典型例子。《申报》在 1924 年 6 月 29 日创办的《平民周刊》，其创办目的也是为初识字的人服务。正如陶行知在报上所言：“我们希望这些同胞，可以在空闲的时候得些看报的快乐和做人的道理。”[37]

《申报》除了鼓励普通大众学习知识，还创办了许多的文化事业，传播知识。从 1932 年至 1934 年先后创办了申报业余补习学校、申报妇女补习学校、申报新闻函授学校、申报流通图书馆、《申报月刊》、《申报年鉴》等，扩大中华书局业务，出版大量图书，如“申报月刊丛书”、《中国各省地图》《中华民国新地图》《上海名人辞典》等。[38]通过这些文化事业的发展，《申报》在实现自身集团化的同时，也帮助普通大众、读者获得了通过学习改变命运的机会，帮助了许多渴望改变命运的普通人。李公朴这样评价史量才及《申报》所做的贡献：“史先生为国家为人类做事情，创办申报流动图书馆、补习学校等文化事业，处处为我们青年利益、国家前途设想……”[39]在中国近代，乃至更为发达的今天，能够这样做的人也寥寥无几，或者几乎就没有。

《申报》在传播新知和服务大众方面是我们学习的榜样，史公在这方面走在了时代的前列。史公不只是知者，更是一个行者，真正做到了“知行合一”，乃我辈之楷模。

六、统治者:对《申报》爱恨交加

具有78年历史的《申报》(1872—1949),历经(清)同治、光绪、宣统三朝,以及民国时期。只有有着如此漫长"生命年轮"的《申报》才能生长、演化出如此悠长的生存智慧与经验。在近代报刊史上,探讨"有闻必录"的兴起往往可以追溯到《申报》,它"也许是最早提出这一思想的报纸"[40]。操瑞青在《建构报刊合法性:有闻必录兴起的另一种认识——从申报杨乃武案报道谈起》一文中认为:早期"有闻必录"不仅是规避言责的策略,它还发挥了另一更为根本的作用,即建构报刊话语在读者心目中的合法性地位,这与《申报》作为商业报刊的媒体属性有关。[41]在《申报》的生存智慧与经验"结晶"中,"有闻必录"是其吸引读者、迅速发展崛起的原因,也是其奠定历史地位的一大"秘诀"。

《申报》的读者不是单一固定不变的,而是处于"变动不居"、发展变化过程中的。《申报》根据不同的历史时期和历史主题,不断调整其目标读者群结构、构成比例。《申报》特定的读者,具体而言,可以大致分为统治者和普通大众,简而言之,就是《申报》不断调整其自身与"特定读者"——统治者和普通大众的关系。《申报》与普通大众的关系相对比较稳定,而《申报》与统治者的关系"分分合合","爱恨交加"。

"今日之新闻,即明日之历史。"[42]《申报》秉持"有闻必录"的理念,因而,在其发展史上与统治者的合谋、联盟以及冲突、博弈不断,分分合合也就不足为奇,统治者对《申报》的报道可谓是"爱恨交加",如果被《申报》"爱护",其滋味自然享用,但是如果被《申报》批评了,其"个中滋味"也可想而知。

《申报》创刊后,报道逐步涉及官场纷争,并由此与统治者的"爱恨情仇"纠缠交织在一起,可谓是"剪不断,理还乱"。1873年,因杨月楼案,而与上海地方官员交恶,并引发江浙官员对报纸的痛恨;1874年,报道左宗棠在新疆借款,引起左宗棠大怒,斥其内容为"江浙无赖士人所编","岛人资之","干涉时政","拉杂亵语","纤人之谈"[43];1875年,报道浙江巡抚派员赴粤购买军火,浙江巡抚大为不满,特派人指责申报馆,认为申报馆泄露军情机密[44];1878年,又因刊发《星使驻英近事》而引发与郭嵩焘的一段官司等等事件。《申报》与统治者之间的冲突、博弈不断。之所以会出现这种"胶着"的状态,与《申报》的"有闻必录"的理念密不可分。

"官场与报界的冲突反而促成了政府各级官员对新闻纸的正确认知。'有闻必录'作为《申报》采集新闻的重要原则,亦逐渐为官场所接受。官员们甚至发现了新闻纸的其他功能。"[45]了解夷情、国家政治动态等都离不开新闻纸这一新的信息传播管道。媒介的魔力在人们接触媒介的瞬间就会产生，正如旋律的魔力在旋律的头几节就会被施放出来一样。[46]即使是对《申报》涉及自身的报道不满的统治者，同时也对《申报》有着复杂矛盾的、不可名状的认可，或者由于适应这种新媒介，而带来一种“运筹帷幄”的满足感。左宗棠“因西北战事的报道而与《申报》势同水火，将报道的失实等同于公造谣言。在他担任两江总督后，对《申报》‘有闻必录’的习惯逐渐适应，恶感渐减”。1878年《申报》在报道俄罗斯侵占黑龙江边界的事件时有对左宗棠的肯定，以及《申报》对左宗棠的奏折《严禁鸦片先加洋药土烟税厘》的刊登等使左宗棠逐步适应了新媒介，认识到政务的适度公开可在某种程度上杜绝谣言的产生。[47]与左宗棠不同的是，郭嵩焘不仅在驻英法期间，通过阅读专门从国内邮递的《申报》了解国内动态，并且，还在“退隐乡下的十多年间，仍然借助于《申报》，关注朝政和民生，抒发自己的政治见解和读报心得”[48]。如他在1880年（光绪六年）三月初十日的日记，抄录了“载户部奏筹备饷需十条”，1881年（光绪七年）写下读“星变陈言四条”后感，1888年（光绪十四年）的日记留下“《申报》载船政局委员董紫珊、太守毓琦治河二策，甚奇而确”[49]这样的笔墨。可见《申报》与统治者之间的关系是一个“矛盾共同体”，一方面统治者对其有些言论大为不满；另一方面，《申报》又正在逐步成长为统治者须臾难离的、必不可少的了解国家政治动态的重要信息管道。

其后在《申报》发展史上，统治者对《申报》“又爱又恨”的矛盾感更加强烈地纠缠在一起。但《申报》与统治者经过不断调适彼此的关系，逐步加强了对彼此的认知和适应。《申报》一方面植根民间，另一方面亦努力寻求官员对其地位的认同，在夹缝中谋求生存。[50]统治者也学会了利用媒介来宣传、引导舆论，塑造政治形象，以及获取政治资本等。有学者认为，1879年中国官场上“清流”的崛起和《申报》的报道密不可分，这两者隐然间“互为犄角”，“《申报》议政，是出于商业需要，目的是赢得政府官员读者群；‘清流’看《申报》，是出于政治需要，目的是能够跟上官场上的洋务话题”，其实质上是一种“合谋”：体制内外的两种言路互动互利，最后实现双赢。[51]由《申报》与“清流”之间的这种“合谋”关系，可以得知：“清流”人物本身不仅成为《申报》读者[52]，而且还学会利用《申报》来适应官场，宣传自己的政治主张，制造舆论。

历史回转到史量才时期的《申报》，其“有闻必录”的理念并没有因经营者的更替而动摇，反而得到了进一步完善和强化。

史认为：“报纸是民众的喉舌，除了特别势力的压迫以外，总要为人民说些话，才站得住脚。”[53]《申报》的“报格”是秉持一以贯之、始终如一的“独立自主”“站在为人民说话”的立场。在史量才刚刚接手之后，首先面对的就是袁世凯的“帝制闹剧”，《申报》连续发表多篇时评予以批评，当自称“臣记者”的薛大可来贿赂《申报》时，被《申报》断然拒绝，足可见《申报》之独立报格。《申报》也因而为统治者所不容，或者是被视为“眼中钉、肉中刺”的“异类”。

在面对日本侵华的民族危亡时刻，《申报》坚持民族大义，不顾国民党相关的一些禁令，依然宣传、动员人民抗日。创于1931年9月的《申报》“读者通讯”专栏，在“九一八事变”后，积极反映民众的意见，自觉代表民众，反映并引导抗日舆论，担负起“人民喉舌”的角色。这与其“有闻必录”的理念是一脉相承的。

七、结语：谁是读者？

本文力图从读者视角还原一个全貌、立体、丰满、本真的《申报》媒介形象。但关于到底哪些是《申报》读者，一直是模糊不清、难以统计的。正如美国学者Rankin所言：“我们不知道谁阅读这份报纸。”[54]行文至此，关于读者与《申报》的媒介形象的描摹，虽努力从读者视角“发掘”《申报》媒介形象，以此来为实现中国新闻史书写范式的转向——“新报刊史”添砖加瓦，但依旧是粗线条的勾勒。

本文把《申报》读者分为普通大众、士绅读者、“新生代”青年读者、统治者。通过刻画不同的主体所看到的《申报》镜像来书写一个立体、丰满的《申报》媒介形象：在普通大众看来，《申报》的形象是可以“代表所有报纸”的“申报纸”镜像；而士绅所“观”到的《申报》镜像，经历了一个由认为是“琐闻屑谈”到“现实转向”的“急先锋”的过程；“新生代”青年读者“看”《申报》，更多地把它作为“传播新知的媒介”；统治者眼中的《申报》镜像则是一个“爱恨交加”的形象。当然，这种分类认知可能存在界限、边界的模糊，甚至是交叉，因而这只能作为笔者的一个尝试，并以此为实现“一般报刊史”书写范式转向所做的一个小小的“注脚”。

（作者：南京师范大学新闻与传播学院研究生）

注释：

[1] 黄旦：《新报刊(媒介)史书写：范式的变更》，《新闻与传播研究》，2015年第12期。

[2] 同上。

[3] (美)海登·怀特，董立河译：《形式的内容：叙述话语与历史再现》，北京：文津出版社，2005年，第1—2页。

[4] 葛兆光：《中国思想史》，上海：复旦大学出版社，2010年，第14页。

[5] 倪延年主编：《民国新闻史研究(2014)》，南京：南京师范大学出版社，2014

年,第328页。

[6] 徐铸成:《报海旧闻》,上海:上海人民出版社,1981年,第8页。

[7] 曹聚仁:《上海春秋》,上海:上海人民出版社,1996年,第109页。

[8] 徐铸成:《报海旧闻》,第8页。

[9] 同上,第9页。

[10]《招人代售新报》,《申报》,光绪二年三月初二(1876年3月27日)。

[11]《邸报别于新报论》,《申报》,同治十一年六月初四(1872年7月9日)。

[12] 陈宝箴:《湘抚陈购时务报发给全省各书院札》,《时务报》,1897年5月12日。

[13] 卞冬磊:《古典心灵的现实转向——晚清报刊阅读史》,北京:社会科学文献出版社,2015年,第64页。

[14] (美)孔飞力:《叫魂——1768年中国妖术大恐慌》,北京:生活·读书·新知三联书店,2012年,第42页。

[15] 王学敏:《早期申报与读者关系研究》,山东大学硕士学位论文,2013年,第19页。

[16]《本馆告白》,《申报》创刊号,同治十一年三月廿三日(1872年4月30日)。

[17]《本馆自述》,《申报》,同治十一年四月二日(1872年5月8日)。

[18] 孙玉声:《退醒庐笔记》(下卷),沈云龙主编:《中国近代史料丛刊》,第80辑,台北:文海出版社,1972年,第36页。

[19]《汪康年师友书札》(三),引自蒋建国:《甲午之前的申报发行与读者阅读》,《东岳论坛》,2016年第3期。

[20] 周作人:《知堂小品》,刘应争选编,西安:陕西人民出版社,1991年,第543—544页。

[21] 徐铸成:《报海旧闻》,第9页。

[22] 卞冬磊:《古典心灵的现实转向——晚清报刊阅读史》,第64页。

[23] 田晓菲:《尘几录:陶渊明与手抄本文化研究》,北京:中华书局,2007年,第9页。

[24] 姚公鹤:《上海闲话》,上海:上海古籍出版社,1989年,第129页。

[25] (日)和田洋一:《新闻学概论》,北京:中国新闻出版社,1988年,第20页。

[26] (德)瓦格纳:《进入全球想象图景:上海的"点石斋画报"》,刘东:《中国学术》,北京:商务印书馆,2001年,第41页。

[27] 同上,第42页。

[28] 皮锡瑞:《师伏堂日记》第1卷,北京:国家图书馆出版社,2009年,第487页。

[29] 俞雄选编:《张棡日记》,上海:上海社会科学院出版社,2003 年,第 23 页。

[30] (奥)舒茨,游淙祺译:《社会世界的意义构成》,北京:商务印书馆,2012 年,第 233—234 页。

[31] 苏智良:《申报与近代中国——纪念〈申报〉创刊 140 周年》,傅德华等主编:《史量才与〈申报〉的发展》,上海:复旦大学出版社,2013 年,第 8 页。

[32] 卞冬磊:《古典心灵的现实转向——晚清报刊阅读史》,第 11 页。

[33] 同上。

[34] 黄旦:《媒介就是知识:中国现代报刊思想的源起》,《学术月刊》,2011 年第 12 期。

[35]《论本馆销数》,《申报》,光绪二年十二月二十八日(1877 年 2 月 10 日)。

[36] 苏智良:《申报与近代中国——纪念〈申报〉创刊 140 周年》,《文汇报》,2012 年 4 月 23 日。

[37] 引自《陶行知全集》第 1 卷,成都:四川教育出版社,2005 年,第 545 页。

[38] 马光仁:《从〈申报〉发展看中国近代报业的发展规律》,《马光仁文集》,上海社会科学院出版社,2013 年,第 23 页。

[39]《各界追悼史量才先生大会》,《申报》,1934 年 12 月 24 日。

[40] 关于"有闻必录"历史的具体说明、论证可参考操瑞青在该文中的注释:宁树藩、李秀云、卢宁等学者均将对"有闻必录"的考察追溯到《申报》。另尽管姚福申曾撰文提出"有闻必录"的思想渊源可追溯到唐宋时期,但同样不否认这一概念的广泛传播仍然要待到 19 世纪 80 年代前后,亦即早期《申报》时期。(姚福申:《解读古代新闻的真实性观念——兼论新闻真实性观念的演进》,《新闻大学》,2000 年第 4 期;操瑞青:《建构报刊合法性:有闻必录兴起的另一种认识——从申报杨乃武案报道谈起》,《新闻与传播研究》,2015 年第 3 期)

[41] 操瑞青:《建构报刊合法性:有闻必录兴起的另一种认识——从申报杨乃武案报道谈起》,《新闻与传播研究》,2015 年第 3 期。

[42] 熊月之:《申报与近代上海文化》,《社会科学报》,2012 年 4 月 26 日,第 6 版。

[43]《答两江总督沈幼丹制军》,《左宗棠全集》,第 12 册,长沙:岳麓书社,2009 年,第 517—518 页。

[44] 徐载平、徐瑞芳:《清末四十年申报史料》,北京:新华出版社,1988 年,第 91 页。

[45] 卢宁:《早期申报新闻传播策略初探》,《编辑之友》,2013 年第 4 期。

[46] (加)麦克卢汉,何道宽译:《理解媒介:论人的延伸》,北京:商务印书馆,

2004 年,第 42 页。

[47] 卢宁:《早期申报新闻传播策略初探》,《编辑之友》,2013 年第 4 期。

[48] 蒋建国:《甲午之前的申报发行与读者阅读》,《东岳论坛》,2016 年第 3 期。

[49]《郭嵩焘日记》,第 4 册,长沙:湖南人民出版社,1983 年,第 30、188、787 页。

[50] 卢宁:《早期申报新闻传播策略初探》,《编辑之友》,2013 年第 4 期。

[51] 王维江:《"清流"与〈申报〉》,《近代史研究》,2007 年第 6 期。

[52] 同上。

[53] 叶冲:《报人办报——史量才的报人主体意识》,《史量才与〈申报〉的发展》,第 170 页。

[54] Mary B. Rankin, "Public Opinion" and Political Power: Qingyi in Late Nineteenth Century China, *Journal of Asian Studies*, Vol. XLI, No. 3 (1982), p. 462.

近代《申报》与上海舆论空间的转换

——兼论报界大王史量才的归宿

王天根

《申报》在舆论界取得声誉大体上与发刊之初秉承的志趣密切相关。1872年英人美查筹办的《申报》发刊词,称:“求其纪述当今时事,文则质而不俚,事则简而能详,上而学士大夫,下及农工商贾。”[1]这正是坚持新闻标准且秉承有闻必录的新闻写作方式。其时上海属华洋杂处的国际大都市,其行政系统包括公共租界、法租界与华人社区。据统计“公元一八六五年(清同治四年)上海公共租界的人口:中国人有九万零五百八十七,外侨为二千二百九十七人。法租界的人口:中国人为五万五千四百六十五人,外侨为四百六十四人。合计总数中国人为十四万六千零五十三人,外侨为二千六百九十七人。”[2]此仅为公共租界与法租界人口,其他地区人口更多。由此,上海都市既有中国传统文化色彩也有世界意义上的现代性,也在情理之中。

一、清季上海都市畸荣与《申报》的地方意识、全国视野及世界目光

早年作为上海的镜子,1861年筹办的《上海新报》及1872年筹办的《申报》(别名《申江新报》)是上海两家最早的中文报刊,忠实地记载上海都市变迁的种种镜像。面对上海对资讯的渴求,1872年4月30日(三月二十三日)英国人美查(Ernest Major)主办的《申报》创刊。其时买办(经理)赵逸如,主笔蒋芷湘,担任编辑撰稿的有何桂笙、钱昕伯、吴子让等。一方面,上海社会的商业化氛围为《上海新报》《申报》等传媒蕴育了多重际遇,另一方面,这些报刊的政治倾向也非常明显。这也印证了传播与社会互相建构的社会场景。《申报》创刊号即称:“当代有许多可以作传之事,湮没不彰,这是因为未予记载之故。中国古籍虽有记载,但都是前代之事。而且文辞高古,为民间所不易懂……只有现今报纸上所刊登之文章,叙述简而能详,文字通俗,不只为士大夫所赏,亦为工农商贾所

通晓。报纸内容有国家政治、风俗变迁、中外交涉、商贾贸易以及一切可惊可喜之事。使人不出户庭而能知天下事。”[3]此大体可见《申报》办报志趣中蕴含地方意识、全国视野及世界目光。

第一,清季上海与《申报》的地方意识有着内在的一致性。

上海报刊传播的价值与意义首先在于呈现繁华都市的镜像,记载其时市民社会的种种习气。《申报》早期取名为“申江新报”,报名本身在1872年4月30日的《〈申江新报〉缘起》中就有交待:“本馆先设上海,故题曰《申报》。”[4]何谓新报?“新报之事,今日之事也。”[5]可见该报对新闻资讯内容的新鲜性之强调。该缘起还交待了新报蕴含了区别中国传统的京报或邸报,《申新报》创刊号刊有“发刊辞”“本馆条例”等,称:“凡国家之政治,风俗之变迁,中外交涉之要务,商贾贸易之利弊,与夫一切可惊可愕可喜之事,足以新人听闻者,靡不毕载”[6],《申报》具有国家视野,更有中外交涉的外交眼光,同时又有服务上海的地方意识。面对上海都市畸形的繁荣,《申报》作了批判性的评论。

与此同时,《申报》看好上海商业资讯及其广告,一开始就走经营化的道路。是年5月7日(四月初一日)《申报》刊发《招刊告白引》,实际上就是招揽广告:“尝游通都大邑,见中国一城一邑一乡一市之中,有怀一端之事思告白于人而无由遍诉者,常贴墙阴屋角间,罗而致之,不可枚举。然多旋贴旋扯,往往十无一二经人之眼者,其故有由来也。盖人徒知事之可以告白,而不知所以善其告白之术,既知告白之大有可恃,而不思可久可广之策,以传其告白之方,甚至我有事以白之人,而彼亦因我之事以曲为直而别白之,则我前所白之人者已隐,而人之曲直不彰,后起而别白之反显矣。是何术以善之,非思夫可久可广之策,无以遐布而迩闻也。盖告白一事,西人各国行之历有年所。事无大小,莫不适晓,遍谕四达,而天下共知。”[7]相比之下,华人“往往即通衢大道之中贴于墙上,然多囿于乡邑,未能家喻户晓。始则诧为异闻,继且隐而未见。而高车驷马者不顾焉,杜门不出者不知焉”[8]。

《招刊告白引》称:“盖有新闻纸出,而民之情不至拥于上闻矣。我尝念新闻纸之益不止有此一端,而此一端为尤急。”该文论述了广告与新闻纸的关系,“夫告白一事,俗之所不能免,而事事有相关者也。即如有新来之货同招人售;不常有之物可觅客沽;居常无工,可以求主;开设新铺,可以示人;各船装货,可晓人出口之期;别路探亲,可示人迷津之处;以及新庙落成,预示晋祝之日;名园斗巧,先知观玩之辰。且也,见招租,类知某处房屋之空;见名医,兼识某店药材之美;失物难寻,求人指点;名言足著,代我口传;凡兹利人利己之端,直欲难终于更仆矣。况上海为货物众多之所,往来贸易之场,苛能使某货某价尽得之耳闻目见之中,则不独新闻之为用,其于贸易一道,尤为当今之切务所一日不可无者也”[9]。总之,“今中华新闻纸尚未广行,故观者咸不知为必需之事,而华人亦鲜克知行此之益。本馆今为法以流通之,廉其价,博其闻,广其传,俾僻壤遐方咸知有新闻纸之用,而相观摩焉。惟愿世人念利益之无穷计,与时而宜行之,不特告白一端也。祈君子广览博采而惠教之。有奇赏焉,有疑晰焉。同人幸甚,本馆幸甚。”[10]诸如此类,与上海处于中西文化交汇并商业资讯丰富密切相关。

《申报》在上海跃跃欲试,引发《上海新报》的紧张,7月2日,该报由2日刊改为日刊,并将零售价大为降低,但仍处于下风,遂于12月31日停刊。此也可见新办的《申报》在上海市民生活中受欢迎程度。1873年4月7日《申报》刊登《申江陋习》,文章列数了上海人诸多的陋习,比如上海人看不起“衣服之不华”“不乘肩舆”“狎么二妓”“肴馔之不贵”“坐双轮小车”“无顶戴”“戏园末座”等。上海人劣习尤其以吃花酒为代表。1880年2月8日,《申报》的《除岁论》云:“沪上之吃花酒者,一席十二三番,闹阔者日翻数台不止,则其费岂止万钱。”而花天酒地正是上海畸形繁荣的重要表征。上海市民的娱乐倾向正如1882年3月3日的《申报》《观打弹记》中》指出:“今人每好异而喜新。打弹之戏,中国向来所无,而近始有之,……不但打者持棒学作时路,而且观者亦若以为荣。”《申报》不仅呈现上海都市化进程种种镜像,也解读其原委。

《申报》镜像中的上海都市虽繁荣无比,但毕竟属于中洋杂居的租界。面对西侨带来的现代性,1883年10月27日《申报》称:“道路清净宽广,巡捕往来梭巡周密,团练兵操演步伐整齐,舍宇栉比鳞次……湫隘逼仄之路悉化为康庄,乡间鄙陋之区皆变为闤阓;四方之人趋之若江汉之朝宗,商贾往来,无远勿届。街衢之间,日事洒扫,迂者直之,陂者平之;设有失慎,捕房鸣钟报警,水龙、火龙、药龙络绎奔赴。”租界之下畸形的现代性在《申报》上皆从不同层面得以呈现。上海的商业化、娱乐化与工业化是相伴而行的。而上海报刊对于官场、市场造成的市民生活的分层显然高度重视。特别是维新变法前夕,《申报》尤其关注官场的动态。《申报》老报人雷瑨在《申报五十周年纪念刊》刊有《申报馆过去之情况》,称:“清光绪二十三年(公元一八九七年)编辑部分(当时称谓主笔房)由黄君(黄协埙)主之,当时与《申报》相角逐为《新闻报》(上海的《新闻报》创刊于公元一八九三年)。《新闻报》读者以商界为多,《申报》既为官场所欢迎。”[11]

随着近代中国政坛的新陈代谢,《申报》的办报方向也与时俱进。民国初孙中山执政时期,政党报刊变成章太炎等原光复会成员追逐政治功利及打击对方的工具,其社会地位日益衰落。袁世凯复辟帝制过程中,政党报刊的社会声誉尤为人所不齿,人们开始重视民间报刊的独立化之路。而上海的《申报》《新闻报》等逐步与商业结合起来,试图在都市的经济培养下独立发展,逐步向企业化方向经营并有全国视野。

第二,清季上海地理中心位置与《申报》的全国视野密切相关。

近代上海的报业商业化的势头很猛,尤以《申报》为代表。“中国报纸,近人谓始于香港之某日报、上海之《申报》……中文报纸,上海当以《申报》为最先……全国报纸以上海为最先发达,故即在今日,亦以上海报纸为最有声光。”[12]分析传播与都市化上海的关系,显然要注意到传播与社会建构的相互整合,尤其要关注《申报》的全国视野。早期《申报》筹办者美查属在华西人,其筹办的《申报》某种意义上也属西人在华的中文报刊,但其面对的是中国,1875 年 10 月《申报》刊发《论本馆作报本意》,称:“劝国(指中国)使其除弊,望其振兴,是本馆所以为忠国之正道。”[13]早年的《申报》经历了洋务运动,其时西学中源说颇为流行,《申报》从新闻层面提出了新闻纸中国古已有之,1886 年 8 月《申报》刊发《新闻纸之益》,称:“从古无新闻纸之说,有之,则自泰西始,而不知实非始于泰西也。……在上者征求民间对施政意见之举,原本是中国古代早已有之事情。所以现代新闻纸上刊登对政府提出意见和批评,并不来自泰西。所以《申报》的办报宗旨是符合中国已有之办法。应该尽量向当道陈述有利于国家的事情,而不必有所惧怕。”[14]即新闻纸应该立足于向中国当政者出谋划策的定位,这又涉及清代中国面临现代社会与传统社会的抉择。现代社会与传统社会在时间与空间的维度上都有种种差异的表现,反思差异形成的原因可以有多重视角。但传播显然参与了社会形塑并扮演了非常重要的角色,所谓媒介化的社会显然是从传播对社会的塑造层面着眼的。而社会经济、政治及文化上的繁荣、衰落也无形中为传播提供现实的场景,即有利于传媒或不利于传媒的生存空间。上海的市民社会的特点对上海的报刊商业化的倾向起到重要的作用。而五四运动后,中国社会步入军阀纷争时期,南北割据初萌。上海作为商业化的都市受到影响是不言而喻的。《申报》在上海取得成功与上海都市社会阶层的分化及职业化报人的宽松的生存空间显然有内在的一致性。近代意义上的都市化上海显然有着中国文化变迁的语境。近代报刊形成与发展与中西文化交流有内在的关联,更与传统士人的近代文化转型血肉相连,也与社会结构的变迁密切相关。上海报刊的全国视野还表现在其业务改革体现与时俱进的特点。特别是随着清末新政的展开,社会变革的力度加大。1905 年 2 月 7 日《申报》进行业务改革,是日刊发《本馆整顿报务举例》,即更新宗旨、扩充篇幅、改良形式、专发电报、详记战务、广译东西洋各报、搜录紧要奏议公牍、敦请特别访员、广延各省访事、搜罗商界要闻、广采本地要事、选登时事来稿等,其中更新宗旨称:“世界进化,理想日新,无取袭蹈常,不敢饰邪荧众;”搜罗商界要闻则云:“中外交通,利握商界。土产外货,销市情形,比较盈虚,研究利病,致国于富,不惮详求。”《申报》的商业色彩日渐浓厚。比照 1905 年科举制度废除以后,中国知识分子进入职业化生存的时代，读书不仅仅为了当官，也可以成为物理学家、化学家等，其中报人作为社会职业也逐步受到社会的认同，办报不仅是谋生的手段，救亡图存压力下的报刊也可以成为文人论政的言论平台。这背后有近代资本主义经济利益的驱动，如清末状元投身实业，张謇在民国以后先后就任实业部总长、农林、工商二部总长。《申报》的后来负责人史量才早年也有科举功名。近代旧式文人向新型知识分子转变有个过程，报刊传媒在其中发挥了重要作用。近代文人通过报刊、学堂等与西方文化接触，他们的知识结构、素养乃至文化价值观念发生巨大变化，诸如在上海的墨海书馆的王韬、《万国公报》的蔡尔康、《申报》馆钱昕伯等显然属于旧式文人向都市职业文人转换的重要代表。报刊在知识分子的职业化身份认同中扮演了社会化的角色，黄远生、邵飘萍都有科举功名，他们留学日本后对报刊的舆论动员功能有清醒的认识。他们后来从事记者及报人等社会角色的担当，与他们对海外风潮的把握与认识是有关系的。

第三，清代上海租界华洋杂呈与《申报》的世界目光。

《申报》处在华洋杂呈的上海租界，再加上是洋人在华筹办的报刊，其有世界目光显而易见，1873 年 7 月 20 日《申报》刊发《论各国新报》，强调中国要向新闻纸最盛的英、美、普、法四国学习，强调“泰西新闻纸，有益于朝廷、闾阎也……凡以国计民生为心者，无不喜有新闻纸……”[15]言下之意，中国要向西方学习。1875 年 11 月 11 日《申报》刊发《论本报作报本意》，强调“本馆有心世事，见西国有擅长之处而录之，以冀中国可则效之”，申报馆“尝举他国之善法力劝中国，以望中国振兴”。[16]

《申报》颇关注上海作为国际大都市所呈现的现代性，以及现代性所蕴含的社会生活的奢靡。上海市民社会的奢靡之风有其根源，1882 年 2 月 23 日《申报》有《风气日开说》，称：“今日之中国已非复曩日所比，曩者兼西人之事，睹西人之物，皆群相讶怪，决无慕效之人，今则此等习气已觉渐改，不但不肆讥评，而且深加慕悦。”1890 年上海开办了“飞龙岛”，实为游乐场，7 月 18 日《申报》对其有所描绘，称“飞龙岛”上的飞车“系由泰西算学士深明数理，讲求运行升降之法，用高脚铁路，机器轮车，随风上下，自然行走，车内并无煤火电气及各种用力机括，飞行绝技，真技艺之至奇”。上海现代性社会呈现的新奇，正是报刊关注的对象。

上海的市政推动了城市改造运动，城市改造运动中的体育场不仅仅是锻炼身体的场所，也是政治活动的重要城市空间，民国以后，很多的政治讲演多在体育场、火车站等广场进行。这些新的城市空间为新的社会政治仪式、文化仪式的举办提供了相应的地理空间。而这些仪式多数为西洋模式而非中国本土的祭祀模式。由此而言，上海城市呈现的现代性呈现了时间突破空间的局限的特点。而《申报》等无疑是上海媒介化的欲望都市的重要体现。伴随奢华的市井氛围，作为都市的上海在报刊传媒上得到充分的展示，其市场的拟态环境显然是与报纸杂志等媒介传播的塑造密不可分。城市既是市民生活的空间，也是近代文化的载体。上海的报刊传媒不仅渗透了政治意识形态，也反映了租界文化背后的所谓西洋的民主、自由等五味杂陈的社会心态。

二、史量才主持《申报》与海派舆论场域的转换

《申报》原为外商筹办与经营。1910 年 2 月在《申报》担任会计的席子佩清理《申报》馆的财务之后，购进《申报》全部股份，但席子佩属于上海买办重要人物，而其办报并无多少见识，此后《申报》销量大跌及中国政坛革命舆论风起云涌，席氏被迫脱手。面对此情境，实业家张謇等决定盘下，后以张謇、赵竹君(赵凤昌)、应德闳(应季中)、史量才、陈冷(陈景韩)五人合伙的形式购进《申报》。办报需要财力与人力，他们便明确分工。张、赵、应出资，史、陈从事业务经营，而其中史量才为总经理，陈冷为总主笔。分工不同，5 人办报的用心也有别。张、赵、应都曾是清代政要中活跃人物，其收购《申报》旨在政论。史量才则主张报刊走职业化的道路。张、赵、应出资 12 万元，购买《申报》资产，1912 年 10 月，史量才任《申报》总经理，张蕴和仍为主笔。史量才接手《申报》后加快了《申报》企业化的进程，他将《申报》注重政治方面的社论转向政治新闻。社论多代表《申报》的意见，而政治新闻则侧重的是新闻。北洋时期的商业化报刊除《申报》外，尤以《新闻报》为代表。为了在业务上出彩，史量才重金礼聘《时报》主笔陈景韩为《申报》的总主笔。收购后席子佩留任经理，1913 年因办报旨趣分歧而与史量才分道扬镳。张等政治办报与史氏职业化办报有很大的距离，后因席子佩诉讼事件的催化，张謇等脱离《申报》。《申报》转向职业化的道路。史量才办报走职业化道路，办报的旨趣不仅仅是为了牟利，更是试图进行新闻救国、言论救国。史量才邀请瞿绍伊入盟《申报》，称："余惨淡经营此报者数年矣。非为私，而为社会国家树一较有历史之言论机关。"[17]在史量才看来，报刊须主持公道，"公道苟不能伸张，即罪孽也；国家赖舆论之匡救，苟稍失职，即罪孽也"，他认为《申报》在"劝导舆论"和"创造舆论"上应该有所作为。[18]

《申报》所处的上海作为中国南北经济交汇的中心，联系着大江、大海。由于外国租界的存在，中洋杂处。上海作为经济中心的发展与其商埠码头的十里洋场密不可分。其优越的地理位置及其文化氛围很快就取代香港、广州，成为中国报业传媒的中心，而外来报刊及中国国内的报刊鉴于租界的治外法权，在

政治舆论鼓动上较为自由。加上海派文化氛围的熏陶，维新变法时期的《时务报》《万国公报》在变法维新中起到思想启蒙的作用。而新文化运动中的《青年杂志》与亚东图书馆等近代文化重镇也落户上海。上海得天独厚的条件使得它在维新变法及新文化运动中两次成为中国政治舆论中心，并多次与北京、天津政治舆论中心呼应，发挥了海派文化的西化优势，为西方文化中国化、本土化找到较好的融合贯通的场域。上海殖民化的都市氛围也为买办等半资本、半乡村的畸形的中国报业的商业化提供了生存的土壤。而上海近代民族工商业的发展也为《申报》《新闻报》等准备了资金链，为其企业化运作提供了社会经验。

上海作为近代新型的都市，涌现了众多的广场、百货公司。广场是上海现代性的重要标志。广场为现代性的讲演提供了平台，为游戏、集会提供了空间，也是政治、文化庆典的重要场所。由此，上海广场不仅是指概念上的空间，更是思想意识形态上的物质载体。而百货公司则不仅仅在物质层面上展现社会生活的多种可能性，也在推销一种陌生人的社会生活方式，更是在推行一套崭新的社会理念。传媒经济的运行有其独特的政治经济学。报刊传媒重要的生存方式是依靠广告的收入，而广告投放的多少往往与注意力经济密切相关。广告推销产品，更重要的是广告反映生活。其时报刊刊登了诸多的汽车、留声机的广告，反映了西洋社会生活方式对中国的影响。也有中西杂糅的化妆品广告。洋布与土布显然反映了工业的现代化与民众的传统社会生活。上海的百年老店与广告是什么关系？新兴产品与广告是什么关系？广告与商战是什么关系？等等，从《申报》广告中可以看出上海市民社会的阶层划分。上海《申报》的成功主要是依靠广告经营。这与上海成为近代金融、工业乃至文化中心密不可分。首先是上海的民族资本主义企业得到迅猛发展。特别是第一次世界大战爆发，列强忙于战争，暂缓了对中国的控制。总之，民族资本主义工商业的发展为报刊提供了广告资源。报纸也成为商业资讯的主要载体。正是在资本主义的经济发展的前提下，上海报业也与时俱进得以发展。《申报》根据形式的变化，“筹划一切行政事务，并罗致实心办事者数人为助，将馆务次第扩充，陈君则将编辑部事逐渐整理。故斯时之申报，更有欣欣向荣，大踏步向上发展之势。”[19]实际上，史量才经营《申报》是处在近代中国报业艰难的语境下。史量才的办报多源自中国传统知识分子的知识分类，其办报理念多被称为史家办报，他称：“日报者，属于史部，而更为超于史部之刊物也。历史记载往事，日报则与时推迁，非徒事纪载而已也；又必评论之，剖析之，俾读者惩前以毖后，择善而相从。盖历史本为人类进化之写真，此则写真之程度，且更超于陈史之上，而其所以纪载行迹、留范后人者，又与陈史相同。且陈史以研究发扬之责，属之后人；此则于纪载之际，即同尽研究发扬之能事。故日报兴而人类进化之纪载愈益真切矣！”[20]

正是在史家办报思想的指导下,“同人深知民族生命之系于文化,文化之传后无穷者为历史。然撰述历史一事,由历史以致用为一事……同人既尽其应有之职责,乃不能不进而企诸致用之读者矣……论时治史,贵闻见之能真切,考订之能详审”[21]。在史量才的史家办报的旨趣影响下,《申报》及其系列刊物既“外觇时代之需要”,也“内课本身之使命”,由上海市民生活报转向全国性的报刊。

史量才主持下的《申报》也经历艰难的创业过程。“民元以来,南与北战,南北又各自为战,党与非党战,党与党又互相为战;年年连续不断,已不能举其次数;由是国内商业凋敝,金融枯竭,盗匪蠭起,民不聊生。”正是在这一语境下,报纸的经营非常困难,“报纸之所藉以推行者,铁路之交通,然每战一次,交通即断绝一次。报纸之所赖以发展者,电讯之灵敏,然每战一次,电讯即被检查一次。试问我报馆处于此种状况之下,如何能谋发展?况自近数年来,因政治不上轨道之故,党与非党,凡占有一部分势力者,无不利用报纸,以图伸张其势力,苟不如意,则叫嚣狂跳,声势汹汹,应付尤为困难”[22]。相比较而言,《申报》的经营显然比较成功,有鹤立鸡群之势,《申报》经营有道。史量才主持下的《申报》颇重广告经营及商业资讯,“《申报》至今所以不能长足进展者,一方面因为潮流所阻,一方面恐于人力亦有所未尽……然以我独立生成之报纸,向不与任何党派任何方面有关系,苟能本此自由独立之精神”[23]。即《申报》试图独立政治之外,寻求独立发展的道路。但救亡图存压力下的报刊重要的出路就是议论政治,脱离政治无以自存,《申报》亦如此。

世界大战语境下中国政治南北对峙也日趋明显。1918 年 7 月 29 日,上海《申报》载邵飘萍所作《北京特别通信——段内阁前途黯淡/徐东海意气消沉/今后悲观之时局》[24]。这些可见,沪上《申报》对北京政治的关注。而《申报》自己的发展也在积累之中。1918 年 10 月 1 日,上海《申报》由上海山东路旧馆址,迁至上海汉口路 24 号新馆址营业。《申报》新馆址共 5 层,有房屋百余间,1915 年开始施工,本年建成,共支付建筑费 70 万元,设备条件为当时国内各报之冠。与此同时,该报向美国定购的最新式印报机,也已运到,安装后,投入生产,每小时可印日出 3 张的对开报纸 4.8 万份。[25]

军阀混战语境下近代报业多沦落为政治牟利的工具,而报业本身也需要资金投入,所以言论独立成为近代传媒的政治愿景,但言论独立需要办报资本独立作为社会前提。史量才接管《申报》之后,着手走报纸职业化的道路。早期虽遇席子佩诉讼案,《申报》经营困难,但通过尽心运营广告及更新设备,申报馆扭亏为盈,后史量才称“可自信不受任何方面津贴,虽 10 年来政潮澎湃,敝馆宗旨,迄未偶迁”。[26]史量才办报旨趣上特别是政论上坚持史家办报,在运作上借鉴西方的托拉斯报业道路,随着资本逐渐雄厚,《申报》刊行多种增刊或附属发行物，诸如《汽车增刊》《本埠增刊》《申报月刊》等。

面对上海一些知名报业以庆典扩大社会影响的举措，《申报》也不例外，1922年《申报》邀请黄炎培主编《最近之五十年》大型纪念册，意以庆祝《申报》五十周年生日并检视其风雨沧桑的历史行迹。是年北岩勋爵代表《泰晤士报》至申报馆参观，并称誉《申报》是“中国的泰晤士报”。《申报》的社会声誉的取得与史量才等苦心经营密切相关。为了扩大影响，近代报人必须利用广泛的社会关系，史量才在这方面投入很多，他一度联系胡适。实际上1919年5月初，史、胡在申报馆内见过面。其时杜威来华讲学，首站是上海，《申报》对此颇为关注，5月1日、2日即有《杜威博士到沪》《杜威博士演说改期》的跟踪报道，史量才陪同杜威等参观1918年落成的申报馆并有合影留念。而胡适往上海考察商务印书馆及上海报业，对《申报》也特别关注。胡适日记中1921年7月17日记载其抵沪居商务印书馆编译所，即“访《申报》史良才、《时事新报》张东荪、《大陆报》Soklskg(索克思)、《时报》狄楚青、《商报》张丹斧等，皆未遇见”。胡适日记1921年8月14日称：“到俱乐部，黄任之、沈信卿、穆抒斋三位邀了六七人，谈太平洋会议事，到会者有吴寄尘(张謇的实业大将)、许建屏(大陆报)、史量才、陈光甫等，他们竟主张要我去！我那能管这种事……我不愿去，故写了一封信提了二点建议……”《申报》在业务上得到发展，但其对政治格外小心翼翼。作为自由主义者胡适对《申报》并无太多的好感。此亦可见《申报》试图在政治边缘位置的姿态。当然，其时胡适作为中国学界的重要人物，一度到上海传媒界，试图在舆论上做些努力。1921年，胡适应高梦旦之邀往上海为商务印书馆编译部作一筹划，9月4日，其日记载“回寓，恰值主人之子振时邀了陈景韩(冷血)、李松泉(哈佛学生，以善变戏法出名)和两个葡萄牙人(能说中国话，大概是中国妇人生的)在家吃茶。他们邀我加入。后来始知这几个人都讲究照相，今天是来照园中风景的。那两个葡萄牙人又招了两个妓女来照相；我听他们的谈话，大概这几个人都是常在一起嫖赌的人。我因张丹斧七月间曾作一篇《取而代之》的文，使我觉得很对不起陈冷血，故我不便即辞出”。其时陈冷血身兼《时报》《申报》两大报刊总编辑，胡适称：“最后他们把在座的人合照了一张，我也不便拒绝。”[27]“他们散后，我与冷血谈颇久。冷血于甲辰年《时报》初出世时创出短评的体裁，确是报界一革命。日报上介绍新小说，并时时自著短篇小说，也是他提倡最有力的。当时的冷血很有精采，现在他已成了一个世故极深、最不肯得罪人的时髦笔主了。我劝他做白话，因为他十年前做的白话小说并不坏。他说他现在每夜三点钟睡觉，每天十二点起来，已没有著作的时间了。他又说日报不当做先锋，当依多数看报人的趋向做去。其实上海的日报每日有几十万字，改革确不易。但主笔的评论是很容易改革的。不过冷血先生此时的血很不容易再热了。”[28]其时,《申报》与胡适等学人在政治舆论上保持相当的距离。1923年10月10日,即双十节,为纪念辛亥革命爆发的日子,胡适称:“看双十节的上海各报,似《申报》稍胜。”[29]可见史量才主持的《申报》受到胡适高度的评价。但陈独秀等社会主义者另有看法,1924年7月9日《向导》周报第73期发表陈独秀的《老先生们歇歇罢!》,即对舆论危机下史量才主持《申报》的持重言论予以批评,称:“二十年前的老维新党,现在大半不甚好学,因此对于廿世纪的世界常识异常缺乏,做批评论时事的文章,往往象是从桃源仙洞新来的人物,《申报》记者心史君就是一个标本。”[30]与此同时,陈独秀领导下的《向导》对国内革命运动予以高度关注。

史量才主持的《申报》以不温不火的状态评论时政,有多重原因,其中涉及史量才要在近代中国办成报业托拉斯的远大报界大王之梦想。而活跃上海滩新闻界的《新闻报》名记者陶菊隐称:“1927年,国民党占领上海后,蒋介石公开与帝国主义沆瀣一气,发动了‘四一二’政变,并在公共租界南京东路哈同大楼成立了‘新闻检查所’,检查中国人所办的报纸。除美国人所办的《新闻报》而外,上海各报均在被检查之列。”[31]实际上《申报》主持人史量才原在狄楚青手下任职,他对报业在舆论危机中的处理手段已颇有经验。诸如面对1929年7月2日苏州市11家报纸为抗议党政军联合检查处扣发新闻联合起来,一起停刊,《申报》较少涉及。1929年7月6日胡适日记称:“……我为上海的报纸惭愧流汗,但史量才和戈公振诸人定不觉得!”“全体停刊这是很重大的事,而《申报》给他这么大的地位:报界反对任意删除新闻,苏州计11家报馆,因党政军联合检查处删除新闻,于昨(2日)下午各报开代表大会,议决,定于明(3日)起,一律停版。再前日无锡人民捣毁救国会(反日党),也只给他这么大的地位:又《救国会被捣毁记》……仅420字。”这实际上是史量才领导《申报》能渡过诸多舆论危机难关的重要职业才能。其时,《申报》的竞争对手《新闻报》的记者陶菊隐称:“《申报》主人史量才身兼上海中南银行常董、上海市地方协会会长等要职,又拥有上海《新闻报》《时事新报》的绝对股权,俨然成了中国的报界大王。”[32]

1931年爆发了日本侵华的“九一八”事变,面对国难当头,“素有敢言之称的《大公报》,通过政学系政客张群之手,蜕化为小骂大帮忙的半官方报纸”[33],1932年6月,为了配合蒋介石的第四次围剿,《大公报》分别于6月15日、19日,7月1日刊发《治军清军为“剿匪先务”》《“剿匪”要义》《今后之“剿匪”问题》,显然为蒋介石政府献计献策并唱高调。此为京派文化氛围中《大公报》的舆论主调。相比之下,《申报》处于海派文化的氛围之中,报界大王史量才思想日趋报人报国的办报旨趣。面对蒋介石的第四次围剿,沪上史量才、宋庆龄、杨杏佛、陶行知、黄炎培等对此颇为不满,6月30日、7月2日、7月4日《申报》刊发依据陶行知起草、编辑部改写的时评《"剿匪"与"造匪"》《再论"剿匪"与"造匪"》《三论"剿匪"与"造匪"》。蒋介石勃然大怒，史量才主持下的《申报》与蒋介石为首的国民政府矛盾激化。与《大公报》背后涉及张群、吴鼎昌等新政系的利益背景相比，沪上的《申报》后与宋庆龄、蔡元培等为领导的中国民权保障同盟(1932年12月17日成立)走得非常近。此亦涉及京派文化语境中的《大公报》与海派文化氛围中的《申报》在政治上针锋相对及引领舆论上的分道扬镳。

1932年7月15日《申报月刊》创刊，此系《申报》编辑部俞颂华主持的综合性期刊。1932年11月30日，《申报月刊》发表《〈申报〉六十周年革新计划宣言》："今年为本报六十周年纪念年。为本'老当益壮'与'自强不息'之旨，谋本报之进步，曾拟定新的工作方针，于去年九月一日本报六十周年纪念宣言中郑重宣示于国人之前。在此宣言中曾有说：'在今后继续展开之新史页中，本报应如何以肩荷此社会先驱与推进时代之重责？如何使社会进入合理之常轨？如何使我民族臻于兴盛与繁荣？是则本报同人在六十年代后之今日所郑重深自体念，而不敢丝毫放松者'。又说'以积极之行动，努力于本报之改进，努力于应负责任之实践，不推诿，不畏缩，尽我绵薄，期有以自效'。同时并揭举介绍科学新知，指示世界经济转换情势，探究社会问题，代表公正舆论，引导并扶掖青年，研究边疆问题，鼓吹移民殖边，陈述国际政治之情势等项，为今后努力之鹄的。"[34]这是和平时期报人报国之努力，问题是"在此一宣言发表后第十七天，震撼世界的九一八东北祸变即突然爆发，随后，一·二八上海之战又接踵而作。大难临头，举国忧愤惶恐，都集中力量于抗御当前的大敌。因此，上述的努力计划，亦随之而暂时搁置，至今还不曾开始进行"[35]。

为了言行一致，知行合一，"本报决本去年所宣示于国人的计划，以'实际做'的精神，从今开头，逐步促其实现"。为此，《申报》在采写编评及发行上皆准备有所革新："在编排方面，务使新闻与广告两相配合，力求明显醒目。""国外通讯，如欧洲，美国，苏联以及华侨，尤其是日本，务尽多刊载有系统之通讯。""国内地方通讯，力求普遍，于各地方的民生疾苦政治经济情况，务求其能有系统的记载，东北失地现状，尤为注意。"《申报》不但要在新闻来源上有所突破，也特别注意新闻编辑适应大众阅读的需要，"每周星期一就商业新闻的篇幅，编经济专刊一种，详志一周内国内外的经济上的变动，并编制各种重要统计。商业新闻也逐步加以改善，务使其能为大众阅读"。[36]

再次，《申报》强调副刊的改版，"《自由谈》虽说只是一种副刊，但为调和读者兴趣，关系也很重大，今后刊载文字，约分长篇创作，短篇世界名著小说译述，科学的故事，世界风土记，妇女和儿童的小品文字，以及幽默文字等，并时常举行有兴味的民意测验或悬赏征文，务以不违背时代潮流与大众化为原则"。"增添各种附刊，如《电影》业已附送；如《经济》《业余》《建筑》《卫生》十二日起即可出刊；还有《教育》《国货》《科学》等亦将次第出版，都随同本报分赠外埠，或仅限于本埠，务使读者各就所好获得其所需求的智识和资料。”与此同时，《申报》也注意报刊与读者之间的互动，“《读者通讯》一栏，于一·二八后因篇幅缩小暂停，现重行恢复，改为《读者顾问》。凡关于政治、经济、法律、职业、婚姻、家庭、教育、农村、自然科学、医学、社会等问题的质疑，都由专家分别作答”。

报刊的功能除强调社会责任外，还关注劳工阶层的休闲时光的消费，由此触及娱乐化功能，“本埠增刊亦添刊长篇小说及店员通讯两栏，每周星期日即就增刊篇幅，出版《业余周刊》一种，以引起一般工友店员学徒的读报兴趣，灌输以各种常识，并改善其业余生活”。《申报》的报刊责任还体现在注重国民素质的培育，“本埠增设流通图书馆一所，选购各种民众常识应用的书，凡市民都享有借书的权利，并力求借书手续上的便利。以此直接推进民众教育，间接亦即所以促进一般人业余生活的改善”。

最后，《申报》谈到了《申报月刊》《申报年鉴》，称：“《申报月刊》现已创办半年，月刊的贡献，是申述论断国内以至国际间现实政治经济的情况，并指陈其动向，以补日报之不足。”“《申报年鉴》正在编印中，明年三月即可与社会人士见面（现已开始预约）。年鉴综集一年来我国内政治经济以至社会的主要事实，加以系统的叙述，附以各种重要的统计。每年出一巨册，即不啻为我国国情逐年的信史。”

另外，《申报》对地理图表及各种统计数据也极其重视，“从去年起，本报已聘请专家从事编著我国内空前的精详地图。其实，此种材料早由各专家历十余年之长久岁月，搜罗测绘，现正在印刷中，明年即可出版。此外复聘请国内统计专家，编译德国最近出版之世界社会经济统计图，并搜罗国内最近可靠的材料，加编关于我国方面的各种重要统计，共有统计图百余幅，说明数十种，目前正在努力编译中”。

《申报》宣称：“本报同人认为新闻事业为推进社会最有力的工具，尤其本报以六十年悠久的历史，每日读者至少在百万人以上，更无异于为社会一架伟大的教育机器。如何运用这架机器？如何使这机器发生伟大的力量和伟大的效能？当然，绝对不是本报少数同人所能胜任，而是需要着社会大众的伟力加以推进。”同时，“在另一方面，报纸亦无异于社会一架放音机，传达公正舆论，诉说民众痛苦，也正是报纸所应切实负荷的使命。然此一使命是否能忠实负荷，当然不仅在于少数本馆同人，而尤其需要政要的爱护与扶掖。因此在努力工作的开头，本报谨以十二分之虔诚，企待社会大众的扶掖与指导”。[37]国难当头，这无疑属于报人论政、报人报国的情怀。

史量才主持下的《申报》大力推行改版，办报风格趋向与左翼作家联手。他聘请时年28岁却颇有见识的左翼作家黎烈文主持《申报》副刊《自由谈》，1932年12月1日，《自由谈》刊发黎烈文的《幕前致词》，标志着改版的开始。《幕前致词》称："我们认定世界上的一切都在进步中，都在近代化，一则理论上应该，二则事实上需要。我们认为我们生活之涵养，大有赖于文艺，而文艺之应该进步与近代化，乃是当然的事实。我们此后在这'台上表演'些什么，虽然在节目方面，不能预先一一的报告出来，而我们对于进步和近代化的立足点，却是需要牢牢站定的，即便是一些插科打诨，一些装腔作势，我们也不敢随便应付。""但是话还得说回来些。我们虽然不肯搬演猴子戏，模仿人的作为，以博观众一笑，不肯唱几句十八摸、五更相思，或者哼几句'云淡风轻近午天'，以迁就一般的低浅趣味，而我们也不愿大唱高调，打起什么旗号，吹起什么号筒，出什么堂堂正正'像煞有介事'的雄师，以宣传什么主义，将个人或一小部分人的嗜好，来勉强大多数人的口味。我们只认定生活的要素，文艺，是应该而又需要进步的，近代化的；同时都也不愿离观众太远，'广自敲锣鼓自唱戏'，只在'台里喝彩'。"这又涉及海派京派文化的讨论。

近代海派文化中心的上海虽然有殖民化的政治语境，有自己的生存斗争学说及其运作体系，但是其市民气息浓厚，无疑是世界都市的一部分。同样，报刊在救亡图存语境下的近代中国显然有其政治使命，但是在市民气息浓厚的上海无疑有更多的文化表现形式。更多的文化形式的目的是要阐发报刊传媒日常生活叙事中的文化因素及其文化传统。文化传统是有历史沉淀的。而报刊对生日、报馆等的庆典无疑更多的是要沿袭自己的文化传统，在这一点上，《申报》表现与其他的生日、报馆庆典并无太多的差异。1931年9月1日，《申报》刊发明年将要到来的60周年纪念宣言，称："目前呈现吾人眼帘之现象，无一不为极严重之社会问题：教育之未能普及，农工商之病态化，失业群众之加多，盗匪之蜂起，凡此潜伏之问题，一日不得解决，国家与社会，即一日不得安定其秩序。今后本报当从矛盾之现象中，探求诸问题之症结，并求所以正当解决之道，使社会步入正轨，民生趋于安定。"[38]可见，《申报》从国家、社会两个维度来考察问题。《申报》称："革命而后，凡百待理，种种政治之施设，都亟有待于政府与国民之通力合作，荡涤积弊，兴举新政，拔除旧社会之根基，播植新社会之萌芽，尤有待于政府与国民之携手同进。……今后本报当以极挚诚之态度，对政府尽舆论之刍荛，对国民尽贡献之责任。"[39]

《申报》60周年的纪念刊物主要为"民国二十二年"的《申报年鉴》（内有"九四叟"的马相伯题词），其封面上就有"申报六十周年纪念刊"。《申报年鉴》是普通性质的年鉴，重要的目的是"于政治、经济、产业、教育、学术、社会、交通、历象等材料，悉加蒐罗，以供一般人之参考”[40]。在选材上，“本书材料，除采自申报馆所藏图书外，均由派员或通函向各方征求而来，务以最新最确者为标准，不得已时，亦选用其较新较确者”。就内容而言，“经济，在现代生活中占有重要位置，故本书于关涉经济各门类，特加注意，以期适应时代要求”。[41]此时的申报，不仅有全国的目光而且有世界大报的视野，“中国与世界，关系密切，本书特附编世界篇，列入关于世界现势之重要材料，以为考察国际事件者之一助”[42]。这些“重要材料”包括《申报月刊》《中国分省新图》《中华民国新地图》等。这从其封底的文字即可见。封面题有民国二十四年的《申报年鉴》，专门以“纪念创刊人史量才先生”为主题，其第一篇文章即《纪念史量才先生》，内容包括先生之生平、先生创办申报年鉴之旨趣，这实际上是从《申报》60年周年发行的年鉴之旨趣中辑录来的，“国难以后，申报同人感触维殷，激(厉)励以起，乃益谋事业之发展……外觇时代之需要，内课本身之使命，先有月刊之发行……以月刊辅日报，乃又益之以年鉴。俾日报月刊为经，年鉴为纬……论时治史者得日报为之备载无遗，月刊为之征引提举，而年鉴则又包日报月刊而增补其未能详于旦夕之间者……求治者以史为鉴，同人则以史自役，容有贡献之处，用为嚆矢之资”[43]。可见，日报月刊侧重时事，而年鉴侧重历史，这就体现了史量才主持下的《申报》“史家办报”的风格。

《申报》的命运基本上是与史量才的社会生活捆绑在一起的。因此，可以说史量才的一生也见证《申报》早年的历史沧桑。1934年11月13日史量才“自杭州循沪杭公路返沪，在海宁翁家埠中途遇害”[44]。而在报界闻人陶菊隐看来，史量才遇刺，“当时有涉及家务的种种传说，均非事实，明眼人自能看到，他的被杀乃是政治原因”[45]。史量才是《申报》的灵魂，而与史量才及《申报》有交往的章太炎为史量才撰写的墓志铭，足见其人生及《申报》的命途。而正是章太炎，苏报案这一主角兼国学大师的影响从话语表述上奠定了史量才“史家办报”的历史定位。有关史量才的早年事迹在章太炎撰写的墓志铭[46]中有所描述：“君讳家修，字量才，晚以字行。其先江宁人，父春帆翁，避兵徙娄之泗泾，故君补娄县学生。少时已卓荦有智行，既入学，寻弃去，习远西文字，肄业杭州蚕学馆，归设小学于泗泾，数教授上海，以所得立女子蚕学馆，太湖左右化之。后江苏蚕桑学校本诸此。会沪杭甬铁道事起，以集资被选董事。”可见，史量才早年即经营实业。“民国兴，主松江盐局及沪关清理处。君虑宪过人，处事悉综名实，然尤专意新闻事。初春帆翁虽不遇，素持直道，常以是诲子。君自清末已主《时报》，其后主《申报》殆二十年。直袁氏称帝，以重赂要君，请毋娆帝制，拒之。自尔南北交哄者十余岁，常有问遗，悉无所染，盖受之家训，亦其天性骨鲠然也。少时家甚贫，初教上海，布单衣，徒行，遇雨，革鞜尽淖，望之寒甚。及与语，吐辞砉然，精采动一坐。久之誉日起。所立工商事益众,殖币治纑,靡不为也,号为素封矣。然自守确固,不肯随驵侩进退,人严惮君而未尝与忤。”史量才之死与抗日的舆论宣传密切相关,特别是《申报》的敢言触犯了当政者的利益,“民国二十年,日本战事起,明年遂掠上海,君曰夜资助十九路军,卒无大败。虽政府亦重君才,被推上海市参议会长矣。二十三年十一月,自杭西湖归,道出海宁大闸口,遇盗,环列狙击,与同车一人及御者皆死”。章太炎对史量才遇难作了分析,“配某氏,子男必恕,遇盗时皆在侧,挺走得免。君平生领事虽繁脞,然能通释氏书,时时宴坐,亦习技击,身手矫健,又与人无怨恶,内外皆无死道。或曰:暴得大名不祥,清议之权,自匹夫尸之,常足以贾祸。然自武昌倡义至今,由屠酤稗贩以陟高位处方面者,盖什百数。君本书生,积资不过比良贾,名虽显,不能出一州。其视权要人固微甚。且清议衰久矣,虽百计持之,仅乃振其标末,非有裁量刻至之事,如汉甘陵近世东林比也。揆之固不足以召衅,而竟为人阻隘以死,且若欲夷其宗者,抑命也夫,命也夫!君亡时年五十六,某年某月葬于某”。章太炎评价史量才办报将新闻纸与中国传统史家书写结合起来,“铭曰:史氏之直,肇自子鱼。子承其流,奋笔不纾。卖浆洒削,华屋以居。以子高材,宜其有余。何烦辱任事,而不与俗同污?恬智相养,则亦与天为徒。吾闻夫毅饰貌以内热,豹菀中而外枯。智之所不能避者,虽圣哲有所不虞。唯夫白刃交胸,而神气自如,斯古之伟丈夫欤!”章太炎将史量才定位为“史家办报”这一言简意赅的墓志铭,无疑是史量才及其主持《申报》的历史记忆。

(该文系国家社会科学基金重点项目“中华民国新闻史探索”[13AZD168]、教育部新世纪人才支持项目“通中外语境下中国近代报刊政治功能探索”[NCET-13-0642]、安徽省高等教育振兴计划[J05201419]研究成果之一)

(作者:安徽大学新闻与传播学院教授)

注释:

[1]《本馆告白》,《申报》,1872 年 4 月 30 日。

[2] 徐载平、徐瑞芳:《清末四十年申报史料》,北京:新华出版社,1988 年,第 2 页。

[3] 同上,第 4—5 页。

[4]《申江新报缘起》,1872 年 5 月 26 日)。

[5] 同上。

[6]《招刊告白引》,《申报》,1872 年 5 月 7 日。

[7] 同上。

[8] 同上。

[9] 同上,第 49—50 页。

[10] 同上,第 50 页。

[11] 徐载平、徐瑞芳:《清末四十年申报史料》,第 25—26 页。

[12] 姚公鹤:《上海报纸小史》,引自杨光辉:《中国近代报刊发展概况》,北京:新华出版社,1986 年,第 258、261 页。

[13] 徐载平、徐瑞芳:《清末四十年申报史料》,第 40 页。

[14] 同上,第 38—39 页。

[15] 同上,第 41 页。

[16] 同上,第 44 页。

[17] 瞿绍伊:《史先生办报之志》,《申报月刊》,1934 年第 12 期。

[18] 张蕴和:《办报果罪孽耶》,《申报月刊》,1934 年第 12 期。

[19] 徐忍寒:《申报七十七年史料》,上海:上海文史馆,1962 年,第 29 页。

[20] 史量才:《申报六十周年发行年鉴之旨趣》,《申报年鉴》,上海:申报社,1932 年,卷首页。

[21] 同上。

[22] 徐忍寒:《申报七十七年史料》,第 29 页。

[23] 同上,第 30 页。

[24] 孙晓阳:《邵飘萍》,北京:人民日报出版社,1996 年,第 161 页。

[25] 引自方汉奇主编:《中国新闻事业编年史》(上),福州:福建人民出版社,2003 年,第 854 页。

[26] 谢介子:《世界报界名人来华者之言论丛辑及予之感想》,《最近之五十年(申报馆五十周年纪念)》,上海:上海书店出版社,1987 年影印。

[27] 曹伯言整理:《胡适日记全编》(3),合肥:安徽教育出版社,2001 年,第 459 页。

[28] 同上。

[29] 曹伯言整理:《胡适日记全编》(4),第 70 页。

[30]《陈独秀文章选编》(中),北京:三联书店,1984 年,第 534 页。

[31] 陶菊隐:《记者生活三十年》,上海:中华书局,1984 年,第 146 页。

[32] 同上,第 148—149 页。

[33] 同上,第 149 页。

[34]《〈申报〉六十周年革新计划宣言》,《申报月刊》,1932 年 11 月 30 日。

[35] 同上,第 404 页。

[36] 同上。

[37] 同上,第 406 页。

[38]《本报六十周年纪念年宣言》,《申报》,1931 年 9 月 1 日。

[39] 同上。

[40]《编例》,《申报年鉴》,上海:申报社,1935 年。

[41] 同上。

[42] 同上。

[43]《纪念史量才先生》,《申报年鉴》,1935 年,卷首。

[44] 徐忍寒:《申报七十七年史料》,第 19 页。

[45] 陶菊隐:《记者生活三十年》,第 149 页。

[46]《立报》刊载章太炎的《史量才墓志铭》,并有按语称:"太炎先生为史量才先生撰墓志,最近脱稿,本报觅抄全文。"

上海英文报刊中有关史量才遇刺的新闻报道介绍

陈果嘉

1934 年 11 月 13 日，史量才先生在沪杭公路不幸遇刺以后，当时各大报刊皆作了大量新闻报道，以往的各类研究文章，已经做了较多的引述和分析。之前，笔者在协助上海书店出版社做全套影印出版的过程中，发现了与之相关的文章。由此推论，在当时上海发行的英文报刊中，应该也有史量才先生遇害的新闻报道。而对此类英文内容的文献，以往研究者较少引用和说明，因此笔者决心挖掘这些新闻报道，以飨广大学人。

笔者选取了《北华捷报》(*North China Herald*)、《字林西报》(*North China Daily News*)和《密勒氏评论报》(*The China Weekly Review*)三份报刊作为英文报刊的代表。主要源于英美两国是当时英语国家的主要代表，这三份报刊是他们在上海乃至中国的“发声工具”。《北华捷报》自 1859 年起，成为英领事馆及商务公署发表各项公告的报纸，有“英国官报”之称。《字林西报》前身是英文《北华捷报》的附刊，由于经营管理得当，《北华捷报》反成《字林西报》的附刊，该报为英国海外报系中最大的报纸。《密勒氏评论报》由美国《纽约先驱论坛报》驻远东记者密勒(Thomas F. Millard)创办，美国人鲍威尔(J. B. Powell)长期担任主编。该刊是美国在中国创办的资历最老的周刊，所发言论一定程度上反映了当时美国政府的对华政策。

选取这三份报刊的另一个重要原因在于，《密勒氏评论报》已经由上海书店出版社做了全套的影印出版，《北华捷报》和《字林西报》两份报纸也已经全部做成数据库[1]，对于笔者而言可以较为便捷地翻看。尽管如此，由于影印本没有数字化，而数据库没有全文或标题索引，实际上相关的文献还是靠笔者一笔一笔翻阅检索，因此难免挂一漏万，也希望后人能够补充指正。

这一次查阅的时间范围，自史量才遇害之日起，并没有严格规定终结的时间点，笔者大致翻看了连续 20 日左右的报刊。实际上后续的相关报道一直延续到次年，如果将来有条件，笔者还会做系统的整理归纳。通过此次翻检，笔者共发现八篇相关的文献报道，相关信息汇总如下表：

序号	日期	标题	报刊名	版(页)面	字数(含空格)
1	1934 年 11 月 14 日	HANGCHOW HIGHWAY MURDERS	*North China Daily News*	1	4860
2	1934 年 11 月 14 日	HANGCHOW HIGHWAY MURDERS	*North China Herald*	254	4860
3	1934 年 11 月 15 日	AT GRIPS WITH MURDERERS	*North China Daily News*	10	5531
4	1934 年 11 月 16 日	HANGCHOW HIGHWAY MURDERS	*North China Daily News*	10	1934
5	1934 年 11 月 17 日	REWARD OF $10,000 IN MUEDER CASE	*North China Daily News*	13	1709
6	1934 年 11 月 17 日	Proprietor of *Shanghai Daily Newspaper* Murdered in Cold Blood	*The China Weekly Review*	413	755
7	1934 年 11 月 21 日	AT GRIPS WITH HANGCHOW MURDERERS	*North China Herald*	292	—
8	1934 年 11 月 24 日	NO EFFORTS SHOULD BE SPARED TO SOLVE SZE LIANG-TSAI MURDER	*The China Weekly Review*	417	2840

统计表格共有六栏组成，分别是：序号、日期、标题、报刊名、版(页)面和字数。日期说明了该条新闻刊载的时间，表格亦是根据日期的先后进行排序。报刊名即是该条新闻的具体来源。由统计表格可知，这次翻检总共获得 8 篇有关史量才先生遇刺的新闻报道，其中来自于《字林西报》的数量最多，共有 4 篇；《北华捷报》和《密勒氏评论报》则各有 2 篇。根据笔者仔细地阅读比较，序号 1 和序号 2 的两篇新闻，内容完全一样。序号 7 的新闻报道，前半部分基本和序号 3 的内容相同，个别文字有修改；后半部分则是序号 4 和序号 5 两篇新闻的汇总，文字一模一样。由此可见《北华捷报》作为《字林西报》的附刊，其稿件完全依赖于《字林西报》，本身不具备独立的新闻写作能力，笔者在后文也不再作具体摘录和讨论。尽管有数据库和影印本(基本都是 PDF 的图片格式，并未做全文 OCR)，但为便于阅读和将来的引用，笔者还是将除《北华捷报》两篇新闻报道以外的六篇文献全文摘录如下(这个是笔者全手工完成的，其中难免有差错，还望指正)：

序号 1　1934 年 11 月 14 日

HANGCHOW HIGHWAY MURDERS

Proprietor of "Shun Pao", Friend, and Chauffeur Slain: Wife and Another Seriously Wounded

SON HAS A MIRACULOUS ESCAPE

There were shot dead, two seriously wounded, and one miraculously escaped death in a dastardly outrage perpetrated by a gang of gunmen in Po An Village, near Haining, on the Shanghai-Hangchow highway, at about 3 p. m. yesterday. Those killed were Mr. Sze Liang-zai, aged 55, publisher of the "Shun Pao", one of the largest Chinese daily papers in the country; Mr. Teng Tsu-hsing, aged 23, his son's classmate, and his chauffeur. The wounded were Mrs. Sze Liang-zai, and Miss Chow San. Their niece.

Twenty Shots Miss Mark

The party of six left in a private motor car for Shanghai at about 1 p. m. from Hangchow, where Mr. Sze and his family had been enjoying a holiday in their beautiful villa for the past month. While the three were shot dead in cold blood, Mr. Sze's son, Yung-keng, and his mother, fled from the car. More than twenty shots were fired at the young man by the bandits, but none struck him. His mother, who fell to the ground when getting out of the car, cut her forehead and is also suffering from severe shock. She was left on the ground unmolested.

The news of the triple murder was first conveyed to Gen. Wu Te-chen, Mayor of Greater Shanghai, by the Hangchow authorities yesterday evening. Up to an early hour this morning the identity of the gunmen and the motive for the shooting were still unknown. In view of their readiness in taking Mr. Sze's life, the men are not believed to be kidnappers.

Callous Murder

The car carrying its six occupants was suddenly blocked by another car just after having passed Haining. As Mr. Sze's chauffeur stopped the vehicle, more than four gunmen, who had had already alighted from the other car, opened fire. Mr. Teng Tsu-hsing, who was next to chauffeur, received a fatal wound immediately, while Mr. Sze's niece was seriously wounded.

Without hesitation, Mr. Sze and his son got out of the car, followed by Mrs. Sze. The youth dashed ahead, while Mr. Sze sought shelter in a hut near by. Mr. Sze was about to continue through the back door of the hut when four gunmen surrounded him and shot him in cold blood. The four murderers then set off in pursuit of the young man, but, although more than twenty shots were fired at him, he escaped untouched.

Murderers Escape

When a party of district police arrived, the gunmen, the number of whom still was unknown last night, had escaped in their car. The killed and wounded, together with Mr. Sze's son, were taken to Hangchow, where the two injured women were treated in the C. M. S Hospital.

The only clue on which the authorities at present are working is the licence plate carried by the gang's motor car. This licence was issued by the Nanking municipality, its number. accordingtoanative of the village, being 72.

Mr. Sze had intended leaving for Shanghai tomorrow, but by a stroke of fate, he suddenly, and for an unknown reason, changed his mind and decided to come down by motor car. His bodyguard, on his instruction, left in a train, carrying his luggage, and arrived in Shanghai only to learn that his master had been shot dead.

A large party of Mr. Sze's relatives and friends left for the Lake City by motor cars last night.

Mr. Sze's Career

The late Mr. Sze Liang-zai was aged 55 years, and had led an active life, being successful in several different branches of work. At the time of his death he was the managing director and proprietor of the "Shun Pao", one of the two leading Chinese daily papers in Shanghai.

At the age of twenty, he passed the Imperial Examination and received the Hsiu Tsai degree. Five years later he gave up scholastic studies and turned his hand to sericulture, which he studied at the Chekiang Sericulture College. He then started the Women's Sericulture School in Shanghai, being the first to engage on an enterprise of this kind in Kiangsu Province. Between 1910 and 1915 he held several political positions, including the offices of Director of the Salt Administration Bureau of Soochow and Shanghai Circuits; Director of the Shanghai Loan Administration Bureau; and Director of Customs Revenue Administration of the Shanghai Circuit during both the Ching and Republican regimes.

It was in 1914 that he became the publisher of the "Shun Pao". It was then in a precarious state, but, under his able administration, the paper has grown to be one of the most influential organs in the country. The deceased was one of the most prominent in educational, social, and philan-thropie work in Shanghai, and was a director of a number of universities, hospitals, and various societies, besides being a successful business promoter, with financial interests in several banks, drug stores, cotton yarn factories, and book stores. He is survived by his wife and a son.

序号 3　1934 年 11 月 15 日

AT GRIPS WITH MURDERERS

Son's Luck of an Empty Gun: Overlooked by Mr. Sze' Assassins in Mad Flight

After a city-wide search in Hangchow, the Chinese police yesterday detained a chauffeur suspected to be concerned in the outrage in Po An Village, near Haining, on the Hangchow highway, on Tuesday afternoon in which Mr. Sze Liang-zai, proprietor of the "Shun Pao" and part owner of the "Sin Wen Pao", two of the largest Chinese daily newspapers in the country, and his chauffeur and his son's classmate were shot dead in cold blood by a gang of gunmen. All along the Shanghai-Hangchow highway, police of the different cities were questioning and searching suspicious looking persons, but up to a late hour last night, no additional arrests had been made. By order of Gen. Wu Te-chen, Mayor of Shanghai, fifty officers of the Bureau of Public Safety also searched this end of the highway but without result.

Inquiries made on the scene of the crime revealed that the murderers had been seen loitering in the vicinity for about three days prior to the outrage. They would appear in the morning and the leave in the direction of Hangchow in the evening. The authorities also discovered that the licence plate carried on the assassins' car had been forged.

Son's Second Escape

While the motive for the murders still is a mystery, it has been ascertained that the gang fled in the direction of the Lake City. Mr. Sze Yung-keng, son of the murdered newspaper proprietor, who miraculously escaped death by flight, had the experience of being overtaken by the gang in a car after their pursuit on foot had failed. The car, however, did not stop, but sped towards Hangchow.

In an interview with a representative of the "North-China Daily News", last night, Mr. Sze Yung-keng related his experience. There were six in his father's car. The chauffeur, his friend, and himself were sitting in front, while his parents and their niece sat in the back. When the car arrived at Po An village, near Oongchiapu, not far from Haining, he noticed a suspicious looking man on the roadside. Not far ahead, a group of about four or five were seen on the highway. Behind them was a Buick of 1929 model.

"As we were nearing the gang, the man whom we had just passed suddenly blew his whistle loudly." Mr. Sze continued. Four or five then sprang from the roadside and poured a fusillade of shots on us. The tyres of our car were punctured, and as the chauffeur stopped the vehicle the men closed in on us.

"Though terribly excited and horrified, I had enough sense to open the door of the vehicle. The fortunate thing was that I was closest to the door. My parents and Miss Chow followed suit. I ran for my life, closely pursued by three gunmen. I heard firing, and bullets flew in all directions, but I did not know whether I was hit or not, but I ran as speedily as I could.

Spoke to Gunman

"I did not know how long after it was that I noticed the firing had ceased. I was becoming weak, and I felt I was tumbling over on the roadside. Thinking that the gunmen must have emptied their automatics, I turned round. I saw two of them already had given up the chase and were some distance behind me. The other man was however, quite close to me.

"I asked him what he wanted. He did not reply, but aimed his pistol at me. The pistol, however, was empty. Without hesitation, the man jumped on me. Having seized my hand, he commanded: Follow me! I put up a desperate struggle and seized his pistol. It was but a short struggle, for the man, after having freed himself ran back with his weapon. I dared not chase him, lest his men should capture me, and so I ran ahead and it was but a short distance before I reached Oongchiapu district.

The Flight

"As I was talking to some villagers on the roadside, the Buick I had seen not long before suddenly tore along in my direction. Terribly frightened, I jumped and rolled down into the fields. The car, to my great relief, did not stop. It passed me at a high speed."

According to an employee at the Chingtai bus station, a car, answering the description of that used by the murderers, stopped in front of the station before 3 p. m., shortly after the crime had been perpetrated, and a man asked him the direction of Soonglin. Soon after the information had been given, the man drove the car towards Chienchao, the site of the Hongchow Aviation Academy, at a terrific speed. The Station hand thought there were about four passengers in the vehicle.

Funeral Arrangements

The remains of Mr. Sze Liang-zai, the chauffeur, and Mr. Teng Tsu-hsing were brought to Shanghai by the International Funeral Directors yesterday afternoon. Arrangements were made by the late Mr. Sze's family to hold a funeral service in his residence in Hardoon Road tomorrow afternoon.

Mrs. Sze Liang-zai and her son arrived last evening by train from Hangchow. Miss Chow, her niece, is still in the C. M. S Hospital at Hangchow. She was injured in the leg and her condition was reported last night to be improving.

Before the bodies were removed to Hangchow, an inquest was held by the district court authorities, when a verdict of murder was returned. The chauffeur was struck eleven times, while the son's classmate was hit twice. The body of Mr. Sze was found in a dried-up pond behind a small hut. He was shot twice, one bullet penetrating the temples. Mr. Sze, fleeing from the car, had crossed some fields. He finally ran into a hut and as he was about to continue through the back door when he was shot dead by one of his pursuers.

序号 4　1934 年 11 月 16 日

HANGCHOW HIGHWAY MURDERS

Suspected Chauffeur Taken Into Custody

With the police forces under the Chekiang and Kiangsu provincial governments and the Shanghai and Hangchow municipalities maintaining a strict watch along the Shanghai-Hangchow highway for the triple mueder gang, the Lake City was in the throse of excitement yesterday. An exhaustive search is being made for the murderers of Mr. Sze Liang-zai, proprietor of the "Shun Pao", his chauffeur and his son's classmate in Po An village, near Haining, on Tuesday afternoon. Mr. Wang Ching-wei, President of the Executive Yuan, has instructed the two provincial governments and municipalities to take immediate and effective steps to apprehend the murderers.

Messages from Hangchow yesterday reported that the suspect now in custday was arrested by a railway guard at Iwu Station, on the Hangchow-Kiangshan Railway, about seventy miles to the south of Hangchow. He gave his name as Tang Yung-sun and is said to be a chauffeur. It has been disproved that, as first stated, he was in prossession of a pistol, but he is said to have had \$95 in banknotes. Immediately after his arrest, he was handed over to the Hangchow authorities.

A funeral service for the late Mr. Sze will be held at 257 Hardoon Road, at 2 p.m. today, when the body will be encoffined. By order of Gen. Wu Techen, Mayor of Shanghai, all flags on the City Government offices will be at half-mast today as a token of respect for Mr. Sze, the late Chairman of the city Government Councillors.

Condolences have been pouring into the offices of the "Shun Pao." Among those sending messages were Mr. Wang Ching-wei, Mr. Sun Fo (President of the Legislative Yuan), Dr. Oscar Trautmann (German Minister to China), Gen. Chan Chung (Chairman of the Hupeh Provincial Government), Mr. Shao Lih-tse (Chairman of the Shensi Provincial Government), many other Government offcials, and scores of newspapers all over the country.

序号 5　1934 年 11 月 17 日

REWARD OF \$10,000 IN MUEDER CASE

Funeral Honours for Late Mr. Szc Liang-zai

A reward of \$10,000 has been offered by Gen. Lu Ti-ping, Chairman of the Chekiang Provincial Government, for the arrest of the murderers of Mr. Szc Liang-zai, proprietor of the "Shun Pao", his chauffeur, and a friend, on the Hangchow highway a few days ago.

With national flags on the City Government offices at half-mast, a funeral service for the late Mr. Szc Liang-zai was held at 257 Hardoon Road at 2 p.m. yesterday, when the body was encoffined. A large number of Government officials, merchants, and journalists visited the residence in the morning and during the tiffin period to pay a last tribute. The memorial hall and the avenue leading to it were one mass of beribboned floral tributes, while the walls were completely covered with white scrolls.

Mr. T. V. Soong, of the Standing Committee of the National Economic Council; Dr. C. T. Wang, former Minister of Foreign Affairs; Gen. Wu Te-chen, Mayor of Greater Shanghai; Gen. Yang Hu, Commander of the Peace Preservation Corps; and many other officials were among those who called. Mr. Sun Fo, President of the Legislative Yuan, Dr. H. H. Kung, Minister of Finance, and a number of other officials sent wreaths and condolences.

Gen. Chiang Kai-shek, Chairman of the Military Council, who had been informed of the outrage, joined Mr. Wang Ching-wei, President of the Executive Yuan, in ordering the Chekiang and Kiangsu provincial governments and the Shanghai and Hangchow municipalities to make early arrests of the murderers, if possible. Messages form Hangchow yesterday reported that several places in the Lake City had been visited by the police and many persons questioned.

序号 6　1934 年 11 月 17 日

Proprietor of *Shanghai Daily Newspaper* Murdered in Cold Blood

Sze Liang-zai, aged 55, publisher of the *Shun Pao*, one of the largest Chinese daily papers in the country; Teng Tsu-hsing, aged 23, his son's classmate; and his chauffeur, were shot dead in cold blood, by a bandit gang, while they were driving in a motor car on the Shanghai-Hangchow railway, near Haining, on the afternoon of Nov. 13. The party was returning from a trip to Hangchow. The motive and the identity of the assassins are both unknown. Besides being the proprietor of the *Shun Pao*, the late Mr. Sze was director of the proposed Wenchow News-print factory, and chairman of the Boards of Directors of both the China Merchants' Steam Navigation Co., and the Chinese Red Cross Society.

序号 8　1934 年 11 月 24 日

NO EFFORTS SHOULD BE SPARED TO SOLVE SZE LIANG-TSAI MURDER

THE Chinese nation has before it the problem of elucidating the background of a crime Lindbergh baby kidnapping[2] case in the United States. The Lindbergh case has nothing in common with the murder of Sze Liang-Tsai, the chief owner of the *Shun Pao*, oldest established and influential Chinese daily newspaper, except that it should serve as an example to the Chinese nation to spare no efforts, financial or otherwise, to get at the bottom of the matter—in the same way that the American nation has done in the Lindbergh case. The menace before Chinese nation is the growing crime of assassination. Unless the crime of assassination—no matter whether the motive is personal, political or otherwise—is curbed in China, the time may yet come that China, as a republic, may be the butt of the same sort of a jibe contained in the phrase ascribed to Metternich concerning the realm of the Czars, "Russia is an autocracy, tempered by assassination."

Commendable efforts towards solving the crime have already been made. General Chiang Kai-Shek in a telegram to General Lu Ti-ping, chairman of the Chekiang Provincial Government, has ordered the early apprehension of the murderers. The Executive Yuan, in identic orders to the ministries of war the interior, the provincial governments of Kiangsu and Chekiang, and the Municipal governments of Shanghai and Hangchow, urges that urgent efforts be made immediately for the early apprehension of the assassins. General Lu Ti-Ping has offered a reward of $10,000 for their capture. Extra police precautions are being taken along the Hangchow highway. The villagers in the neighborhood of the crime have been closely questioned. A *Kuo Min* message of Nov. 20 mentioned that "various police, military and district authorities have also been instructed to bring the murderers to book in 10 days." But the same telegram also contained the disappointing statement that "meanwhile, no new developments have occurred in the investigation of the crime, Chao Lung-wen, commissioner of public safety for Hangchow, said when interviewed."

Newspapermen, no matter what their nationality, naturally feel uneasy when one of their craft is shot down in cold blood. They will feel more uneasy unless they are convinced that no stone is left unturned to get the bottom of the affair. The deceased apparently had a presentiment that he was marked for assassination. He was accompanied in almost all his movements by a personal bodyguard and was himself armed. He had just recently bought for his own use an armored motor car. Regardless of whether the motive was political or personal vengeance or whether he was the victim of "occult influences"—all of which have been put forward as theories-the problem of location the murderers remains equally important.

限于笔者的英文翻译水平，所以仅将全文列出，未做过多解释说明。笔者希望能够有更多人比对中文报纸的报道，深入揭示其中的差异；从更多新的角度，去认识这一事件，了解西方人士对于这一事件的观感。在此，笔者也简单地谈一些整理这些新闻报道后的初步认识。

《字林西报》的四篇报道在14至17日连续刊发，显示了其对史量才先生遇袭身亡这一新闻事件强有力的宣传力度。史量才先生遇刺后的第二天(1934年11月14日)，第一时间在头版刊发了5000字上下的专稿"HANGCHOW HIGHWAY MURDERS"，显示出其可贵的新闻时效性和专业的新闻素养。11月15日再次刊发专题报道"AT GRIPS WITH MURDERERS"，采用史量才先生儿子的第一人称叙述方式，讲述遇袭事件经过。对比《申报》相似内容的报道，明显可有更多的代入感和深陷绝境的无力感。四篇《字林西报》的报道，除题名外，还有副标题配合主题；两篇专题报道每一段落都配有小节名，以便读者阅读。相比较《申报》新闻报道内容的繁杂(涉及唁电、讣告、广告等)，《字林西报》的四篇报道内容更为单纯，更强调新闻的连续性、时效性和可读性。相比较《字林西报》，《密勒氏评论报》的周刊属性，给其带来了先天的时效性缺陷。由于每周六发行一期，周中(11月13日)发生的史量才先生遇袭的事件，在11月17日《密勒氏评论报》发刊时，已经成为了街头巷尾热议之事，但如此重要的事件又不得不刊载。因此我们在该期中看到了序号6"Proprietor of *Shanghai Daily Newspaper* Murdered in Cold Blood"，这样一条极为简要的报道，全文仅为700多字，所载版面亦十分靠后。而其中所撰写的内容也有明显纰漏，即讲到当时行驶路线时叙述为"Shanghai-Hangchow railway"。史量才先生在翁家埠遇害，笔者查阅地图，此地前后的沪杭公路并未和沪杭铁路并线，因此不存在用沪杭铁路指代沪杭公路的可能。而《字林西报》所有报道出现的均是"Shanghai-Hangchow highway"这一说法，从未出现"Shanghai-Hangchow railway"；另外，之后《密勒氏评论报》的评论文章也是用了"Hangchow highway"这一说法。

当然《密勒氏评论报》所刊载的报道并非一无是处，序号8"NO EFFORTS SHOULD BE SPARED TO SOLVE SZE LIANG-TSAI MURDER"一文，刊载在11月24日的头版头条，就明确表明了《密勒氏评论报》编辑对于史量才先生遇害一事的态度。不同于《字林西报》纯新闻报道的做法，"NO EFFORTS SHOULD BE SPARED TO SOLVE SZE LIANG-TSAI MURDER"一文所属栏目为Editorial Paragraphs[3]，该文所言不拘泥于事件本身，有一定的主观论断和反思，并且紧密结合了美国国内热门的新闻事件——德伯格绑架案。

笔者在整理这些新闻报道时，另一个比较有意思的发现就是，有关史量才先生的英文译名并不统一。《字林西报》的四篇报道全部使用"Sze Liang-zai"这一译名，《密勒氏评论报》序号6"Proprietor of *Shanghai Daily Newspaper* Murdered in Cold Blood"一文也用了该译名，但是序号8"NO EFFORTS SHOULD BE SPARED TO SOLVE SZE LIANG-TSAI MURDER"一文却用了"Sze Liang-Tsai"这个译名。奇怪的是，笔者翻阅《字林西报》，在后一年相关的报道中也看见了"Sze Liang-Tsai"这个译名。笔者查阅当时的多部英文人名辞典（包括 *Men of Shanghai and North China* 1933 年和 1935 年两个版本，*China Who's who* 1922 年和 1927 年两个版本），终于在 *Who's who in China*[4] 4th edition 第 348 页找到史量才先生的条目，其英文译名为"Sze Liang-zai"或"Shih Liang-tsai"[5]这两个。由此可见，由于缺乏像现在新华通讯社译名室这样的机构对人名进行规范控制，加上威妥玛式拼音法的缺憾，民国时期人物并无统一的标准英译名。

（作者：上海图书馆历史文献中心馆员）

注释：

[1] 这两份刊物的数据库目前可以在上海图书馆上海地方文献阅览室和徐家汇藏书楼查阅。

[2] Lindbergh baby kidnapping（林德伯格绑架案），原文如此。这是 1932 年发生在美国，引起社会巨大轰动和反响的案件，对美国司法界亦产生深远影响。

[3] 直译为"时评"，类似于我们熟知的"《人民日报》评论员文章"这一形式。

[4] 该书由《密勒氏评论报》编辑出版。

[5] *Biographical Dictionary of Republican China* 一书中史量才的条目就采用了该英译名。

秋水·秋琴·秋心

——史量才、沈秋水夫妇的古琴缘

邓 超

杭州北山街的新新饭店，曾经是名人耆宿的驿站客栈，曾经是才子佳人的温柔梦乡。这里曾上演过震惊中外的悲喜之剧，留下过千古流芳的佳话逸闻。

饭店的大厅，有一幅银色的浮雕。叙述着新新饭店的前世今生。浮雕的左幅，有一男子坐在椅子上凝眉沉思，边上有一女子低首抚琴，背景是那幢著名的建筑——秋水山庄。男子名史量才，女子叫沈秋水。

厅不大，人一多显得挤。这些人不是看热闹的，而是参加浙江大学“近代中国报人之路——2016年史量才研究学术研讨会”的专家学者。新新饭店的戴眼镜老总笑眯眯地说：“今天能请到这么多全国研究报业史的大咖，真是我们的荣幸！”我想，昔日西湖边最奢华的饭店，吸引人的并不是过去的辉煌，而是它每个房间曾经的房客的故事，是它经久不衰的文化魅力！

秋水山庄建于1932年，背靠葛岭，面对孤山，是史量才先生仿《红楼梦》中的“怡红院”格局而建的，贯通中西，别具匠心。站在花园之中，落叶满地，草木扶疏，荷塘还在，花径尚在，回廊还在，琴台还在。只是缺了主人的背影，只是少了琤琤的琴音。

“沈秋水的两张琴去了哪里？”“到底有没有投火自焚？”“不是说市场上已经拍卖了吗？”“现在琴在谁的手上？”参观者的话题不知怎么一下转到了两张古琴上。我忽然想起好友南京琴家陶艺曾跟我提起，他曾见过沈氏遗下的两琴，马上致电给他询问，并开始了相关资料的搜集。

《扬子晚报》曾载黄薇文章云：“1920年上海召开的晨风庐琴会，是当时全国规模最大的古琴盛会，史量才是主要的组织者、赞助者之一，此后更是持续慷慨地资助琴人。他对古琴的兴趣，完全来自沈秋水的影响。秋水尤擅七弦琴，曾跟吴浸阳、杨时百等著名琴人学习过。晨风庐琴会上，她以‘阳春’琴演奏了一首《流水》，后被评为女子第一。当时9岁的史咏赓接着她弹了首《文王操》，成了一段佳话。”此文史料来自《国家人文历史》，可不可信呢？

沈秋水擅琴，史量才爱琴，这应该是史实。

陶艺藏有其外公、著名琴家刘少椿签名的《今虞》杂志，印有“研究古琴之专刊，二十六年五月今虞琴社编印”字样，《扬州晚报》称此刊为“民国绝版古琴刊物”。民国二十五年(1936 年)3 月 1 日，我国著名古琴学家查阜西、彭庆寿等人在苏州组织成立“今虞琴社”，琴社社员之间不仅交流古琴技艺，而且注重整理古谱，考证源流，倡导学术论说。一时间，俊彦云集，社员遍布全国各地。1937 年，在查阜西等人的主持下，琴社创办了一份社刊，这就是《今虞琴刊》，作者皆为当时琴界名流，扬州琴家胡滋甫、史荫美、张子谦等人也都有作品发表。

在《今虞琴刊》的“琴人题名录”(第 243 页)记载一辑中，有“沈秋水，女，江苏，上海哈同路 9 号”的籍贯、地址详细信息，可见她不是简单的“玩票”，而在当时的古琴界有一定地位，称作“琴人”，因为名录所辑，大多是民国名家高手，李子昭列第一，吴浸阳和沈秋水同列一页。当年的琴界，应该干净清净些，不是拿钱就能上“名录”的。

今虞琴社成立后，举办了一系列的雅集，有“苏州觉梦庐首次雅集”“苏州怡园琴人雅集”“李子昭八旬大庆集”“上海觉园月集”，都留有照片，非常珍贵。上海觉园月集图，共 19 人，女子 4 人，应有沈秋水倩影。

晨风庐，当是名闻一时的琴会之所。在当年的《晨风庐琴会记录》之序言，记曰：“吴兴周梦坡君，集海内琴侣于所筑之晨风庐……沨沨移人，听三日而忘倦，既毕事作而叹曰：有是哉！君之冲夷而高远也。”由此可见，该琴会发起人为吴兴周梦坡。在记录上卷第四页，录有“史量才，家修，松江”的记载，按下有“史勇根，量才子”的记载，还有“史沈秋水，女士”的记录，一家三人都是琴会的成员。在“与会题名”一辑，有彭祉卿、杨时百、李子昭、吴浸阳等大家，也有沈秋水(携琴一)、史勇根题名，并注曰“以上均入席操缦”，说明沈秋水、史勇根都参加了演奏，而史量才的名字也再次出现在题名中。

在《晨风庐琴会记录》的第七卷“琴名汇录”一辑中，有李子昭藏的“霹雳”，吴浸阳藏的“逍遥游”，沈秋水藏的“阳春”。在“操缦程序”一辑中，第一日，杨时百弹《渔歌》，广霞僧奏《龙翔》，栖谷僧弹《潇湘水云》，李子昭奏《离骚》，吴浸阳奏《白雪》，“沈秋水女士”奏《流水》，“九龄童子史勇根”弹《文王操》，王燕卿奏《长门怨》……同日操琴者均为一代名家，沈秋水的演奏水准应是相当高超。“会毕憩于息园，凡三十一人，女宾十四人，各摄一影。琴三十四张，亦留影焉。”

琴会散后，各路名家仿佛意犹未尽：“至展重阳日复约符华轩、郑觐文、李子昭、吴浸阳、彭祉卿、顾梅羹、沈伯重、史量才、许松如，为操缦小集。浸阳与觐文琴瑟合谱《鸥鹭忘机》，梅羹、伯重、祉卿三人琴箫合奏《普安咒》，觐文以琵琶弹

《新汨罗》一阕，各奏尔能，倍极欢洽。”此附记中提及史量才参与操缦小集，不知他弹奏的是哪首曲子？

据说此会后，周庆云、史量才、许松如等人将四川的3位琴人李子昭、符华轩、吴浸阳留下做清客，与郑觐文一起帮助周庆云编撰《琴操存目》。

沈秋水习琴，据说师从吴浸阳、杨时百两先生。

吴浸阳(1882—1950)，字观月，号纯白，四川灌县人。少年时为青城山道士，弱冠后来江南，往来苏、沪、杭一带。琴艺兼有川、熟两派，擅《渔歌》《潇湘水云》。20世纪30年代因商务纠纷去香港，后终于斯。

杨宗稷(1863—1932)，字时百，自号“九嶷山人”，湖南宁远人，彭祉卿、管平湖、黄则均是其弟子。《晨风庐琴会记录》序言：“去岁巳未叶君璋佰有苏州怡园之会，今年春杨君时百有北京岳云别业之会，先后南北相为照耀。”可见杨时百为北方琴坛的盟主人物。

李子昭由周庆云(梦坡)的推荐，曾到史量才家中教授沈秋水弹琴。李子昭，字德潜，四川崇庆人，他参与创建了今虞琴社，被国学大师王国维评为“中国第一琴人”，曾是庆亲王府的专职琴师，也是“中国最后一位琴客”。

有“吴门琴派”的传承人吴浸阳、北派盟主杨时百、“宫廷第一琴师”李子昭三位顶尖琴家的教导指点，沈秋水的琴艺日臻娴熟。

史量才也和古琴有不解之缘。据严晓星的《近世古琴逸闻丛话》言，史量才也是晨风庐琴会组织者之一，承办者是富商周梦坡。史对周对与会琴人的苛薄待遇愤愤不已，打算自行召集琴会。他对琴人非常慷慨，吴浸阳的“雪夜冰”琴卖给他，他一掷3000元。1929年春，他听说了王燕卿死后的情形，“慨然斥资五十金为表其墓”。他家中常有古琴清客，自己也能弹上几曲。那时候，申报馆的五楼设有一间琴室，1925年，吴浸阳得到史量才的帮助，在上海一带集中收集大量明代老梁柱，在这间琴室设计监制了64张琴，分别以《易经》六十四卦命名。这64张琴至今仍有两张存世，可谓是史量才爱琴的见证。淞沪抗战爆发，查阜西要喜欢古琴的史量才“再振兴一下琴坛的寂寞”，史量才说：“我救国要紧，音乐可以不搞了！”

1920年12月，参与过怡园琴会、晨风庐琴会的郑觐文，在蔡元培、叶恭绰、史量才、梅兰芳、程砚秋、周信芳等人的赞助下，在上海创办了大同乐会，集中了当时著名的音乐家和昆曲表演家等，改良传统乐器，探索民族管弦乐队的创建，改编了一批合奏作品，其中最为著名的是将琵琶曲《夕阳箫鼓》改编为民乐管弦合奏《春江花月夜》。

黄松(1887—1982)，女，字渔仙，泉州人，出身仕宦之家，从周振英学琴，后到上海靠教琴卖画抚养子女。她琴艺超凡，上海妇女纷纷登门求教，越剧名演员袁雪芬、徐玉兰也是她的高足，被誉为“南派古琴名师”。在晨风庐琴会的第一日，她和沈秋水、史勇根一同登台操缦，演奏了一曲《普安》，只是记录中将她的姓“黄”写成“王”，可能因为南方人“黄”“王”不分之故。在沪期间，史量才和夫人沈秋水与黄松过从甚密，亲如家人，可能因为同好古琴雅音，声气相投。

1934 年 11 月 13 日，史量才和沈秋水在秋水山庄休养后，踏上回上海之路。此时史量才写下了《凭栏眺之，秋水山庄》：“晴光旷渺绝尘埃，丽日封窗晓梦回。禽语泉声通性命，湖光岚翠绕楼台。山中岁月无今古，世外风烟空往来。案上横琴温旧课，卷帘人对牡丹开。”晴光丽日，湖光山色，鸟鸣幽泉，绝尘世外。案上的七弦琴余音袅袅，《流水》合着泉声沁人心脾。卷帘的琴人也是美人，和窗外盛开的牡丹争妍斗艳。

琴声尚在，枪声陡起，可怜一代报人命丧黄泉，再也看不见“高山”，听不到“流水”了……

关于史量才、沈秋水的两张古琴，大部分文章资料都讲沈祭奠史时，弦断投向火钵，化作吊唁的灰烬飘向另一世界。

2009 年，史氏夫妇所藏琴拍卖，男琴为仲尼式“耳通”，女琴为蕉叶式“海涛”。据说此一对琴现为西安一藏家所有。陶艺兄曾登门欣赏过，承他发我琴图。“海涛”铭曰“惓翁题于西湖南屏山下倦还琴楼”。琴腹有“秋水姐清玩，妹赵梅敬赠”字样。其“耳通”铭亦为隶书，曰“量才道兄大衍之庆，以此琴寿之，民国戊辰冬吴浸阳赠(章)”。沈琴之赠者赵梅不知何人也，史琴应是 1928 年主人 50 岁生日，吴浸阳赠的寿礼。此两琴断代，沈琴为民国无疑，史琴有人言清代，到底是吴浸阳用明柱所斫，还是原有的琴刻铭贺寿，不得而知。

古琴，国之乐器也。作为首批列入“联合国非物质文化遗产名录”的国宝，上通天，下通地，中通人。大音希声，史量才、沈秋水夫妇与古琴缘分匪浅，透过稀少的史料和偶见的逸事，我们去追寻那渐行渐远的身影，去捕捉那旷渺绝尘的琴音，这不是才子佳人的猎奇，不是附庸风雅的吟唱，而是对近代中国报人的一种尊重，对民国报业巨子的一种缅怀！

（作者：溧阳文联主席）

独辟蹊径　寻“史”觅迹

崔　辉

我是来自于民间的草根，几年的收藏虽然不丰，但是我的珍罕收藏品和遗址发掘形成了我的史量才研究独特视角。在庞荣棣女士的再三推荐下，受到国际图书馆馆长、东亚文献研究会暨中国报业数字化研究会一再诚意邀请，2010年10月，我们荣幸地参加了高规格的国际会议，并在国际论坛发言，庞荣棣的大会致辞高调赞扬湖南青苹果数字化有限公司首制的《申报》数字电子版横空出世，不啻是给了《申报》服务后人的第二次新生。她同时向世界再度重温中国报业泰斗史量才对中国乃至对世界报业不朽的贡献，得到与会各国专家学者热烈呼应。我则给专家们详细讲解并展示了史量才遗物照片，为研究史量才在收藏界打开“另类”学术之窗。

一、“私立米业泗泾养正小学”校徽

1901年年底，史量才在泗泾与马相伯等人创办养正小学堂，被推为首任校长。这枚铜版烤漆制作的“私立米业泗泾养正小学”校徽，是我多年前在一位藏友处看到的。几度春秋，几经交往，加上藏界好友从中撮合，这位藏友终于割爱相让，这才令我遂心如愿。大家不要小瞧这枚小章，这是我在茫茫人海里捞到的一枚“定海神针”，它是史量才青年时期胸怀“教育救国”远大抱负的重大物化标志。

“养正”这两字的出典是《易经・蒙》：“蒙以养正，圣功也。”即指从童年开始，就要施以正确的教育，故冠其名。19世纪初，接受了现代科学新观念的史量才，清醒地意识到兴学育才新浪潮的到来：他积极响应维新改良的号召，兴办新式教育和职业技术教育，传播教育救国、实业救国的思想。同样在当今改革开放的年代里，也符合了当今“从娃娃抓起”的理论，所以说，伟人的治国理念是同一高度的。当然，史量才创办米业泗泾养正小学的初衷，在于注重实践，推广史量才母校“杭州蚕学馆”学以致用的职业技术教育方法和精神，培养米粮业科学经营、管理人才，从而推动当地米粮事业兴旺发达。

“私立米业泗泾养正小学”校徽

我在反复琢磨“私立米业泗泾养正小学”徽章中发现，此设计证明了民国海派文人设计艺术元素的介入：以倒三角旌旗为模式；以蓝色天空为背景；以红日代表米业，明月象征学校；上天日照月映之下，金色嘉禾颗粒饱满。画面处理简洁，寓意明了深刻，“汲取天地之灵气，养育人间之精英”，作品的设计思想完全融合了“蒙以养正”的文化内涵。

我研究中还发现“私立米业泗泾养正小学”办学是在 1902 年，而在现今校史的编写中，误写为 1904 年，往后推迟了整整两年。我认为历史要正本清源，校志应该重新编撰。提请有关部门应该引起高度重视，应该为史量才树碑立传，理应保留、传承这座最早创办的乡镇办技术职业学校，发扬其中国名人名校的效应，至少应保留其校牌，理应去发掘这个题材、去宣传扩大社会效应，作为有条件的乡镇兴办有特色职业教育的依据，减少高等学校盲目招生和家庭倾尽财力培养子女的压力，同时，也培养莘莘学子与青年爱家乡、为建设好家乡出力的精神。

二、《兰草图》

大约在 2003 年，我在一藏友处看到一幅字画，我买下时曾询问这幅画的出处。该友告知：此画最初是收藏于家住松江泗泾的老先生（胡旭光后人）。在读解这画时，感觉这兰花独具风骨英姿，确实魅力不凡，经查阅了有关资料后仔细研究发现，这画竟是出自史量才先生的手笔。正可谓是“踏破铁鞋无觅处，得来全不费功夫”。

史量才《兰草图》

泗泾有位名人叫胡旭光（1901—1960）。20 世纪 30 年代初，先后在百合、百老汇、大中华等影片公司拍摄的无声电影中担任舞美设计，并在天一、明星、艺华等影片公司供职。胡旭光平易近人，家里经常是高朋满座，沪上电影、戏剧、出版界的知名人士史量才、史东山、吴永刚、卜万卷、张石川、郑君里、朱石麟、应云卫、徐维邦、欧阳予倩、周诗穆、万籁鸣兄弟、邵滨声、孙雪泥等都是他家的座上客。

此画作于 1927 年，这位以一报（《申报》）统领百万读者的史先生时年 47 岁，正值风华正茂，事业大成。此画风格也正如其人，手法不凡。草书抄录了郑板桥的赏兰诗作：“山中兰草乱如蓬，叶暖花酣气候浓。出谷飘香非不远，那能送到俗尘中？”整株兰花花色浅翠嫩绿，花瓣糯厚柔软，叶片光滑反转，体态端庄，不媚不俗，颇有君子之风度。仿佛感觉微风徐徐、花枝摇曳，一股沁人肺腑的幽香扑面而来。一枚斋号章，压在兰花根部，使得其姿展优美，斜而不卧。姓名章和别号章——家修，衔印在笔走龙蛇的行草首尾，使其紊而不乱。大气的神来墨蕴，兰草的潇洒风韵，画面融合协调，确实堪称绝笔。在此画中，史量才先生向我们展示了他难得一见的、侠骨柔情的独特艺术风格，也充分体现了他对一位刚出道影界新星的鼓励和期望之情。这帧珍贵无比的画卷填补了历史的空白，已经录示在庞荣棣老师的《申报魂——中国报业泰斗史量才图文珍集》一书中。

此画中所指的“水珍”女士经查证资料是民国时期的上海艺华影业公司五朵金花之一、电影大导演李翰祥的夫人、浙江杭州人张翠英的原名。她曾拍摄过《中国罗宾汉》《新茶花女》《玫瑰飘零》《复活》《风流寡妇》《黑衣盗》《学府风光》等几十部电影。她和史量才的夫人沈秋水是同乡，来上海闯荡的时候只有14 岁。(有关逸闻)

在一些史量才留存在世真迹中，我们可以看到他的书法极好。他还有门干亲——黄松先生，是位画家，曾经兼任史量才的家庭琴师。史量才先生还是上海美专(校长刘海粟)、新华艺专的校董。他的书画极具功力。

到目前为止，这幅画是史量才仅存的画作。这也是我在收藏中，有意收藏、意外发现的对史量才研究有所贡献的为数不多的藏品。

三、“石湖荡桥梁”遗址

据松江县志介绍，1907 年因参加江浙两省保路运动，史量才被推为江苏铁路公司董事，曾亲至石湖荡桥梁工地现场摹画。我在石湖荡液化站工作期间，在走访用户时无意之中发现和拍摄到“松江石湖荡桥梁”遗址的一组照片。这就是上海地方志记载的“松江—嘉兴”路段中的石湖荡桥梁遗址，上面还有题字“光绪戊申年造”，由我首次提出这是史量才手笔。在这段遗址边上，还有一处完整的日军侵华期间建造的望江岗楼。这么重要的历史遗迹，可能是这段铁路线上绝无仅有的遗迹了。我向政府和文物保护等有关部门反映，并向社会发出呼吁要求保护，我认为这是义不容辞的使命和保护历史遗址的艰难任务，同时提出建立爱国主义教育基地。

我是 1998 年发现这块珍贵的历史遗址的。可是，迄今为止，除了一块文物保护的石碑之外，一些企业为了蝇头小利，搭建违章建筑，堆积废物垃圾，让这块文物保护遗址面临劫难。

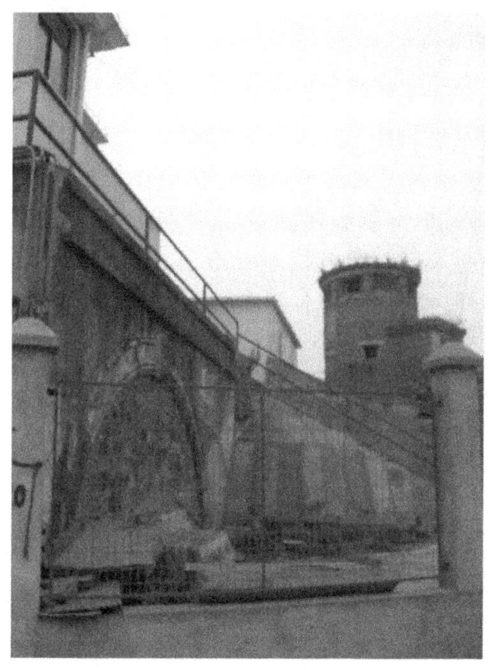

松江—嘉兴铁路段“石湖荡桥梁”遗址

众所周知，史量才身处复杂的民国时期，曾被定性为资本家和民族资产阶级代表人物。新中国成立以来，直至20世纪80年代中期，从没有人过问，也从没有人敢去过问，风声鹤唳，人人自危。直到1984年（史先生逝世50周年）之后，他才被冠以著名爱国主义者、民主主义战士、杰出的新闻事业家、社会活动家名号，得到应有的公正地位。历经动乱和浩劫，许多历史遗迹和散落在民间的历史遗物，已经是“凤毛麟角”，所剩无几了，我将继续寻寻觅觅，不断发现他被散落的珍贵遗物。

（作者：史量才研究专业委员会理事）

“申报馆剪报资料”简述

唐晓云

学术界把《申报》誉为中国近代史研究的一座史料宝库，是因为《申报》(1872—1949 年)完整记录了晚清至民国时期中国社会的历史变迁。它为史学研究保存了百科全书式的文献史料，也为讲述风云变幻的社会变迁提供了极其丰富的内容。现如今，人们收看各档电视节目，在诸如“历史”“探索”“人物”等纪实频道中，评说近代中国百年间各类事件、各色人物的时候，所选用的文献或图片，大多引自《申报》。

作为史料宝库的《申报》早为学界知晓。其实从 1930 年代始，申报馆还专设了一个资料室从事“剪报”工作，为我们留下了同样令人惊叹的另一座史料宝库，而这一事迹则鲜为人知。这批“剪报资料”为横 32 开本，宽 190mm，高 135mm，手工装订，牛皮纸包封，封面左上角用小楷题写该册剪报的类目标题及年份，如“钱江大桥(1934 年)”“发明创造物品(1934—1937 年)”“舞蹈艺术：戴爱莲之舞(1946—1948 年)”，封面居中盖“申报馆资料室”蓝印。每册剪报厚薄和篇数均不等，30～50 篇，总量达 1.3 万册之巨。其体量之庞大、文献之珍稀，几可与《申报》比肩，堪称弥足珍贵的又一座史料宝库。

这样一座规模恢弘的资料大厦是如何构造的？当年的剪报是缘于一种怎样的新闻理念？留存至今价值几何？在走近这座史料宝库之前，我们不妨先探寻它的来龙去脉。

一

申报馆“剪报资料”始于 1930 年。此时，距史量才正式掌管《申报》已有 18 个年头，在望平街汉口路拐角处已耸立起足以傲视同业的申报馆大楼，报馆员工已达 450 余人，发行量已逾 15 万份，迎来了它的鼎盛时期。这一时期，除了每日出版《申报》，还先后创办《申报月刊》《图画周刊》，编纂《申报年鉴》，出版“申报丛书”，新编《中华民国新地图》，办报、编刊、出书，全方位地展现申报馆朝向多元化经营的报业集团迅猛发展的成就和实力。

1930年前后，雄心勃勃的史量才开始酝酿申报馆新一轮的机构改革，其核心目的在于使《申报》更具影响力，代表报馆立场撰写的社论、时评、综述报道更有权威性。1931年1月正式成立申报馆总管理处，史量才兼主任，统辖一切馆务，下设编辑部、营业部、年鉴社、月刊社等主要业务部门。在编辑部中，又下设社评科、电讯科、采访科、图书参考科等14个科室。“剪报资料”的收集、整理、庋藏，正属图书参考科工作范畴。

这时戈公振已经加盟申报馆，成为史量才的左膀右臂。1927年1月，戈公振离开《时报》社后，用了将近两年时间作了一次环球旅行，考察世界各国新闻业，足迹遍及英、法、德、美、日等国。1928年年底回国后，正逢史量才酝酿机构革新，戈公振出任总管理处设计部副主任。他参照欧美等国的现代报业理念，就《申报》的新闻内容、广告营销、创办画刊等方面，提出了一系列建设性意见，其中就有成立资料室。1929年5月，戈公振筹办图书资料参考部，开始规划资料室管理制度。1930年戈公振兼任《图画周刊》主编后，资料室除了剪贴报纸资料，还增加了各类照片、图画的收集与整理。他亲自动手剪贴各类新闻，并把剪报装订成册。正是戈公振的大力倡导和亲力亲为，申报馆的“剪报资料”工作，得以规范有序地开展起来。

之前，戈公振已在商务印书馆《东方杂志》上发表了一篇专论《报馆剪报室之研究》，这或许是中国近代关于剪报资料研究的开山之作。文章开宗明义：“剪报云者，即将一人或一事之新闻之散见于各报者，剪取而汇聚之整理之是也。”又说，“世事纂繁，千变万化，忽有一事之发生，一人之出处，足以引起社会之兴味者，欲藉记忆之力，则事多辄致遗忘，若欲翻检旧籍，则正如大海捞针，何从觅得，而新闻记者又安有如许功夫？有此剪报，早于平日预为储蓄，则纲举目张，一检即得”，指出了剪报之于新闻报道的最显而易见的作用。在戈公振看来，利用剪报资料提升办报质量和效率“其利之可言者，约有四端：可以省时间；可以得要领；可为新闻保存之便利；可为事物本原之考查”。该文还详细介绍了纽约世界报社的剪报室。“美国报馆之剪报室，以《世界报》(*World*)为最大。室与图书馆并列，延十余人司其事，门首张以铜网，非室员绝对不许入内。借阅材料，则由铜网上之窗口传递，其手续与图书馆同。”并对《世界报》的剪报分类作了详细介绍。所谓剪报，即“剪取之材料，大率出于各种报纸……每件必记其发行日期于其背面，且有兼记报纸名称者，然后装入一坚固之大封套内而保存焉”。戈公振举《世界报》人物类剪报为例：“某一人之材料，若搜集日富，则以其事实之不同，而分置于各封套中。如哈礼门（Harriman E. H.）者，美国之有名人物也，其材料之多，至可别之如下列：家庭；亲眷；交游；健康；政见；与罗斯福；与芝加哥铁路；铁路以外之商业；哈礼门之不正行为；哈礼门之夫人；（哈礼门）照相等二十余项，即置入二十余个封套内。”[1]这可以看作是戈公振为日后筹建资料室而进行的理论准备、绘就的规划蓝图。

除此之外，有关申报馆资料室，是否还有其他相关的记载，或回忆性的文字？我们知道，由于《申报》在近代新闻出版史的重要地位，也由于史量才传奇般人生经历，1980 年以来，关于《申报》和史量才，一直是新闻报业史研究的一大热点。然而很少有文字谈及申报馆资料室，更难见对剪报资料的介绍与评说。

有学者统计，据中国期刊网和读秀学术搜索等数据库检索，自 1934 年至 2014 年：有关史量才的图书专著 7 本，相关图书 493 本；标题中包含“史量才”的期刊论文 107 篇，相关期刊论文 336 篇；标题中含有“史量才”的报纸文章 75 篇，相关报纸文章 106 篇；以史量才为题的硕士学位论文 7 篇，相关硕士论文 92 篇；以史量才为题的会议论文 23 篇，相关会议论文 30 篇。以上还仅仅是中国大陆地区的情况，港台地区尚未包含在内。自 1980 年以来，国内先后召开过 6 次专题学术会议，2013 年还成立了一个专门的学术研究机构“上海史量才研究专业委员会”。[2]虽然“数据库检索结果”显示自 1934 年至 2014 年，其实出版于 1934 年的仅为两种纪念性图书，其余的图书和论文都是 1980 年代及以后才出版刊行的。

在数量庞大的论文和专著中，仅有周巍峙（1916—2014）晚年的一段回忆，提及了申报馆资料室的一鳞半爪。青少年时期的周巍峙，曾在申报馆有过大约两年的工作经历。他回忆说：“我是 1930 年初进申报馆，一·二八战后离开的。初进申报馆我才十几岁，跟戈公振作练习生。戈公振是我二舅，在《申报》改良、革新图书参考资料室，我做些剪报、编辑，把归类整理的资料做成书。当时资料部里有史量才外甥杨墨逸、我、罗平三人。薪水，在两个月试用期是 5 块，期满 10 块。我们资料部在 3 楼，隔壁是排字房。”[3]周巍峙参与剪报工作时，正是资料室的草创期，一切还在戈公振的指导下摸索着干活。

二

报社的剪报资料首先服务于新闻报道。主笔以报馆立场撰写社论或时评，务求准确，引文须有出处，事实必有依据，这依据便是剪报；记者采写综述性的新闻报道，为使报道翔实具体、富有可读性，在与同业的竞争中，占得鳌头，也须配以背景叙述或人物介绍，这类“叙述”和“介绍”，凭借的也是剪报。而报社的资料室，尤其是像申报馆这样的资料室，好像是一家药铺，草本树皮、牛溲马勃，都应齐备。七年之病，求三年之艾，到资料室寻找所需要的资料，一定要事先有所准备，否则不免临时要手足无所措了。那么，申报馆的资料室又是如何收集和编排资料的呢？

民国三十六年（1947 年），申报馆创办了一本内刊《馆内通讯》。第一期有一篇介绍“资料编目”的文章。在申报馆，他们把剪报资料的收集，称为“新闻的准备库”。该文说：“资料室搜集各种参考资料，以供言论、编辑两部之用。历年以来，收藏已相当丰富。资料不问巨细，自大部名著，以至小册子、宣传品，均在搜求之列，片纸只字，设法保存。资料分为：（一）书籍、杂志；（二）图表；（三）照片铜版；（四）报纸；（五）其他零星稿件。”“在庋藏以前，先分类目，取便检查。否则杂乱置放，日后将无法找寻。”“资料分类方法很多，现在我们所采用的，是王云五的中外图书统一分类法。”[4]

《馆内通讯》第二期刊登了一组集体采写的报道《一张报纸的诞生》，其中有一篇《资料：新闻还是旧闻》，专门介绍资料室的工作情形。“旧闻”准备库以收集资料为最主要的工作。本埠报纸 28 种，外埠报纸 170 余种……报纸上的材料，从剪、贴，到分类、装订，工作量最为繁重。本报、《新闻报》和《大公报》，都是当天剪贴完成，其余则在第二天剪贴。至于外埠报纸，现在尚未剪贴，只把它们整理一下，庋藏起来，以便日后参考检查。报纸上所看到的照片、图画，也是由资料室收集的。这许多照片、图画，一部分由本馆自己拍摄，一部分由外面供给，分别藏在特制的纸袋中，纸袋按照编定次序排列。名人照相，另外编排，连同履历，放在一起，检查时全部可以得到。最初报馆中的资料室，只收集一些名人相片和履历，以便死后发表，这实在是它的原始工作。[5]

《一张报纸的诞生》提供了大量有趣的细节，让我们得以还原当年资料室的工作情形：1930 年代以后，在申报馆大楼三层的一间办公室，起初是三四人，之后逐渐增加到十余人，每天面对 28 份隔日或当天出版的报纸（其中有《申报》《新闻报》《时报》《大公报》《大美晚报》《时事新报》《立报》《经济日报》《东南日报》《益世报》《世界晨报》《和平日报》《金融日报》等），开始了他们“剪刀＋浆糊＋装订”的全手工作业。每份被剪裁下来的剪报，又被及时盖上两枚长方形的蓝色印章：一为报名章，如“大公”“新闻”“大美”，表明它的来源；一为年月日章，注明它的刊出日期。[6]

今天，我们翻阅那泛黄的一册册“剪报资料”，打开它的任何一面，都能在新闻标题行的附近，看见两条蓝色印章，浅浅的，却清晰可辨。凭借这两枚印章，我们可以毫不费力地知道每一份剪报的出处和日期，为使用者带来极大的便利。

在资料室，工作的重心自然是收集剪贴报纸，然而资料室工作人员的地位和待遇，与采编行当比，并不低人一等。以周巍峙为例，当年他才十四五岁，两个月试用期满后月薪10块，那么从业数年以后，月收入数十元应该不在话下。同样，他们的学识与文字功底也毫不逊色，时不时一转身就成为《申报》的编者和作者，因为资料室除收集和整理工作外，还须撰写参考文字，与新闻相配合，使读者对于某一件事，能详细地知道它的演变经过与将来趋势。逢到纪念节令，如出特刊，资料室的工作就更显得紧张了，要写纪念文字，必须搜觅史料、找寻旧照，这种种都非事前准备不可的。

三

在上海报业集团图书资料库中，我们看到了被精心珍藏的“剪报资料”，成排成柜，堪称壮观。按照图书分类法的上架原则，它们被有序地排列在带滑轮的铁制书架上，每一层或一层半，用醒目的主题分类词做标识，以示剪报内容的区分，比如“东北问题”“香港问题”“货币”“交通”；人物类剪报则采用汉语拼音首字母排列，比如“C”后面有“陈立夫”“陈诚”，“D”后面有“戴笠”“戴爱莲”“丁文江”，等等。

为了对剪报资料有个大概的了解，本文下面以“上海”专题为例子作个简单的介绍。有关“上海”专题的剪报，多达2000册，分为7个大类：政治；法律；军事；外交；经济；教育与文化；社会与民生。

“政治”大类下分7个子类：1. 时局；2. 行政；3. 政党；4. 租界；5. 保甲；6. 工潮；7. 学潮。在子类“租界”中又分两个小类：1. 法租界；2. 公共租界。在“公共租界”下再细分：1. 公共租界特区法院；2. 公共租界工部局；3. 公共租界教育状况；4. 公共租界纳税华人会；5. 公共租界外籍董事选举；6. 公共租界之路政与交通。

“经济”大类下分10个子类：1. 财政；2. 城建；3. 工商业；4. 交通；5. 金融；6. 居住；7. 生活必需品；8. 税务；9. 通讯；10. 证券。“金融”中又分38个小类：1. 金管局行政状况；2. 银楼业；3. 市政公债；4. 银钱业利息；5. 物价统计；6. 票据交换所；7. 各银行检查报告；8. 各行庄存款；9. 银行公会；10. 银行业员工待遇；11. 金融管制下各类案件；等等。

这在文献学中称为“标引”。标引（Indexing，标记与指引），指使用检索语言的类型，一般有分类标引和主题标引两种。标引是文献编制与加工中最具技术含量的一门活儿，在对文献做出基本判断与辨识后，选用类号、标题词、关键词、人名、地名等，作为检索标识，用以反映该文献的主要内容，指引使用者方便而快捷地找到所需的信息。通过标引，显示文献的内容特征和主题类属，文献才实现了它的使用价值。这种以关键词做标引、方便取用查阅的分类方法，基本被戈公振植入到申报馆剪报资料的实践之中。

本文不便占用更多篇幅全面介绍“剪报资料”的丰富性，仅以“上海”专题中“经济·金融”第11类“金融管制下各类案件”(1948年)举一个例子。这部分的剪报资料，又被细分为17个“系列案件(共35个大案要案)”：1.外侨私营金钞及套汇各案；2.查获囤积粮食案；3.查获囤积纸张案；4.检查仓库案；5.检查金钞黑市案；6.检查呢绒棉布棉花案；7.查抄银元案；8.检查囤积香烟案；9.检查囤积油料案；10.禁止物资携运出境案；11.疏导原料，增加生产案；12.限期工商业存货登记案；13.以布易米案；14.检查黄金黑市案；15.检查私设电台案；16.检查地下钱庄案；17.取缔证券字号不法交易案。

民国三十七年(1948年)夏秋之际，国民党政府已风雨飘摇。为控制通货膨胀，推行金圆券改革，蒋经国被派往上海推行了一场轰轰烈烈的“经济打虎”运动，发出“只打老虎、不拍苍蝇”的豪言壮语，以推进币制改革，然而最终却铩羽而归。登场时自信满满，转眼间已是瑟瑟寒风。作为历史转折时期的一幕历史画卷，有关“蒋经国上海打虎”的学术论文早已不计其数，而“剪报资料”则汇辑了这一时期数十份报纸数千篇数十万字的新闻报道、现场纪实、背景介绍、案情进展……可谓跌宕起伏，惊心动魄。

可以预期，随着这批剪报资料的面世，蒋经国在上海“经济打虎”运动由最初的自信满满、旋即遭遇磕碰羁绊、最后落得草草收场的这一过程，将会以更具全景式、更富细节性的场面展现在我们面前。需要说明的是，“经济打虎”部分的剪报，仅占全部“剪报资料”的数百分之一，可见它的体量庞大和资料的富饶程度，它是一座名副其实的史料富矿。

傅斯年说“史学即史料学”，这在一定程度上揭示了资料之于史学的重要性。“剪报资料”几乎囊括了民国时期历史文化的各个方面，且全部出自“当时”，没有任何“加工”，是最能反映历史原貌的原始记录，而且，它汇辑了近30种报纸的新闻史料，对同一个新闻事件或新闻人物，各报有不尽相同的线索来源，在现场描述、言论评说等方面，各报也尽显各自的特点，因而具有极高的史料价值。

四

1922年4月，《申报》迎来创刊50周年。史量才在《最近之五十年》一书的“自序”中说：“人纵视为无足轻重之事，而在亲历其境者，若有无穷之情绪，不能尽举以告人。无他，周旋久而感情深，更事多而感慨系之矣。”[7]这是史量才办报十年后由衷而发的一句感慨，用它来描述当年资料室一拨人从容不迫、有条不紊之工作状态，颇为传神。试问，终日埋首于报纸堆，手握剪刀、浆糊刷子，不感觉疲累吗？“无他，周旋久而感情深”而已。

1928年11月，《申报》迎来发行2万号纪念日。史量才撰写《申报发行二万号纪念》一文，刊登在当日的“特刊”上。他谦恭地写道“此戋戋报纸，或将为修史者所取材乎”，希冀百年之后，人们在回顾、研究这一急速转型的历史时期，《申报》能为史家提供一部信史。这自然是对《申报》的一份期盼，今天用作对“剪报资料”的价值评估，同样恰当。

1934年11月13日史量才遭特务暗杀，时年55岁。1935年10月22日戈公振在上海病逝，年仅45岁。不到一年，中国现代新闻出版业的两位先驱相继辞世。然而，他们开创的剪报资料并没中断，他们的事业传承了下去。

《馆内通讯》第九期刊登了一则申报馆“人事科民国三十六年六月统计”，其中编辑部在册职员：编辑23人，采访室16人，资料室11人，编译室2人，整理科（审读校对）13人，电讯科9人。[8]从人员编制上，申报馆对资料工作的重视可见一斑。今天，我们能够查得姓名的，除了周巍峙的回忆，截至民国三十七年，能够确认的资料室成员有蔡正华（主任）、严晋（副主任，《馆内通讯》主编）、孙恩霖等至少14人。他们日复一日、年复一年埋首于报纸堆中，浏览、删选、剪贴、盖章、分类、装订、庋藏。在常人眼中，这是一件极枯燥乏味的工作，在他们却是“周旋久而感情深”的一份事业，集腋成裘，聚沙成塔，居然构筑成又一座百科全书式的民国史料宝库。

多少次走过毗邻外滩的狭窄的山东中路（旧名望平街，曾经著名的报业街），总会习惯性地抬起头，仰望那座依然耸立的新古典主义风格的申报馆大楼。仿佛看见在它三楼的一间办公室里，当年十来位或身着长衫，或穿西服系领带的那一代报人的淡泊睿智的身影，心中会涌起一份敬意。

大半个世纪来，申报馆剪报资料的存在并非秘密。这批剪报资料现收藏于上海报业集团。在集团图书资料库中，这批珍贵且数量庞大的文献资料，有序地排列在带滑轮的铁制书架上，成排成柜，蔚为壮观。总量达1.3万册之巨。由于一直被精心保存，只有少数几位学者曾经走近过它，得见它的真容，大多数学者，尤其从事近代史、民国史研究的学者，对它还相当陌生，甚至一无所知。1985年，上海书店老一辈编辑完成了全套《申报》的整理出版，这一史料宝库终于开启了一扇大门。30年后的今天，我们正在努力开启又一座史料宝库，它的名称叫“申报馆剪报资料”。《申报馆剪报资料（1931—1949）》约收15万份剪报，上海书店出版社拟分10辑出版，第一辑于2017年1月面世。

（作者：上海书店出版社副社长）

注释:

[1] 戈公振:《报馆剪报室之研究》,《东方杂志》,1925 年第 16 期。
[2] 庞荣棣:《史量才研究选粹》,上海:上海交通大学出版社,2014 年,序二。
[3] 同上,第 99 页。
[4]《馆内通讯》,1947 年第 1 期,《申报馆内通讯》(全二册),北京:全国图书馆文献缩微复制中心,2009 年。
[5]《馆内通讯》,1947 年第 2 期,《申报馆内通讯》。
[6] 同上。
[7] 史量才:《最近之五十年》,《申报馆五十周年纪念》,上海:上海书店出版社,2015 年。
[8]《馆内通讯》,1947 年第 9 期,《申报馆内通讯》。

清末上海印度巡捕罢岗问题探讨
——以《申报》记载为线索

刘　平　张天宇

在中国现代化进程中，上海的地位极其重要。自1840年代以来，随着贸易的繁荣和租界的建立，上海成为西学在中国传播的中心。从煤气、电灯、自来水到三权分立制度、警察制度、法庭辩护制度再到道路行车规则、垃圾倾倒规定，现代世界的方方面面经由上海进入中国人的生活。[1] 在上海城市现代化进程中，公共租界发挥了重要作用。为了更好地管理租界，西方现代城市管理经验被引入上海，巡捕房的建立就是公共租界引入现代警察制度的一种尝试，对租界治安有着积极影响——警察制度可以有效地制衡地方上的精英，以建立有效的统治。[2] 印度巡捕（下简称"印捕"）正是这种尝试的结果之一，他们不仅是作为公权力的代表，同时也是作为现代制度的代表出现，虽然他们可能并没有意识到自己竟然身处一个如此重要的历史进程之中。印捕并非演出上海那段历史的煊赫主角，却几乎建构了当时人们对于"十里洋场"治安管理的典型外在印象。

印捕并非城市的直接管理者，而是隶属于公共租界的工部局——一个由英国人主导的机构，而英国当时是印度的宗主国。针对印捕展开研究，不仅有助于完整再现上海城市风貌，也可以折射英帝国与其殖民地之间的联系。急剧步入现代化的上海、作为帝国殖民者和现代文明代表的西方人以及被殖民的同时又是城市秩序维护者的印度人，这一以印捕为主线的三者之间复杂的关系，乃是本文主要的关怀所在。[3]

一、身影模糊：学术史中的印度巡捕形象

1883年，中法战争爆发。战争硝烟虽然弥漫于中越边境及闽台等海疆之地，但紧张气氛却蔓延到了上海，静安寺附近的外国居民不再信任至此已经为

他们服务了10余年的华人巡捕，而希望雇佣非中国籍的巡捕。出于费用的考虑，工部局又不愿意引入欧洲裔的西捕。[4]妥协的结果是聘请印度人来充任巡捕。1884年10月下旬，第一批印捕从香港出发，来到上海。[5]

有位研究在上海的印度人的学者指出："但凡读过比利时著名的漫画家埃尔热的《丁丁历险记》的人，都会对于上海公共租界的锡克人巡捕耳熟能详。"[6]《丁丁历险记》关于上海的这一章节大约创作于1934年。也就是说，在那个年代的一个欧洲漫画家看来，印捕几乎可以作为上海公共管理力量的一个主要象征而存在，但是自1884年印捕出场至抗战时逐渐退场期间及其后时期，学界针对印捕的研究却比较稀少。[7]

1980年代以来，这种情况有所改观，主要是上海研究的热潮兴起。据统计，1980年到2003年这20多年间，仅仅海外各国关于上海史的博士论文就已经不下300篇，著作不下50部。[8]而近十年来关于上海史的研究更显突出。同时，在一些通史性著作中关于租界警务管理的章节内容得到细化，并且也有涉及印捕的介绍性内容。[9]同时，随着后现代主义、后殖民主义理论的兴起，历史研究越来越关注原先社会的中下层，[10]以及边缘群体，进而发掘了一批未被利用的关于上海巡捕的档案，工部局警务处档案和工部局董事会议记录是其中最重要的部分。此外，上海的地方志也值得参考，当代《上海公安志》[11]中对于印捕数量及其薪金待遇等都有详细描述，且史料多来源于租界华文档案，比较翔实可信。

同时也出现了针对租界巡捕的专题研究。英国的毕可思(Robert Bickers)在其《谁是上海的巡捕，为什么他们会在那里?》[12]中，直接以上海租界巡捕作为研究对象。另一位关于外国巡捕的研究者是来自华东师范大学的朱晓明，她的博士论文题为《上海法租界的警察》[13]，她注意到了和印捕地位颇为类似的越南巡捕的问题，并且讨论了法国殖民者与越捕的关系以及越捕的工作情况，对于我们探讨印捕提供了重要借鉴。

和本文讨论内容直接相关的是杨倩倩的硕士论文《上海公共租界印度巡捕研究初探(1883—1930)》[14]。这是中文世界第一篇针对印捕的专题研究——距离第一位印捕站在上海大街上的1884年，已经过去130年之久。此文作者大量使用新近整理出版的《工部局董事会会议录》和上海市档案馆所藏的《公共租界工部局年报》，并对相关材料做了比较好的梳理，对于印度巡捕在公共租界的设立、招募、待遇、升迁等事宜都有较为详细的介绍。但是正如作者所说，她研究的侧重点在于"工部局对印捕的管理和控制"[15]。也就是说站在工部局管理者的视角，而非印捕的视角，这一差异恰恰是我们希望予以突破的。

综合考察既往有关上海印捕的研究，人们关注的仍然是一种广义上的殖民地管理行为,但是对于这一群体自身的情况,以及作为被管理者的普通居民对印捕之印象的研究都极为匮乏。研究印捕这一群体的困难在于,他们多半没有文化,也鲜有关于他们的书信材料问世——我们对于他们的了解往往来自殖民者对他们的想法和声音的记录,而这样的记录注定是带有殖民的偏见的。不过,尽管来自于被殖民者的印捕不能直接书写历史,却并不意味着我们只能束手无策。因为历史的书写者对于印捕的存在进行加工、规训和建构的过程本身,就已经构成了极其重要的研究内容。研究这种渗透的过程,可以帮助我们进一步探究权力的中心与边缘之间的互动关系——这里体现为英国人和印度人的互动关系以及印度人和中国人的互动关系。

二、英—印关系:以印捕罢岗为中心的探讨

在研究上海租界的印度巡捕与作为管理者的英国人之间的互动时,需要先厘清一个重要问题,那就是上海的统治究竟是以何种形态进行的。如果按照目前中国主流话语来说,租界的形成标志着我国沦为"半殖民地半封建社会"[16],也就是说,租界是殖民地的一种形态,其论证是基于中国人受到的不公平对待。但如果要确认租界确实是殖民地,还需要了解当时统治者自身的想法。表面上看,和传统的殖民模式[17]不同的是,在上海并不存在一个总督来代表殖民帝国。并且根据《南京条约》的规定,清政府名义上在上海是和西方人分享租界的治权而不是像香港一样直接割让土地成为租界。那么上海租界的性质究竟是怎样的呢?这里面我们其实可以看看西方人自己的说法——《1854 年土地章程》生效以后,《北华捷报》的编辑就使用了"国际殖民地"这样的说法来评价新的英法租界的性质。[18]最新的研究表明,《1854 年土地章程》并未明确赋予租界里的外国人组建政府的权利,但是时任英国总领事阿礼国故意对该章程第十条进行了扩展性解释并组建了工部局,使得租界脱离了上海道台的管辖。[19]由此观之,可以将工部局对上海的统治形态视为殖民统治——站在租界管理者的角度亦是如此。

前文中曾经提到,印捕进入上海的原因是保护静安寺地区的西人居民,而在华人和西人均不合适的情况下,印捕作为一种可能的选项得以出现恰恰是得益于英帝国殖民统治的经验。面对逐渐扩张的殖民帝国,仅仅依靠英国人自身已经很难应付,这时较早被征服的锡克人就成了相比于英国士兵更为廉价的选择,而他们的表现也相当不错。[20]在 1857 年的印度民族大起义中,属于英军的锡克族士兵就已经充分体现出其英勇善战、忠实可靠的一面。[21]1867 年,港英政府因为人手不足开始招募锡克族的印度巡捕,他们的工作得到了香港警督克

列夫登的称赞。[22]因此印捕在1884年出现在上海，也可以视为业已成熟的英帝国管理殖民地手段的一种顺理成章的延续。

然而事情并没有如英国人想象的那样一帆风顺，印捕之使用，有正面效果，也有负面效果。至于负面效果，印捕不但会有违纪行为，更是出现了几次严重的罢岗事件。

第一次罢岗发生于1891年8月，巡官卡梅伦在巡查老闸捕房时，发现该处印捕的床铺卫生极其恶劣，遂决定对该捕房所有印捕每人罚款3元，引起印捕不满，他们当即拒绝上班，卡德路捕房的印捕亦参与罢岗。公共租界警备委员会随即召开会议，认为罚款3元太重，改为罚款一日工资；今后再有发现，加重罚款。事情很快解决，印捕恢复上班。[23]

第二次罢岗发生于1897年3月19日，次日警备委员会主席列德就此事向工部局董事会提交一份报告，从中我们可以了解到当日的一些细节。[24]19日早上，印捕在操练时，下起雨来，带队巡长决定结束训练，改为让印捕上岗执勤，但被印捕拒绝，他们先到中央捕房，再到警备委员会，提出四点不满意见：1.下雨天被派去操练；2.巡长巴恩斯在操练时骂人，还夹杂粗话；3.印捕未获得相应的奖励金，且没有臂章和合适的警服；4.上级警官中没有印度人，无处诉冤。警备委员会经过一番讨论，逐一批驳、解释。

如果仅从工部局记录来看，无疑是因为印捕自身不服管理而酿成罢岗，工部局方面本身没有过错。但是这些描述还是有令人生疑之处——印捕如果不想下雨时操练，为何巡长要解散的时候却不愿离开呢？果然，媒体报道与英国人的说法有些不同。据《字林沪报》称，印捕不愿在下雨时出操，即先下雨，印捕再被要求出操的，而非如工部局所说的是出操时下雨。而且出操后雨势加大，印捕感到不满，前往工部局申诉。[25]这种说法显然更合逻辑。下雨出操应是一系列不满爆发的导火索。

印捕不肯上街执勤导致街面上出现了一些混乱[26]，警备委员会于是决定严厉告诫罢岗印捕，当天下午四点如果不恢复执勤，将会被开除，但印捕仍不复岗。警备委员会遂开除15名有劣迹前科的印捕，以儆效尤。随后印捕复岗，罢岗失败。

第三次罢岗发生在1906年。公共租界的印捕听闻在美国、俄国当差每月工资可达60～80元，而在上海的一般巡捕只有16元，最多不过22元，于是很多印捕提出辞职。[27]工部局磋商，决定根据聘约加以阻止。[28]眼见辞职被拒，印捕转而请求每月增加薪金10元。董事会调查了印捕在工部局储蓄银行的存款情况，认为其存款数额证明他们并不差钱，遂再次拒绝。[29]辞职不成，加薪亦不允，印捕遂于9月30日罢岗，巡捕房172名印捕中有103人参加罢岗，波及面很大，而且发生了一些暴力事件，主要是罢岗印捕胁迫那些不愿意参与的同伴。工部局非常紧张，出动“西商团练”（即万国商团）将所有罢岗印捕押解到“英按察使署”（法院）审讯。[30] 10 月 16 日英国驻华公使发布命令，十名印捕被解雇并被遣返印度，其余印捕复岗。

最后一次罢岗发生于 1910 年，与此前罢岗不同的是，这次罢岗的起因不是单纯的待遇问题，还涉及锡克族内部马尔瓦人（Malwa）和曼杰哈人（Majha）的冲突，最终结果仍然是鼓动罢岗的为首者被开除，警备委员会调整了印捕内部两个族群的巡长、巡捕比例，印捕复岗。

三、家庭与消费：印捕罢岗的经济原因分析

从这些罢岗事件可以发现，上海公共租界当局对于印捕的罢岗采取了比较强力的弹压。并且在最终的解雇、抓捕之前，工部局基本上都会有一次警告。但是这些警告似乎并没有什么作用，印捕内部似乎相当团结，鲜有退出罢岗的人。这种团结或许和印捕的宗教信仰有关。印度巡捕都是锡克族，[31] 而锡克族的传统就是他们内部社群之间紧密的联系。[32] 而且有材料表明这种传统不但能给参与者施加道德和精神上的控制，甚至还能动用一定限度的暴力。例如在 1906 年的罢岗中，有位编号为 130 的印捕并未参加罢岗，于是其他参与罢工的印捕在他下班时就把他强行关在储藏室里面。[33] 另有 3 名印捕也是因为没有参加罢岗，在外滩遭到 15 名印捕的暴力袭击。[34] 罢岗过程中在工人内部出现纠察队性质的组织，是常见的情况。印捕罢岗中出现的这种内部暴力，说明其背后存在一定的组织力量。虽然受制于材料的限制，我们无法了解这种组织运行的方式，但是从第四次罢岗涉及的派别斗争来看，宗教组织力量和地缘性质的组织力量对于这次罢岗是起到了决定性影响的。

而分析这些罢岗事件的动因，我们发现基本上都和经济问题直接相关。而工部局对于这些罢岗巡捕采取的最有力压制手段也是经济的而非政治或者暴力的。一旦有巡捕被开除，其他巡捕基本上都会立刻复岗——印捕在经济上的这种敏感，甚至比同时期的中国工人更甚。[35] 杨倩倩的论文考证了上海印捕加薪的情况，因为物价上涨，工部局曾数次对印捕进行加薪。最早发生在 1917 年，此后 1921 年、1927 年又两次加薪。[36] 此前，1906 年印捕罢岗的背景也是当时物价的上涨，但是却没有得到加薪，这也是当时一些人认为的印捕罢岗的原因所在。[37] 由此我们看到，随着工资的提高，印捕再也没有罢岗过，从另一个侧面佐证了印捕罢岗背后的经济因素。

从另一方面来说，印捕的收入似乎也没有那么不堪，至少比起上海普通工

人来说要高许多。[38]前文曾经提到,在1906年罢岗时,工部局曾对印捕的存款进行了调查,认为他们存款的数额较大,比较富有。更有意思的是,根据几个印捕死亡后的情况来看,他们去世时的财产并不多。[39]如果希望对这种矛盾的现象进行比较合理的解释,就有必要分析印捕有哪些主要的开支,造成了印捕在经济上的抗压能力如此薄弱。

笔者认为,造成印捕经济压力的主要因素很可能是汇往家乡的钱款和购买性服务(嫖娼)的花费,而这两项花费都与"家庭"有关。对印捕来说,他们因为居住在巡捕房营房而无法拥有正常的家庭生活。而且他们基本上都是孤身来到上海,即使是已婚者也不得不离开在印度的妻子,实质上也过着单身的生活。[40]有人对锡克人外出工作的动机分析道:"多数家庭既不富也不穷,其实他们主要是中产阶级,他们在乡村的地位受到土地所有制的瓦解和土地价格膨胀的威胁。因此移民成为一项家族计划,一种为避免待在家乡地位下降而做出的体面选择。与其令家族所有土地进一步分割,不如让年轻人参军或出国来增加家庭财富和村中的地位。只有通过购买更多的土地,建造砖屋,为家中的女人安排体面的婚事才能做到。那些被派出的几乎全是单身汉或已婚而不带妻子旅行的年轻人。"[41]

前往上海任职的锡克族巡捕确实承担了家族经济来源中相当大的一部分。工部局年报中曾经提到,大多数印捕每年都会把他们在工部局储蓄银行的钱汇往印度的家乡,[42]而在提到这笔收入的大小的时候,1916年年报使用的词汇是"可观的"[43]。虽然具体比例不得而知,但是他们确实把收入的一大部分都寄回了家,这就能解释为什么他们在某些时间拥有可观的存款,而去世的时候却比较贫穷。这种模式有点类似于当下中国农民工外出务工的模式,而这种模式得以推行其实是英帝国(在中国则是中国政府)带来的现代化。若不是英帝国在印度和上海都建立了现代化的银行和邮政系统,那么打工者是没有机会把他们的收入寄回家乡的。虽然英帝国并非是出于道德而为这些印度人谋取福利,可能更多的是出于商业利益的考量,但是不可否认,他们建立的现代化的社会设施却实实在在为印捕提供了比留在家乡更好的选择。

离家带来的另一个结果是印捕的性需求无法满足,在没有妻子或者女伴的情况下,这一群体仍然需要发泄他们的性欲。可能的方式包括嫖娼,和本地的或者来自印度的其他女人形成比较长久的关系,或者采取强奸等暴力手段。除了嫖娼之外,剩下的两种方法都不太可行。诚如前文所说,锡克族人因其共同的信仰,通常容易形成紧密的团体,而这将构成对于中国女性和锡克男性婚姻上的结合的强烈反对力量。[44]也有不少印捕铤而走险,采取暴力手段以寻求性的满足,但是这种严重违法行为对印捕来说有极大风险。以《申报》报道为例,自1884年起,该报共报道印捕性侵案件29起。这些案件后来都经法庭审讯后裁判,情节严重者如发生于1909年6月的印捕鸡奸车夫黄世仁案,涉案印捕直接被判刑,[45]其余犯案印捕,也均遭到解职的处罚。性暴力反映的恰恰是对性的渴求,但是事后难免被开除或者被处罚。因此多数情况下,印捕还是会采取嫖娼这种风险较小的方法来满足性的需求。印捕嫖娼而见诸报端的事例繁多,[46]并有求欢不得殴伤妓女的事件发生。[47]乃至于有一种说法认为,印捕"红头阿三"的"阿三"起源就和印捕嫖娼之事有关。[48]

总之,印捕嫖娼的现象在当时颇为普遍。虽然印捕的工资较之上海当时的平均工资高出不少,但是根据美国学者贺萧的统计,再结合当时普通印捕的工资,嫖娼的经济压力对于印捕来说还是比较大的。[49]因此,在去掉他们汇往家乡的那笔钱和嫖娼的花费之后,印捕的工资就显得捉襟见肘了。也正是因为这样的原因,印捕每次罢工的核心诉求都是经济诉求,一旦经济诉求得到满足,他们就会回到他们的岗位上继续工作。

四、国人对于印捕罢岗的民族主义想象

相比英国的巡官们,印捕属于被管理者;相比当时公共租界的一般百姓,印捕则以管理者的面貌出现。印捕形象在国人脑海中的塑造是一个十分复杂的问题,超过了本文所能涵盖的范畴。但是就罢岗这一特定问题来说,中国人是如何看待印捕罢岗的?下面我们将对这一问题展开讨论。

印捕服务于上海的时间段,恰恰是印度民族独立运动风起云涌的年代。可是印捕对于这一运动似乎显得不冷不热,不但未曾见到他们以民族独立的名义进行任何形式的反抗,反而有数量越来越多的人加入到巡捕队伍中来。[50]对于印捕来说,他们似乎并不存在一种反抗英国统治的意识。这一问题产生的原因在于我们过于宽泛地使用了"印度"的概念。萨义德曾说,当我们使用"印度"这个概念的时候,我们其实已经变相地接受了帝国主义的知识分类方法。[51]就当时情况来说,"印度"是一个只对英国殖民者有意义的概念,用来指代他们所控制的南亚次大陆的大片土地。但是实际上,这个印度是由多个彼此冲突或者隔离的地方性政权组成。位于旁遮普地区的锡克族和印度教徒、伊斯兰教徒之间在历史上长期存在冲突和敌视。在莫卧儿帝国统治时期,锡克族人就一直受到印度教徒的迫害和压迫。[52]在英国殖民的过程中,锡克族聚居的旁遮普地区是最后被英军征服的地区。因此在两次英锡战争中,大量的印度教士兵加入殖民者的军队,成为英帝国殖民旁遮普地区的帮凶。[53]但英国人占领旁遮普地区之后对锡克族采取的政策却是较为宽容的。他们兴建了很多基础设施,同时尊重

锡克族的宗教传统[54]——之前的莫卧儿王朝并未表现出这种尊重。英国相对开明的统治加上锡克族和印度教徒历史上的仇恨，导致了在著名的1857年印度民族大起义中，锡克族人坚定地站在了英国殖民者一边。10万余名锡克族士兵加入英国军队，旁遮普地区的柴明达尔(领主)们也积极提供物资，帮助英国殖民者镇压起义。[55]而锡克族人也正是通过此次出色表现而获得英国人的信赖。

对于锡克族人来说，由于印度民族主义中鲜明的宗教民族主义特性，[56]所以他们对于所谓的“印度独立”其实是并没有什么认同的。举例来说，在1914年加德尔党人起义爆发后，一些人后来逃到了上海。英国人十分担心印捕受到这些民族主义分子的蛊惑。[57]然而锡克族巡捕并未受到民族主义分子的影响，一年中都保持了良好的纪律。[58]前文的分析也表明，印捕罢岗主要的原因是经济问题。事实上，当时印捕普遍配备了火枪，甚至还有专门的骑巡队，其战斗力十分强悍，甚至可以和军队媲美。[59]如果印捕罢岗是基于民族主义诉求的话，就断然不是开除罢岗印捕就能解决的了。1915年，新加坡的印度士兵爆发了反对英国殖民统治的起义，他们与英军血战半个月，席卷整个新加坡。[60]相比之下，印捕对工部局的反抗，无论是方式上还是烈度上，较之真正的民族主义起义要温和得多，这也从侧面佐证了本文前述印捕乃是基于经济原因罢岗的观点。

然而一些中国的知识分子对于印捕背后的历史并不了解，而是简单地把他们看作是和中国人一样的被殖民统治的来看待。郭沫若对于印捕的亡国奴身份产生了同情，[61]蒋光慈认为印捕罢岗是为了反抗英国的殖民统治。蒋光慈讲述了一个故事：印捕把布尔什维克学生抓起来又放掉，是因为他意识到中国和印度同样是受到压迫的民族，都需要被解放，因此救中国就是救印度。[62]这个故事体现出一种典型的对于他者形象的建构，创作者基于一种民族主义的立场，把印捕也纳入到中华民族谋求民族独立的宏大叙事之中。他们天真地认为，印捕作为同样受到帝国主义压迫的印度人的代表，应当和他们站在同样的立场上。知识分子的这种一厢情愿的想法，并非空穴来风。自从五四运动以来，借助社会上负面的形象来促进民族主义的话语，已经成为一种知识分子惯用的宣传模式，诸如“青楼救国团”这样的组织屡见不鲜。[63]中国的小偷、娼妓、帮会等社会群体的爱国热情，究竟有多少是基于功利的考虑，又有多少是基于真正的民族认同和国家认同犹未可知，更不必说印捕的想法了。中国知识分子认为印捕和中国人似乎一样都是亡国奴，因而他们也会对中国人自己追求民族独立和解放的目标产生同情——现在我们就可以理解这完全是不切实际的幻想了。对锡克族的印捕来说，他们的印度教和伊斯兰教的同胞有时候甚至比英国人更可恨。[64]但在中文语境里面，对印捕的误解仍然广泛存在。本文希望廓清的是，锡克族的印捕从未出现过基于民族主义的反英运动，他们的罢岗也和这些运动无关。

（作者：复旦大学历史系教授、北京大学法学院研究生）

注释：

[1] 熊月之：《上海通史·导论》，《上海通史》第1卷，上海：上海人民出版社，1999年，第22页。

[2]（美）魏斐德，章红等译：《上海警察：1927—1937》，上海：上海古籍出版社，2004年，第14页。

[3] 目前学界针对印度巡捕的专门研究比较匮乏。相关文章有：李番义《旧上海英租界的印度巡捕》，《上海档案》1985年第4期；吴志伟《旧上海租界的印捕风潮》，《档案春秋》2009年第4期；杨倩倩《上海公共租界印度巡捕研究初探（1883—1930）》，华东师范大学硕士学位论文，2013年。其中李文、吴文并非严格的学术论文，对杨文的评介将在下文呈现。按，李文是一篇200余字的杂记，主要内容是：印捕被称为“阿三”，据说是租界印捕出操，总是先有一个英国捕头讲几句话，一开口照例先说“I say”（读音似沪语“阿三”），印捕们马上保持立正姿势。周围观操之人不知其意，以为英捕头把印捕叫做“阿三”，故印捕“阿三”之名不胫而走。吴文讲述三事：印度巡捕在租界的出现、“红头阿三”称呼的由来、印捕的几次罢工事件。其中关于“阿三”称呼，恰与李文相反，作者认为是印捕每遇英籍上司，第一句话就是“I say”。

[4] 费唐，工部局华文处译述：《费唐法官研究上海公共租界情形报告书》，1931年，第17页。

[5]《印人来沪》，《申报》，1884年10月25日。

[6] 克洛德·马尔科维奇：《中国的印度人社团（1842—1949）》，熊月之等选编：《上海的外国人：1842—1949》，上海：上海古籍出版社，2003年，第306页。

[7] 有关研究可参见蒯世勋编著：《上海公共租界史稿》，上海：上海人民出版社，1980年（本书初稿写于1933年）。1930年代，一些外国人利用租界档案开展研究，最有名的就是兰宁、库宁合著的两卷本《上海史》（George Lanning and Samuel Couling, *The History of Shanghai*, Shanghai: Kelly & Walsh Limited, 1921）。该书对于巡捕房警务情况进行了较好描述，对印捕也多有涉及。遗憾的是，作者有较为明显的殖民主义立场，需要辩证

对待。

[8] 熊月之等选编:《上海的外国人:1842—1949》,第1页。

[9] 相关研究包括:刘惠吾主编:《上海近代史》,上海:华东师范大学出版社,1987年;唐振常主编:《上海史》,上海:上海人民出版社,1989年;熊月之主编:《上海通史》,上海:上海人民出版社,1999年。

[10] Peter Burke, "Overture: The New History, Its Past and Its Future", in *New Perspectives on Historical Writing*, edited by Peter Burke, University Park: Pennsylvania State University Press, 1991, p. 4.

[11] 上海公安志编纂委员会:《上海公安志》,上海:上海社会科学院出版社,1997年。

[12] (英)罗伯特·毕可思:《谁是上海的巡捕,为什么他们会在那里?》,《上海的外国人:1842—1949》。

[13] 朱晓明:《上海法租界的警察》,华东师范大学—法国里昂高等师范博士学位论文,2012年。

[14] 杨倩倩:《上海公共租界印度巡捕研究初探(1883—1930)》。

[15] 同上。

[16] 李侃等编:《中国近代史》,北京:中华书局,1994年,第31页。本书是教育部指定的高校历史学专业中国近代史教材。

[17] 对于一般的殖民地管理模式的总结,参见高岱:《英法殖民地行政管理体制特点评析》,《历史研究》,2000年第4期;潘兴明:《英帝国政治治理评析——差异化治理模式及效益考察》,《史学集刊》,2013年第5期。

[18] 《北华捷报》的用词是 cosmopolite colony。参考《北华捷报》,1853年7月30日,转引自叶斌:《上海租界的国际化与殖民地化:〈1854年土地章程〉略论》,《史林》,2015年第3期。

[19] 叶斌:《上海租界的国际化与殖民地化:〈1854年土地章程〉略论》,《史林》,2015年第3期。

[20] 这些观点也出现在招募印捕时工部局的讨论中。参考上海档案馆编:《工部局董事会会议录》第8册,上海:上海古籍出版社,2001年,第520页。

[21] (德)赫尔曼·库尔特等,王立新等译:《印度史》,北京:中国青年出版社,2008年,第303—305页。

[22] (法)克洛德·马尔科维奇:《中国的印度人社团(1842—1949)》,《上海的外国人:1842—1949》,第312页。

[23] 上海档案馆编:《工部局董事会会议录》第10册,第757页。按,根据1885年印捕与巡捕房签订的合同,印捕当时月薪为15元,罚款3元相当于月薪

的 1/5。参考《上海公共租界工部局年报》(1885 年),租界档案 U1-1-897,上海档案馆藏。

[24] 上海档案馆编:《工部局董事会会议录》第 13 册,第 486 页。

[25]《印捕停差》,《字林沪报》,1897 年 3 月 20 日。

[26]《印捕固执》,《字林沪报》,1897 年 3 月 21 日。

[27]《西报纪印捕罢岗》,《申报》,1906 年 10 月 2 日。

[28] 上海档案馆编:《工部局董事会会议录》第 16 册,第 655 页。

[29] 同上,第 661 页。

[30]《上海公共租界工部局总办处关于印捕工作安排等问题的来往文件》,租界档案 U1-2-302,上海档案馆藏;《西报纪印捕罢岗》,《申报》,1906 年 10 月 2 日。

[31] 根据工部局和英印政府往来函件,工部局坚持要求巡捕必须是锡克人。参见《上海公共租界工部局总办处关于印捕工作安排等问题的来往文件》,租界档案 U1-1-302,上海档案馆藏。

[32] 张占顺:《浅析印度锡克教思想——与印度教思想比较的视角》,《河北北方学院学报》,2012 年第 4 期。

[33]《上海公共租界工部局总办处关于印捕工作安排等问题的来往文件》,租界档案 U1-2-302,上海档案馆藏。

[34]《上海公共租界工部局总办处关于印捕工作安排等问题的来往文件》,租界档案 U1-2-302,上海档案馆藏。

[35] (美)裴宜理,刘平译:《上海罢岗——中国工人政治研究》,南京:江苏人民出版社,2012 年,第 282—286 页。裴宜理指出,对于当时中国的技术性工人来说,罢岗并未给他们带来不可承受的经济压力,结果往往是资方妥协退让。他们也并不畏惧开除,反倒是资方比较担心工人的流失。

[36] 杨倩倩:《上海公共租界印度巡捕研究初探(1883—1930)》,第 50 页。

[37]《印捕同盟罢岗》,《申报》,1906 年 10 月 1 日。

[38] 杨倩倩:《上海公共租界印度巡捕研究初探(1883—1930)》,第 51 页。

[39] "中国国家档案局外国档案等项",转引自(法)克洛德·马尔科维奇:《中国的印度人社团(1842—1949)》,《上海的外国人:1842—1949》,第 313 页。

[40] 而且工部局本身也限制印捕组建家庭,1904 年巡捕房只允许百分之三的印捕结婚。参见《上海公共租界工部局年报》(1904 年),租界档案 U1-1-916,上海档案馆藏。

[41] (印度)杜森伯里:《导言:旁遮普以外锡克人的一个世纪》,《上海的外国人:1842—1949》,第 312—313 页。

[42]《上海公共租界工部局年报》(1912 年),公共租界档案 U1-1-925,上海档案馆藏。

[43]《上海公共租界工部局年报》(1916 年),公共租界档案 U1-1-929,上海档案馆藏。

[44] 锡克教徒有比较特殊的婚姻仪式,他们一般只能在本教内互相结合。参考张占顺:《浅析印度锡克教思想——与印度教思想比较的视角》,《河北北方学院学报》,2012 年第 4 期;张占顺:《锡克教与种姓》,《西南民族大学学报》,2006 年第 1 期。

[45]《会讯印捕淫凶不法案》,《申报》,1909 年 6 月 19 日。

[46] 典型例子是《落差印捕之放浪》一文所述,印捕普遍有狎妓之事。见《申报》,1918 年 5 月 30 日。

[47]《印捕行凶》,《申报》,1905 年 6 月 6 日、1906 年 12 月 6 日。

[48] 该说法源于一则口述史料,参见陆健、赵亦农主编:《中国民间故事全书:上海·虹口卷(下)》,北京:知识产权出版社,2011 年,第 830 页。

[49] 对于嫖娼价格的统计,参考(美)贺萧,韩敏中等译:《危险的愉悦:二十世纪上海的娼妓问题与现代性》,南京:江苏人民出版社,2003 年,第 41—49 页。印捕因为没有独立居所,且执勤时间较长,不太可能和没有固定营业场所的娼妓发生关系,这就提升了其嫖娼的花费。以 1907 年为例,当年印捕月薪大概为 20 元,而嫖娼一次大概需要一到两元,足以对印捕造成较大的经济压力。

[50] 杨倩倩:《上海公共租界印度巡捕研究初探(1883—1930)》,第 28 页。

[51] (美)萨义德,王宇根译:《东方学》,北京:三联书店,1999 年,第 3—4 页。

[52] 刘健等:《印度文明》,北京:中国社会科学出版社,2004 年,第 411—412 页。

[53] Khushwant Singh, *A History of the Sikhs*, Vol. 2, Delhi: Oxford University Press, 1981, p. 102.

[54] Khushwant Singh, *A History of the Sikhs*, Vol. 2, p. 102—103.

[55] Khushwant Singh, *A History of the Sikhs*, Vol. 2, p. 103.

[56] 欧东明:《浅论印度民族主义意识的确立》,《南亚研究季刊》,2013 年第 3 期。

[57]《上海公共租界工部局年报》(1915 年),租界档案 U1-1-928,上海档案馆藏。

[58] 同上。

[59] 武装印捕的目的本身就包含军事目的,英国人期待印捕能够代替万国商团

成为租界赖以依靠的新的武装力量。参见庄志龄:《上海公共租界中的“多国部队”——万国商团》,《档案与史学》,1997 年第 4 期。

[60] 刘玉遵:《1915 年新加坡的印度士兵起义与沙皇俄国》,《中山大学学报》,1981 年第 1 期。

[61] 郭沫若:《阳春别》,载于乐齐主编:《浪漫抒情小说大师:郭沫若小说全集》,北京:中国文联出版公司,1995 年,第 96—100 页。

[62] 蒋光慈:《老太婆与阿三》,《拓荒者》,1930 年第 1 期,第 57—61 页。

[63] 张鸣:《北洋裂变:军阀与五四》,桂林:广西师范大学出版社,2013 年,第 175 页。

[64] Khushwant Singh, *A History of the Sikhs*, Vol. 2, p. 101.

承认与蔑视："承认理论"视域下的近代报人活动

叶　冲

霍耐特的"承认/蔑视"范式包括两个层面的意义：从承认的角度讲，其形式有爱、法权和团结；从蔑视的角度讲，其形式有强暴、剥夺权利和侮辱。在近代报业史上，上述"承认/蔑视"的现象均有存在，这说明报人的活动很大程度上是一种"为承认而斗争"的活动。本文将从报人争取的三种权利来详解这个问题：言论出版自由、政治参与权、社会公民权。通过引入霍耐特的理论，试图为近代报人活动的研究提供一个新的解释框架——"承认/蔑视"。

一、霍耐特与"承认理论"

（一）理论来源

霍耐特（Axel Honneth，1949—　），现任法兰克福大学社会学研究所所长，是当代法兰克福学派的领军人物。

作为哈贝马斯曾经的助手，他对哈氏的理论进行了批判的继承。一方面，他接受了哈氏的交往理论范式，承认其作为社会批判理论所具有的规范性；另一方面，他认为，哈贝马斯建基于语言交往理论基础上的"商谈伦理学"，因其缺乏现实性和社会性，也无力对社会运动做出有力的解释。"对于哈贝马斯来说，合法性的前理论来源于运用语言规则达致相互理解的社会过程。但这一历史过程发生在社会主体的背后，即主体意识对交往合理化过程既不能指导，也不能把握。因此，交往理性的展开就未必反映日益敏感的社会主体的道德经验"。[1]

他的"承认理论"源自于黑格尔和米德的思想。

黑格尔最早提出了相互承认理论，在其早期耶拿时期的社会理论中，他将个体的自我持存整合到社会构成的道德规范中，从而将互相敌对的自然状态转化为“主体间相互承认”的伦理生活。“主体之间为相互承认而进行的斗争产生了一种社会的内在压力，有助于建立一种保障自由的实践政治制度。个体要求其认同在主体之间得到承认，从一开始就作为一种道德紧张关系扎根在社会生活之中，并且超越了现有的一切社会进步制度标准，不断冲突和不断否定，渐渐地通向一种自由交往的境界。”[2]

米德的贡献在于，“通过对心理学的对象领域进行认识论检验这一迂回途径获得了主体间性理论前提”[3]，即当主体学会从主体间性的角度把自己视为社会的接受者时，社会生活的再生产才能服从相互承认的规范。

受益于黑格尔和米德的启发，霍耐特抽象出了承认的三种形式：爱、法权和团结，并在此基础上，他提出了作为社会动力学发展依据的“蔑视”的系统思考。他的“承认/蔑视”理论范式，实现了从单一主体的主体性思维方式向多元主体间思维方式的转换。

需要特别说明的是，“承认/蔑视”可以发生在两个层面：主体与主体之间；主体与制度之间。但本文所讨论的仅限于后者。

(二)理论简介

1.承认需求是如何产生的

单向的主体性价值取向解决的是“我是谁”的问题，但“承认理论”致力于解决“我要成为谁”的问题。正是在这个意义上，承认的需求得以产生。

霍耐特认为：“自我的圆满，依靠的是主体之间的相互承认。或者说，成功的自我发展预设了一系列相互承认的形式。如果主体体验到蔑视而意识到没有被承认或被错误承认，就会致力于‘为承认而斗争’。”[4]在霍耐特看来，围绕“承认/蔑视”而展开的斗争，构成了人类历史进程的动力，“正是社会群体的道德斗争，即他们集体的努力，才有助于在制度上和文化上建立起新的相互承认形式，由此，社会变革在规范意义上才成为可能”[5]。

2.承认的关系结构[6]

如表1所示，承认有三种形式：爱、法权和团结。

表1　承认的关系结构

承认方式	情感上支持	认识上尊重	社会交往中重视
人格维度	需要与情感	道德义务	特性与能力
承认形式	原始关系	法律关系	价值共同体
	(爱、友谊)	(法权)	(团结)

续表

发展潜能	—	普遍化、形式化	个体化、平等化
实现自我关系	基本自信	自尊	自重
蔑视形式	强暴	剥夺权利	侮辱
被威胁的个人人格构成	肉体完整	社会完善	"荣誉"、尊严
蔑视的后果	心理死亡	社会死亡	心灵死亡

"爱"是主体间首要的承认形式，它产生于"以友谊关系、父(母)子(女)和情侣之间的爱欲关系"。[7]通过"爱"所带来的"情感关怀"，主体体验到自己是有需要的存在，从而"产生了独立参与公共生活所必须的基本的个体自信"[8]。

"法权"是主体间相互承认的第二个阶段。如果说"爱"使主体意识到自己"在他者中的自我存在"[9]，那么，"法律"则实现了"普遍化的他者"。作为社会的共识的反映，法律保护了主体的平等和自由，主体也因此产生出承认法律的自觉意识，从而获得了自尊。

"团结"是承认的第三种形式。主体根据自身能力为共同体做出贡献，从而赢得他人的尊重，个体也因而获得了"自重"。"经验到社会重视的同时也伴随着一种切实感觉到的信心，即个人的成就和能力将被其他社会成员承认，是'有价值的'……这种实践的自我关系称之为'自重'，与基本自信、自尊范畴并列。""自重"决定了社会团结的实现。"在每一个体都有能力自重的程度上，我们才可以谈到社会团结。"[10]

对于上述三种承认形式，霍耐特更重视"法权"与"团结"。在他看来，正是由于在后两个层面受到了蔑视，从而引发了主体"为承认而斗争"。相反，在"爱"的层面受到的蔑视并不会产生普遍化的社会影响，故而难以形成"社会冲突的道德经验"。

3. 蔑视如何破坏了承认

"蔑视"也有三种形式：强暴、剥夺权利和侮辱。

"强暴"是蔑视的第一种形式。它摧毁的是个体的基本自信，表现在：一方面，它剥夺了个体自由支配其肉体的权利；另一方面，个体因失去支配自己肉体的自由而产生的孤独无力的痛苦。在三种蔑视形式中，"强暴"对个体人格的完整性的破坏是最大的，它导致了"心理死亡"。

"剥夺权利"是蔑视的第二种形式。它摧毁的是个体的自尊，表现在：它剥夺了个体作为享受平等的道德权利的主体地位，他无法像其他的社会成员那样有效地表达自己的诉求并自由地进行社会交往，其后果是导致"社会死亡"。

"侮辱"是蔑视的第三种形式。它摧毁的是个体的自重，表现在：个体的能力、特征、生活方式乃至信仰被漠视、贬低甚至废黜,这不仅降低了个体的社会地位,更破坏了个体的自我评价,其结果导致"心灵死亡"。

在三种蔑视形式中,"强暴"最具普适性,它不像"剥夺权利"和"侮辱"那样,会随着历史文化的变迁而发生内涵上的变化。而且,更重要的是,"强暴"是发生在个体身上的蔑视体验。当然,这并不影响它有可能被扩大为全社会的共同体验,2009 年发生在湖北省的"邓玉娇案"就是一个很典型的例子,而这也恰恰佐证了"承认理论"作为社会批判理论是有其经验基础的。

(三)理论应用的可行性

"承认/蔑视"范式虽然出自西方学者之手,但是它对我们研读中国的社会问题仍然有着重要的借鉴价值。究其原因,在于"社会冲突终究是一社会现象……属于实践领域,人们对社会冲突的研究获取的是一种实践智慧(而非精确的自然知识)。在社会科学的研究中采取规范研究是可能的,并且这种规范要求是客观的,它是在社会发展与交往过程中形成与发展的"[11]。而且,"承认理论"立足于伦理学视角,对社会问题施以人文关怀,有助于我们挖掘出潜藏于现象背后的道德因素。本文以"承认/蔑视"范式来解读近代报人活动,也同样是出于这个考虑。

二、"为承认而斗争"的近代报人活动

(一)承认理论所理解的权利具有互相承认的特征

"承认理论"力图从单一主体的主体性思维向多元主体间思维转变。在这个过程中,主体将获得三种自由:法定自由、道德自由、社会自由。相较于前二者,社会自由更强调主体间的相互承认,即主体能够将他者的期望内化为自己的期望,或能将互动伙伴的意图理解为自己的意图。因此,"承认理论"视阈下的权利,也就具备了互相承认的特征。

把握这一点,对我们理解社会冲突很有帮助,即隐藏在冲突背后并推动冲突发展的,正是人们追求互相承认的需要,它构成了冲突形成的背景。当然,它不能等于冲突本身。正如特纳所说:"只要诸多矛盾,利益对立或是仇恨这样一些背景条件仍然被当作是冲突,那么我们就很难把社会冲突的起因(此即上述或其他背景条件)同冲突本身区分开来。"[12]

(二)中国人的权利观本质上是"为承认而斗争"

根据 T. H. 马歇尔的分析,西方的权利发展史经历了三个阶段:18 世纪的

市民公民权(civil citizenship,对个人财产、自由、法律正义的准许)、19世纪的政治公民权(political citizenship,要求参与政府的权力运作)和20世纪的社会公民权(social citizenship,关于经济福利和社会安全的集体性权利)。[13]受洛克的政治哲学影响,西方比较重视“市民公民权”的优先性,即国家对个体的生命、自由与财产不得随意干预。一个比较典型的例子,是西方社会关于“堕胎”问题的讨论,其之所以长期悬而未决,正反映出西方人坚持个人事务不受政府干预的权利观。

但是,中国人更重视“社会公民权”。“自孟子的时代开始,中国人的治国之道就为政府预设了一个更前摄的地位,政府被赋予推动经济福利和安全的期望,这样的期望带来了关键的实践结果。”[14]如果统治者做到了这一点,那他自然会获得民众的支持,其统治的合法性便有了坚实的基础。反之,如果社会经济出现了不正义的情况,那么,革命便有了合理的理由。可见,“社会公民权”正是一种需要互相承认的权利。而且,中国人将“社会公民权”“作为其政治公民权的基石已经持续了许多世纪”[15],那么,政治公民权也就相应地被理解为相互承认的权利(被授予的而非自然的),“中国的政治权利一直被看成是由政府给予公民的,它的目的是使公民可以为国家做出贡献”[16]。因此,中国人的权利观,“本质上便是为承认而斗争”[17]。

(三)报人拥有表达承认诉求的手段

批判理论对社会现象的解释力,来自于其现实性与社会性。哈贝马斯看到了语言规则对实现交往理性的作用,并以此提出了交往行动理论。但是,囿于其语言理论框架,哈氏没有发掘出主体间性意义上的对话性质。

受米德的影响,霍耐特将“集体语义学”引入批判理论,提出了“承认/蔑视”范式。“当主体能够在主体间解释框架内表达伤害的感受,并把它作为整个团体的表征时,这种对伤害的感受才能成为集体反抗的基本动机。在这个意义上,社会运动的兴起取决于一种集体语义学的存在,这种集体语义学使个人被挫败的经验可能被解释为不仅伤害个体本身、也伤害其他主体集团。”[18]那么,“集体语义学”如何成为激发社会运动的动力呢?它需要“通过告知或交流等表达手段”[19],“一种社会运动只有在具备了表达手段时,蔑视经验才能成为政治抵抗行动的动机”[20]。

作为大众传播工具的使用者,报人天然拥有表达承认诉求的手段。而且,从运行机制看,报人的追求承认的活动还具有双重意义:一方面,报纸为民众表达承认诉求提供了一个空前的传播平台。报纸进入中国之前,被蔑视的经验由于缺乏舆论工具往往呈碎片化状态,最终也是以私下处理而结束,这从一个侧面也解释了中国人的“清官情结”——受害者在没有舆论帮助的情况下，多寄希望于“青天大老爷”的出现。另一方面，当报人自身遭遇各种蔑视时，他们会本能地拿起手上的武器，使蔑视体验扩大为共同体的集体道德经验，“今欲一言而播赤县，是惟报章”[21]。这也印证了詹姆斯·凯瑞的说法：“传播的‘仪式观’并非只指讯息在空中的扩散，而是指在时间上对一个社会的维系；不是指分享信息的行为，而是共享信息的表征……传播的起源及最高境界，并不是指智力信息的传递，而是建构并维系一个有秩序、有意义、能够用来支配和容纳人类行为的文化世界。”[22]

(四)“蔑视”是推动近代报人斗争的重要推力

哈贝马斯认为，现代社会的危机在于“生活世界的殖民化”，现代文明危机的根源在于合理的片面化所导致的。对此，霍耐特给予了否定：合理的片面化显然不是社会冲突的根源，更不是社会进步的动力，相反，“社会反抗和社会叛乱的动机形成于道德经验语境，而道德经验又源于内心期望的承认遭到破坏”[23]。

霍耐特认为，对遭遇蔑视的个体而言，如果参与集体反抗能消除此前因蔑视所带来的消极体验，那么，他就会积极投身于抵抗行动中去，藉此来恢复原有的自信、自尊和自重，而共同体内部的成员间的相互鼓励，则进一步强化了个体参与抗争的勇气与决心。关于这一点，下节将予以详述。

三、“承认/蔑视”范式下报人对三种权利的争取

霍耐特将个体权利分为人权、政治权利和社会权利。“人权是指保护个人生命，自由和财产免受非权威的国家干涉的消极权利。政治权利是指保障个人参与公共意志形成过程的机会，是一种积极权利。社会权利是指保障个人公平占有基本产品分配，这也同样是一种积极权利。”[24]

下面，本文将结合历史材料，对近代报人争取三种权利的斗争进行分类解释。

(一)报人争取言论出版自由的斗争

在经典的自由主义理论看来，言论出版自由属于一种消极权利，它“给予每一个人受国家保护，并纯属用来作私人自我理解的空间”[25]。

对近代报人来说，争取言论出版自由一直是其最基本的承认诉求。这一点，尤其表现在报人对历任政府所制定的“报律”的争论与批评上。

1906年，《大清印刷物件专律》《报章应守规则》出台后，《汉帜》即发文指出："清廷方议宪法，即犯三大自由之二，是各国以报馆监督政府，中国反以政府监督报馆；各国因专制而立宪，中国反因立宪而专制。"[26] 1908年，《大清报律》(下称《报律》)公布后，《江汉日报》谴责《报律》剥夺人民的言论自由："政府诸公仇视舆论之隐衷，今日已大昭而示天下……以明明组织宪政之地，而为此障碍宪政之律。"[27]《粤西》杂志认为，《报律》的出台颠倒了舆论界与政府的关系："昔报馆有监督政府、指斥官场之权，今且为政府所监督、官场所指斥矣。"[28]《神州日报》劝告清廷学习西方经验，"泰西政治之发达，实赖于报纸机栝之完全，故其攻错也愈力，其促政治进步也愈速。新闻记者殚心竭力于政治问题，使国家社会之间幸福日增进"，言论自由被剥夺将影响公民政治的参与，"言论自由，得宪法上之保障者，将来已不可得，遑问参政之权利耶?"[29]除了发文批评，报业公会也表示了抗议，如1912年中国报界俱进会在上海召开的特别大会上，通过了"不承认报律案"，而北京新闻界则发表联合宣言，对引发争议最大的《报律》第七条进行了详细批驳。

袁世凯当政时期，《报纸条例》(下称《条例》)同样遭到了报界的抨击。1914年，《条例》公布后，北京报界派出李庆芳等3人，前往内务部质询。《京报》亦批评道："若该律一旦实行，则不独为世上报律比较之最恶者，且将中国公民言论出版自由权剥夺殆尽也。"[30]《申报》则谴责政府采用"双重标准"的霸道做法："政府公布报律，政府所雇之官吏其能不守此报律否?""夫法律不平等，已不得谓之共和，若法律而有守有不守，即专制之国。"[31]《民国西报》警告说，压制报人只会导致更强烈的反弹，"(报人)时机一熟，行见终有制胜一日"。[32] 较之《条例》，《出版法》更为报界深恶痛绝。1922年10月，北京72个团体向政府请愿，要求废除《出版法》；11月，北京言论自由期成会成立，将废止《出版法》列入该会的章程中。在武汉，武汉日报公会召开紧急大会，联合京沪等地同行，一起向政府呼吁取消《出版法》。在上海，上海日报公会、书业商会、书报联合会、书业公所等团体两次公开声明，要求政府立即废止《出版法》。

国民党统治时期，始于重庆的"拒检运动"最终成为一场波及全国媒体的抗争行动。1945年，重庆国讯书店在未经审查的情况下，出版了黄炎培的《延安归来》一书，该书受到了政府的查禁。此事引发长期饱受新闻检查制度之苦的新闻界的抗议热潮。《大公报》直指新闻检查制度对自由的伤害，"自由是否实现，还要看新闻垄断制度及歧视制度是否仍然存在"。各地风起云涌的"拒检运动"最终迫使当局不得不表示，"政府应保证人民享受一切民主国家人民在平时享受身体、信仰、言论、出版、集会、结社的自由，现行法令，当依此原则，分别予以废止和修正"[33]。

与报人追求言论自由权的斗争相呼应的，是当局持续不断地对报人的“蔑视”。前述，蔑视有三种形式——强暴、剥夺权利和侮辱，而这三种形式的蔑视行为，在中国近代报业史上都曾出现过。

1.强暴：近代史上，报人被殴、报馆被毁的现象时有发生。1917年，《北平日报》因误报热河都统姜桂题病故，遭姜部兵士捣毁；1932年，《导报》因批评第29军驻北平办公处处长秦望纯骗婚，导致三名编辑被殴，而《益世报》报馆则被捣毁。[34]因言获罪、惨遭拘押的情况也是时有发生，1912年5月12日，《国风日报》刊发了《忠告政府与军警同胞》一文，当日报社协理、编辑、工人被捕，《国风日报》次日以“开天窗”的方式表达自己的抗议；1934年，《民生报》因刊发《蒋电汪于勿走极端》一文，其社长成舍我被拘押达40天之久。相比殴打、逮捕，从肉体上虐杀报人则是“强暴”的最严重体现。1903年，沈荩在《新闻西报》上公布了《中俄密约》，被当局先责以杖刑200多下再施以绞杀；1914年，《国魂报》主笔在未经法律程序的情况下被肆意枪杀；[35]1922年，《广州晨报》社长夏重民因抨击陈炯明，遭陈部兵士逮捕和毒打，后被捆绑并沉入珠江溺毙；1926年，《京报》社长邵飘萍、《社会日报》社长林白水先后死于奉系军阀之手；1933年，《江声日报》编辑刘煜生被江苏省主席顾祝同强行处死；1934年，《申报》老板史量才被军统特务狙杀于沪杭公路。此外，还有李公朴、闻一多等人。

2.剥夺权利：报纸所具有的强大的社会影响力，让习惯于专制统治的当局恨得要死、怕得要命，于是，查封报馆就成了最常用的办法。维新变法失败后，西太后的一条懿旨，便使得全国的维新派报刊几乎全部被封。袁世凯当政期间，到1913年底，全国报纸只有139家，较之民国元年的500家锐减了300多家，史称“癸丑报灾”。国民党当局对民营报纸始终持歧视态度。以1946年为例。1月12日至8月8日，北平、上海、广州、西安、昆明、重庆等大城市，有195家报纸、杂志、通讯社、印刷所、民营广播电台被勒令停刊、停业，两家报纸被禁止邮寄，9家报馆被特务捣毁，3名新闻工作者被杀害。[36]上文提及的成舍我，在被关押40天后释放，但当局勒令其从此不得在南京办报，这正是一种典型的“剥夺权利”行为。

3.侮辱：军阀当道的近代中国，权力的傲慢随处可见。张宗昌曾在山东召集记者训话：“今天我请你们大家来，没有别的话说，就是你们的报上登载的消息，只能说我好，不许说我坏，如果哪个说我坏，我就以军法从事。”[37]除了面对国内军阀的凌辱，近代报人还经常遭受外国侵略者的侮辱。1912年，《民权报》因批评袁世凯阴谋篡权和章太炎的妥协行为，公共租界巡捕房以“任意诽谤”之名，拘捕该报主笔戴天仇（戴季陶），并押至会审公廨受审。为此，上海日报公会致函工部局：“此端一开，恐嗣后捕房吹毛求疵，随时以一纸污辱而摧残报界，使人人自危。其关系天仇个人之事小,而蹂躏摧残舆论,蔑视我国其事大。”[38]

关于报人与当局的“报律”之争,我们多着眼于报人维护自身权益和当局维持专制统治的利益之争上。这固然没错,但以“承认理论”的视角观之,事情就不是这么简单,这是因为,“作为法人的相互承认,其意义比现代法律进化过程开始可能具有的意义远为丰富”[39]。它具体表现在两个方面。首先,从消极人权的角度看,个体有获得法律上保护的需要,免于政府对其言论自由的干预,即诺奇克所言,国家是保护个人权利的工具,它的功能仅仅限于保障契约的执行,是最小的、守夜式的。[40]其次,个体要想参与公共意志的形成,还应该获得与社会地位相配套的社会经济的支持,即“让主体基于理性洞察而独立行动的特征从此内涵着最低限度的文化教育和经济稳定”[41]。

回到近代新闻法制史,在制定“报律”时,且不论历任政府的立法动机为何,至少,“言论自由”作为一种普适价值还是在形式上被确定了下来。“资产阶级的自由的制度化,从来就是永恒变革过程的开端。”[42]它表现在,一方面,“言论自由”在律法条文中的明确,不仅丰富了法律的实质内容,还使得个人对实现社会保障的自由的机会上的差异产生了更大的敏感。19世纪50年代,第一批国人自办报刊出现时,新闻评论常见“皇太后轸念时艰”“皇上宵旰勤劳”“圣天子在上,可以出而仕矣”等谗言谀辞。但是,随着时代的发展,“时政之得失,官吏之贤愚,地方之治否”等真实的信息和辛辣的评论,越来越多地出现在报刊上。另一方面,“基本个体权利的连续扩展以某种方式和规范原则相联系,这种规范原则从一开始就是引导观念”[43]。“报律”的制定,推动了“言论自由”等一系列的平等观念在社会上的普及,它不仅期望个体能基于理性洞察来服从现有法律规范,更重要的是,因法律关系的普遍化带来的承认诉求具有累积性效应,它要求国家能提供基本的社会生活保障以满足个体参与公共生活的需要。当这两者无法同步时,“就显示了法人实质内容与法人社会地位的范围的发展中的冲突”[44]。一个典型的例子,是报人对国民党当局的“新闻歧视制度”坚持不懈地抗争。这也证明了,在中国人的权利观里,“社会公民权”始终是居于首位的权利,而报人围绕“报律”展开的斗争,正是一种为承认的斗争。

(二)报人争取政治参与权的斗争

对近代报人的议政活动,学界多从中国古代的“文人论政”传统入手,试图整理出一条贯穿前后的历史脉络。“(文人论政)不仅是胡政之等人一贯的办报思想和自我角色定位,而且也是承袭王韬、郑观应、康有为、梁启超乃至英敛之的办报思想且弘扬光大的大公报特色。倘若还要深加追究,甚至可以找出他们远祧的古代士人,如黄宗羲、顾炎武、东林党人和复社先贤等等。”[45]的确,对上做“帝师王佐”、对下做“国民向导”,“文人论政”的背后反映了一种“士大夫情结”,而这也是中国文人薪火相传、绵延千年的精神遗产。在近代报人上,比较典型的是康有为、梁启超等维新人士。

1895年的“公车上书”,引发了我国第一次办报高潮,康有为、梁启超为代表的变法人士成为这场办报热潮中的领军人物。他们对报刊的政治实用价值的强调,远多于报刊在信息传播上的作用。无论是梁启超的《变法通议》《论报馆有益于国事》,还是康有为的《新学伪经考》《孔子改制考》,都体现了较为强烈的政治实用主义色彩。梁启超喊出了“第四种族”的口号:“清议报事业虽小,而报馆之事业则非小。英国前大臣波尔克,尝在下议院指报馆、记事之席而叹曰:‘此殆于贵族、教会、平民三大种族之外,而更为一绝大势力之第四种族也。’”[46]梁启超最早提出了“史家办报”的说法,在他看来,报人剖析发现事实中所蕴含的意义以指导国民,即“比近事,察现象,而思所以抽绎之、发明之,以利国民……而要之以向导国民为目的者,则在史家谓之良史,在报界谓之良报”[47]。

康、梁身上,反映了“中国独特的政治文化模式,即把社会治理和教化和谐统一的士大夫政治”[48]。但是,他们只是近代报人中一部分。而且,党派报纸常以鼓吹己方观点、打击政治对手作为办报宗旨,“它们不是新闻事业的合法成员;它们不对新闻事业负责”[49],事实上,当时有许多报人并不以入仕为旨归,可他们同样热心于议政论政。比如,在“史家办报”的认识上,当时的报人就表现出明显的区别。前述康、梁等维新人士将政治使命加之于报纸,但史量才却主张尊重读者自己的选择:“历史纪载往事,日报则与时推迁,非徒事纪载而已也;又必评论之,剖析之,俾读者惩前以毖后,择善而相从。”[50]徐铸成等大公报人提出:“历史是昨天的新闻,新闻是明天的历史。”[51]史量才则认为,新闻不是直接的历史,而是历史的草稿,报纸是“史家之别裁,编年之一体”,它肩负着“通史之任务”,办报是要“为修史者所取材”[52],报社全体同仁必须“以史自役”[53]。

可见,寄希望于以“士大夫情结”将近代报人“一网打尽”,这其实是不可能的。且不说人数众多的报人群体,即便在个别报人身上,我们也会遭遇如何对其准确定位的尴尬。以张季鸾为例,职业报人、爱国人士、知遇国士这三种身份似乎都能找到踪迹,可是,上述三个身份的内涵其实有着本质的区别,如果把它们都安在张的头上,从学理上显然是说不通的。同样,“企业家办报”“史家办报”“文人办报”,史量才也面临着上述三种身份交叉的问题。要解决这个问题,我们恐怕得跳出历史学的框架,换以哲学的视角去观照,或许会有一些新的认识。这方面,“承认理论”可以给我们以启发。

在传统社会,文人居“士农工商”的四民之首。议政论政本是士大夫应有的本份,也是儒教传统的题中应有之义。但是,近代以来,列强入侵接踵而至,军阀夺权连绵不绝,执中国之牛耳者以武人为主,而非文士。而1905年科举制度的废除,标志着旧式文人的功名之路彻底断裂——“朝为田舍郎,暮登天子堂”的仕进梦想,现如今成了“前朝遗梦”。士人群体被边缘化,不仅表现在他们从权力神坛上的跌落,还体现为他们在生存与生活上的困难。以往,如果科举失利,儒生或担任塾师,或入幕为僚,或包揽词讼,虽不能光宗耀祖,但至少衣食有着,现在,新制的推行,使他们几乎成为空有“屠龙之技”的“弃儿”。一言以蔽之,边缘化带给文人的是精神寄托的空虚与物质生活的困窘。用“承认理论”的话说,他们遭遇了“侮辱”这种蔑视形式。

从昔日的社会精英,到今天的末路文人,面对这“三千年未有之大变局”(李鸿章语),文士们并不甘心于被边缘化,他们希望重新得到社会的承认。报纸的出现,为他们重返社会中心提供了一个抓手,或者说,报纸起到了一个“诉求表达机制”的作用。“数十年来,国内思想潮流及一切实务推进,其事乃操纵于报章与杂志期刊。”(钱穆语)这是因为,“政论报刊之目的与功能,在于造成舆论,借舆论以推动政治变革”。因此,“自维新以后,凡是在中国社会和政治舞台上唱主角的新人物,无一不是通过报刊登场的”。[54]

所以,表面上看,报人的斗争似乎是“为利益而斗争”,实质上,却是一种“为承认而斗争”——他们期望自己的能力能得到承认。只不过由于社会的变迁,特别是国家动荡带来的武力横行,使他们产生了强烈的失落感,丁文江就曾感慨道:“我们这班人……(可谓)治世之能臣,乱世之饭桶。”而办报活动恰恰表现了这种潜藏的道德危机感。进而言之,武人通过夺权可执政治之牛耳,报人通过办报有望执舆论之牛耳,这不仅有助于报人摆脱因边缘化带来的失落感,甚至还可以成为与政治相颉颃的另一个“社会中心”,从而重拾“被承认”的信心。“1932年孟森在《独立评论》写了一篇论文,希望中国能产生一批新的‘士大夫’,足以构成社会的重心。”[55]“胡适曾说政论家‘一言可以兴邦,一言可以丧邦’,因此立言时必须持哀矜之态度。这自然是过于夸大了政论家或者知识分子在现代社会里的力量,但这种对于文人论政的舆论之力量的有意高估,却也隐然显露出知识分子试图用现代公共舆论构造出一种能够与政治话语分庭抗礼的‘道统’,从而拆解政治力量垄断对真理的阐释权的企图。”[56]新记《大公报》提出“不党、不偏、不卖、不盲”,史量才提出“纯以社会服务为职志,不挟任何主义,亦无任何政治背景”[57],都可以从这个角度去解读。可见,“如果我们只是单单从‘文人论政’的言论来看,不去分析他们自身的认同危机和身份意识,就不会看到更多的事实”[58]。

除了“士大夫情结”,还有一种观点同样值得思考,即使将近代报人的办报活动视之为一种“权利意识的觉醒”。这有其道理所在。不少报人有过海外经历，如于右任、邵飘萍、张季鸾、黎烈文等，他们直接熏染了西方的自由主义思想。还有些人，则从日本那里间接了解到西方思想，并化为自己的办报动力。徐铸成回忆："张季鸾、胡政之两位，他们在天津时期，就以大阪《朝日新闻》作为学习榜样，而自诩为东方的孟彻斯特《卫报》。"[59]傅斯年曾说："我们自由要有办法，一入政府即全无办法。与其入政府，不如组党；与其组党，不如办报。"[60]"以《大公报》《新民报》《文汇报》《世界日报》等为代表的民间报业……特别执着于这种选择模式。"[61]但这同样可以用"承认理论"来理解。由于权利意识的觉醒，个体意识到自己没有被视为平等的主体，因而展开了斗争，这正是一种"剥夺权利"的蔑视体现。

当然，以西方自由主义新闻思想来解读近代报人的活动，也不能简单地"拉郎配"，这是因为，中国人权利观有其自身的土壤，"中国的权利话语并不是企图模仿西方经典的未完成品……它来源于中国人自身的概念和考量，有其一贯的历史传统……中国有丰富且独特的权利话语"[62]。张季鸾曾说："中国报，有一点与各国不同。就是各国的报是作为一种大的实业经营，而中国报原则上是文人论政的机关，而不是实业机关。这一点，可以说中国落后，但也可以说是特长。"[63]当然，在中国近代，士人以"文人论政"的方式来表达自己的承认诉求，大多没有获得成功，"自由知识分子开始接受西潮思想，走出书斋，面对国家落后和民族存亡，思以言论报国，甚至言论救国。他们在整个政治舞台是配角，虽发挥道德力量，但实际的政治作用则不能高估"[64]。前文述及"蔑视"时所举的诸多"报案"就是明证，还有些报人后来干脆走进了官方政治体系，成为官僚队伍中的一员，如陈布雷、吴鼎昌，他们非但没有成为舆论的中心，最后反被政治所同化。究其原因，还是与中国社会独特的历史文化背景有关。所以，"我们应该警惕在别的文化和政治语境中'权利讨论'具有的不同的起源与变化着的含义，而不是想当然地认为在当代中国'权利'这一标签相近于盎格鲁一撒克逊的天赋人权以及市民社会的观念，或者单在这之上提出自由主义式的对强大国家权力的批评"[65]。

（三）报人争取社会公民权的斗争

所谓社会公民权(social citizenship)，是指关于经济福利和社会安全的集体性权利。

相比市民公民权和政治公民权，中国人更重视"社会公民权"。"生存与发展这对概念并不是中国哲学家与政治家提出的简单而抽象的符咒；它们是中国普通人政治思维与行动方式的核心。"[66]基于这个原因，在中国，统治的合法性基础既不同于欧洲的君权神授论，亦不同于日本的皇室血统论，而是接近于孟子的“天命论”,即统治者需要民众的持续支持,而获得民众支持的前提是“仁政爱民”。可见,这是一种需要相互承认的权利。

以“承认理论”来解读近代报人争取“社会公民权”的活动,这中间存在着较大的理论跨越。要实现这一跨越,我们需要借助其他理论工具的助力。在这方面,社会冲突论大师刘易斯·科塞的“剥夺感”可以帮我们完成这一跨越。

所谓“剥夺感”,有“绝对剥夺感”和“相对剥夺感”之分。前者是指个体的生存需要无法得到保证,以至于丧失了参与社会生活的能力;后者是指个体对分配的不公平和制度的不正义而产生不满情绪。当这种情绪迫使被剥夺者不再认同现存制度的合法性时,社会冲突就有可能发生。相比前者,后者更易引发个体的消极感受,也更容易挑起冲突。

回到“承认理论”,“绝对剥夺”使个体无法满足生存的基本需要,他面临着“爱”这种承认形式的撤销,等于是遭遇到“强暴”这样一种蔑视并毁掉了“自信”;而“相对剥夺”则是指个体遭遇到“剥夺权利”这样一种蔑视,并毁掉了“自尊”,使个体无法像其他社会成员那样正常地参与社会活动。不管是“绝对剥夺”,还是“相对剥夺”,它带来的后果是,主体没有获得应有的“承认”。

1.“绝对剥夺感”引发的报人斗争

国民党统治时期,积极推行“新闻一元主义”理论,即“将党的势力伸入整个新闻界,逐渐使之化于党”[67],以实现其新闻统制的目的。

为贯彻这一理论,他们实行“新闻垄断制度”,比如,规定国民党中央通讯社对国际新闻的垄断特权。对非国民党系统的新闻事业,则实行“新闻歧视制度”。1938 年 8 月,《申报》发表社评,谴责当局只检查国人报纸,却不检查洋商报纸的双重做法:“政府对于洋商招牌的中西文报纸取放任态度,而对国人办的报纸独严,结果很重的消息,在洋商报纸上可以痛快直出,而在自办的报纸上只可在字里行间去隐约猜想,民众当然多取彼而舍己。新闻记者纵然要代政府保守秘密,亦无法杜塞民众的耳目!新闻检查制度不改良,在群众心目中,自办报纸必然永远低落。”[68]

除了支持党营媒体垄断新闻内容、新闻检查实行双重标准等做法,当局还通过限制新闻纸的供应,以达到对民营报刊的压制。1946 年 9 月 5 日,国民政府临时会议制定《新闻杂志及书籍用纸节约办法》。当局以物资紧张为由,规定已出版报刊必须减缩篇幅。报纸“原在一张以上者”自动缩减为“一张”,“原在二张以上者,不得超过二张”。杂志“周刊每十六页为度”,“半月刊每期以三十二页为度”,“月刊以上,以六十四页为度”。[69]

类似的行为也曾发生过。1944 年 2 月,汪伪政府颁布《文化用纸配给办法》,规定“凡杂志社出版社”,“发刊有关文化宣传刊物,须用配给白纸张”者,应

“以最低限度数目”,“详细计算使用数量”,“填具用纸消耗表”送伪宣传部核准。而且“应于领到一个月内”,“填具用纸消耗表”,送伪宣传部复核。“前次之余剩配纸应并入为下次印刷刊物用纸外”,“绝对不准移作别用”。凡“领用配给白纸所印之出版物,一经印就,即全部送宣传部报刊发行所点验”,核对“刊物印数”与“请领配给纸张”是否“绝对符合”。[70]

当局以“釜底抽薪”的办法来打压民营报业,其用心可谓是阴险之极。它制造的是一种“绝对剥夺感”,使当事者几乎丧失了生存的可能性,这无异于是一种“强暴”。报人当然不会坐视当局的对报业的绞杀行为,1946 年,上海杂志界联谊会在《上海杂志界联谊会致政治协商会议第三方代表备忘录》中表示:“一切限制言论自由出版自由的特别法规,必须立即明令废止”,“过去发布之查禁书刊命令必须宣布无效,妨碍言论出版之种种非法手段必须立即停止”,“各地方政府及党政军警宪机关应严加约束,不得滥用职权,对出版物之流通散布横加阻挠”。[71]

2.“相对剥夺感”引发的报人斗争

科塞认为,由于分配不公平和制度不正义,导致了共同愿望无法实现,群体的消极情绪也随之高涨,最终使得被剥夺者不再认同现存制度,冲突也就在所难免了。“科塞将‘相对剥夺感’的主观社会心理因素与社会制度的客观合法性问题相结合,为冲突发生找到了更为深刻的原因。”[72]

事实上,“相对剥夺感”在任何社会任何时代都是存在的,其之所以没有引发社会冲突,根源在于被剥夺者的权利意识的觉醒多停留在个体层面。由于缺少必要的传播工具,这种个体身上的道德体验无法扩大为群体的集体意识,大规模的冲突就难以产生。但是,报纸的产生,恰恰填补了这个空白。个体遭遇的“剥夺者”,可以迅即扩散到全社会,从而引发群体性冲突。

在近代,报人因“相对剥夺感”而起的冲突,最典型的例子是“声援同行”。

1903 年,沈荩被清廷杖刑并勒毙后,国内报刊纷纷加以报道和评论,上海新闻界还与各界在愚园召开沈荩追悼大会。1912 年,《大江报》被湖北总督黎元洪查封后,《民心报》即发《哀大江报》一文,上海《民主报》等 7 家报纸,联名公电参议院,对此事提出严正抗议,要求参议院令黎元洪立即“取消全案”。1912 年,内务总长赵秉钧下令查封《中央新闻报》,《国风日报》发表启事,指责赵“不知法律,不谙事件,倒行逆施,……变本加厉,惨无人道,虽专制时代,无此横暴”[73],中国报界俱进会则致电参议院,要求对赵进行弹劾。

统治者对报人的肆意捕杀,甚至激起了身在党营媒体内的报人的愤怒。1946 年,著名记者羊枣在杭州狱中死去。杭州、上海、北平、广州、武汉等新闻界纷纷谴责国民党的罪行,在 10 月发表的《争取新闻自由——各报记者联合致宣司令一封公开信》里，签名的记者除了有民营报人，还有《中央日报》《和平日报》《民国日报》《东南日报》《正言报》《前线日报》《中华时报》、中央通讯社上海分社等国民党新闻单位的记者。

发生在1932年的"刘煜生事件"，是近代报人抗议与声援活动中规模较大的一次。时任《江声日报》编辑的刘煜生，因发文批评"攘外必先安内"的政策，遭江苏省政府主席顾祝同下令逮捕。事件发生后，南京与镇江两地的新闻记者会立刻联合起来，向顾本人当面提出质询并表示抗议。遭到拒绝后，两会向全国新闻界发出呼吁。1933年1月1日，顾祝同不顾社会抗议与国民政府监察院的反对，将刘煜生强行处死。顾的野蛮做法激起了全国新闻界的愤慨，报界除了成立专门的"刘煜生案专门委员会"深入调查此案，各地还举行追悼大会，同时，向南京政府呼吁对顾进行严惩。中国民权保障大同盟召开临时紧急会议，呼吁全国报界罢市一日。波及全国的抗议浪潮，迫使当局不得不做出表态，8月，国民党中央发布《保障正当舆论》通令，9月1日，又发出《切实保障新闻从业人员》通令，表示要保护新闻事业人员。1934年8月，杭州新闻记者公会向全国新闻界倡议，把9月1日作为记者节，此提议得到了大家的响应。

在近代中国，外国势力在中国的横行霸道，常常激起爱国报人的愤怒与谴责。为打击报复，外国势力或亲自动手、或借中国政府之手拘报人、封报馆。面对这种野蛮的做法，当局又常常是默许纵容甚至积极配合，这令广大报人既痛心又痛恨。1905年，《汉报》刊载了俄商道胜银行资本不足的消息，引来俄驻华使馆不满，他们勾结湖北当局查封《汉报》。对此，《警钟日报》发表评论："则此后外人在中国之举动，皆将嘱报馆钳口不言，以掩饰华人之耳目。而彼为洋人奴隶者，亦得假洋人之威力，横行肆虐，无所不为，致数百兆之华人受制于一二洋人之手。叹我国民何以堪此！"[74] 1907年，《神州日报》因报道印度巡捕强奸中国妇女一事，被上海公共租界起诉，对此，该报评论道："本报因为华民所主之事业，自有中国之法律在，自有中国之报律在，本报苟犯中国法律报律与否，自有公平之法官在……彼乃欲从旁而剥夺之，其藐视吾人也奚若？"[75] 1919年，上海租界工部局公布了《印刷附律》，此举引来上海报界的强烈反对，一些归国留学生在给中外报纸公信中严正指出："上海工部局欲订一附律，使巡捕房有权检查及钳制租界内一切印刷物"，"此举实可惊异，吾人受西方之教训，知言论自由与出版自由为人类一种须臾，不可离之权利，故吾人以为此提议之附律，实违反西方文明之思想与世界民治主义新趋势。此物之臭味太似俄之专制与德之黔武主义"。[76]

就"绝对剥夺感"而言，由于受损害的是整个群体，因此，群情激愤、群起而攻之是自然的反应，如报人对"新闻检查制度""新闻歧视制度"的抗议。

相比之下,“相对剥夺感”更能体现出“为承认而斗争”的意味。近代中国,每当“报案”发生,便有报界同仁表示抗议与声援。他们和事件本身并无直接利益,却积极参与到事件当中,甚至不顾当局的反对甚至报复,如闻一多之于李公朴。从承认理论来看,报界同仁的声援并非出于自身利益受损,而是源自“一种‘未被承认’(蔑视)而激起的否定性情绪”[77],他们本该得到“承认”的愿望被忽略,因而激发起了愤怒的道德情感。对此,霍耐特有一段精彩的论述:“根据社会价值来得到承认的个体成就仍然极少与地位群体的类型化集体特性分离开来,结果只有作为一个整体的群体才能感到是社会重视的受众。这种承认经验允许个体获得的实际自我关系就是一种群体自豪感或集体荣誉感。在这里,个体自我认识到自己乃是一个社会群体的成员,可以集体地完成事业,他们对社会群体的价值得到了其他成员的一致承认。”[78]在此,我们又一次发现了霍耐特与西美尔、科塞等社会冲突论大师之间的关联:“冲突状态使成员如此紧密地聚合起来,并感受到同样的刺激,使得他们或者必须互相完全融洽相处”(西美尔),“与其他群体的冲突能动员起群体成员的获利,进而增强群体的团结”(科塞)[79]。

报人受迫害而使其他报人产生了“相对剥夺感”,这种“相对剥夺感”又唤起了报界的内部团结和一致对外,这恰恰是“一种因主体彼此对等重视而互相同情不同生活方式的互动关系……被运用于在集体抵抗政治压迫的经验中出现的群体关系”[80]。而且,通过一系列的“报案”,报界“在共同经验到的巨大冲突和牺牲中,一系列新的价值凸现出来,使主体得以互相重视先前一直为社会所忽略的成就与能力”[81]。

“承认理论”适于解读因不平等所引发的冲突现象,因为这种不平等激发了个体的道德情感,从而使个体为个人完整性的主体间性条件而发起斗争。当然,生活中还存在着因“利益冲突”而起的斗争,这是无法用“情感冲突”来替代的。正如霍耐特所说:“第二种承认理论冲突模式不应该取代,而应当仅仅补充第一种功利主义的冲突模式。”[82]这是我们在运用“承认理论”时必须高度警惕的问题。

(作者:复旦大学新闻学院博士生)

注释:

[1] Honneth A, *The Social Dynamics of Disrespect: Situating Critical Theory Today*,引自李伟、卢婧一:《从黑格尔到霍耐特——“承认理论”的嬗变过程》,《社科纵横》,2007 年第 2 期。

[2] (德)霍耐特,胡继华译:《为承认而斗争》,上海:上海世纪出版集团,2005年,第9页。
[3] 同上,第77页。
[4] 引自何绍辉:《“为承认而斗争”:新时代农民工社会认同问题研究》,《当代青年研究》,2009年第9期,第410页。
[5] (德)霍耐特,胡继华译:《为承认而斗争》,第101页。
[6] 同上,第155页。
[7] 同上,第103页。
[8] 同上,第114页。
[9] 同上,第103页。
[10] 同上,第134页。
[11] 方波:《基于承认理论的非直接利益冲突问题研究》,西南师范大学硕士论文,2012年,第27页。
[12] (美)乔纳森·H. 特纳:《现代西方社会学理论》,天津:天津人民出版社,1988年,第246页。
[13] (美)裴宜理:《中国人的“权利”概念——从孟子到毛泽东延至现在》(上),《国外理论动态》,2008年第2期,第52页。
[14] 同上。
[15] R Binwong, Citizenship in Chinese History, in Michael Hanagan and Charles Tilly eds, *Extending Citizenship Reconfiguring States*, Lanham Rowman and Little Field, 1999, p. 97—122.
[16] Andrew J Nathan, *Chinese Democracy Berkeley*, University of California Press, 1985, p. 107.
[17] 方波:《基于承认理论的非直接利益冲突问题研究》,第39页。
[18] (德)霍耐特,胡继华译:《为承认而斗争》,第170页。
[19] 同上。
[20] 同上,第147页。
[21] 张太原:《近代知识分子从边缘到中心之路》,《学习时报》,2006年5月22日,第9版。
[22] (美)詹姆斯·W. 凯瑞,丁未译:《作为文化的传播》,北京:华夏出版社,2003年,第30页。
[23] (德)霍耐特,胡继华译:《为承认而斗争》,第170页。
[24] 同上,第121页。
[25] 同上,第125页。

[26]《清政府之取缔报馆》,《汉帜》,1906 年第 2 号。

[27]《对于新定报律之感言》,《江汉日报》,1908 年 3 月 23 日。

[28]《希望立宪之效果》,《粤西》,第 4 期,1908 年 5 月 29 日。

[29] 见方汉奇:《中国新闻事业编年史》,福州:福建人民出版社,2000 年,第 496 页。

[30]《京报》,1914 年 4 月 4 日,引自方汉奇:《中国新闻事业通史》,北京:中国人民大学出版社,1992 年,第 1054 页。

[31] 陈冷:《不遵守报律之第一案》,《申报》,1914 年 5 月 12 日。

[32] 引自马光仁:《中国近代新闻法制史》,上海:上海社会科学院出版社,2007 年,第 151 页。

[33]《国共双方会谈纪要》,1945 年 10 月 10 日,引自《新华日报》社论,1946 年 1 月 13 日。

[34] 见方汉奇:《中国新闻事业编年史》,第 1223 页。

[35] 陈冷:《不遵守报律之第一案》,《申报》,1914 年 5 月 12 日,第 2 版。

[36] 马光仁:《中国近代新闻法制史》,第 201 页。

[37] 余家宏:《新闻学基础》,合肥:安徽人民出版社,1985 年,第 382 页。

[38] 引自朱宗震:《故事里的历史:乱世民国里的多面人生》,上海:上海锦绣文章出版社,2010 年,第 13 页。

[39] (德)霍耐特,胡继华译:《为承认而斗争》,第 123 页。

[40] (美)诺奇克,姚大志译:《无政府、国家和乌托邦》,北京:社科文献出版社,2008 年,引自方波:《基于承认理论的非直接利益冲突问题研究》,第 36 页。

[41] (德)霍耐特,胡继华译:《为承认而斗争》,第 123 页。

[42] 同上。

[43] 同上。

[44] 同上,第 124 页。

[45] 张育仁:《自由的历险——中国自由主义新闻思想史》,昆明:云南人民出版社,2002 年,第 459 页。

[46] 梁启超:《〈清议报〉100 册祝辞并报馆之责任及本馆之经历》,《清议报》第 100 号,1901 年 12 月 21 日。

[47] 梁启超:《敬告我同业诸君》,张之华主编:《中国新闻事业史文选》,北京:中国人民大学出版社,1999 年,第 42 页。

[48] 唐小兵:《现代中国报刊的涌现与知识分子自我形象的变迁》,《衡阳师范学院学报》,2005 年第 4 期,第 104—108 页。

[49] (美)布莱耶:《美国新闻事业史》,引自张育仁:《自由的历险——中国自由主义新闻思想史》,第 36 页。

[50] 史量才:《申报六十周年发行年鉴之旨趣》,《申报年鉴》,上海:申报社,1932 年,卷首页。

[51] 刘艳华:《铁骨铮铮,报人风范——徐铸成办报思想浅析》,《新闻世界》,2015 年第 6 期,第 183 页。

[52] 史量才:《申报发行二万号纪念》,1928 年 11 月 19 日。

[53] 黄炎培:《史量才先生之生平》,引自《史量才纪念册》,民国 24 年印本。

[54] 张太原:《近代知识分子从边缘到中心之路》,《学习时报》,2006 年 5 月 22 日,第 9 版。

[55] 李金铨:《文人论政:知识分子与报刊》,桂林:广西师范大学出版社,2008 年,第 4 页。

[56] 《文人论政的哲学困境》,姬二叔的博客 http://blog. sina. com. cn/yadianna2shu.

[57] 俞颂华:《忆史先生》,《申报月刊》,1934 年第 12 期。

[58] 李天纲:《重建"公共性":"文人论政"的近代轨迹》,《东方早报》,2009 年 3 月 22 日。

[59] 见张育仁:《自由的历险——中国自由主义新闻思想史》,第 459 页。

[60] 见胡适:《胡适来往书信集》(下),北京:中华书局,1980 年,第 170 页。

[61] 见张育仁:《自由的历险——中国自由主义新闻思想史》,第 437—439 页。

[62] Stephen C Angle, *Human Rights and Chinese Thought: A Cross-Cultural Inquiry*, New York: Cambridge University Press, 2002, pp. 206-207, 250-251.

[63] 张季鸾:《本社同仁的声明》,《大公报》,1941 年 5 月 15 日。

[64] 李金铨:《文人论政:知识分子与报刊》,第 5 页。

[65] (美)裴宜理:《中国人的"权利"概念——从孟子到毛泽东延至现在》(上),《国外理论动态》,2008 年第 2 期,第 52 页。

[66] 同上。

[67] 国民政府档案《新闻宣传会议记录》,1934 年 3 月,引自熊欣、王翎:《南京国民政府前期新闻出版政策及其实施(1927—1936)》,《新闻传播》,2012 年第 8 期,第 146 页。

[68] 《战时的新闻记者》(社评),《申报》,1938 年 8 月 7 日。

[69] 刘哲民:《近现代出版新闻法规汇编》,北京:学林出版社,1992 年,第 513 页。

[70]《申报》,1944 年 2 月 17 日,引自马光仁:《中国近代新闻法制史》,第 234 页。

[71]《民主》,第二卷第 3、4 期合刊,1946 年 10 月 13 日,引自马光仁:《中国近代新闻法制史》,第 202 页。

[72] 杨晓虎:《中国群体性事件的社会功能及其正向引导——对科塞社会冲突论本土化的辩证》,《江汉学术》,2015 年第 6 期。

[73] 引自马光仁:《中国近代新闻法制史》,第 147 页。

[74]《外人干涉言论权之警告》,《警钟日报》,1905 年 3 月 9 日。

[75] 引自马光仁:《中国近代新闻法制史》,第 281 页。

[76]《大陆报》,1919 年 7 月 5 日,引自马光仁:《中国近代新闻法制史》,第 275 页。

[77] 方波:《基于承认理论的非直接利益冲突问题研究》,第 42 页。

[78] (德)霍耐特,胡继华译:《为承认而斗争》,第 134 页。

[79] (美)刘易斯·科塞,孙立平译:《社会冲突的功能》,北京:华夏出版社,1989 年,第 81 页。

[80] (德)霍耐特,胡继华译:《为承认而斗争》,第 134 页。

[81] 同上。

[82] 同上,第 172 页。

建党初期中国共产党报人群体的从业缘由浅析

陈志强

从业者进入某一行业的总体动机和原因，既关乎行业的社会声望，又关乎从业人员的获得感和满足感；既反映着行业的吸引力，也透视着从业人员的精神世界。近代报业成立以来，随着人数陡增和分工细化，从业人员的职业属性进一步显现。政党报刊是报业的重要组成部分，但又是个性非常鲜明的报刊类型。党报从业人员的从业缘由有哪些显著特点？他们的政党属性与职业实践如何调适？本文拟以建党初期的中国共产党报人群体为样本，剖析政党报人的职业角色和从业情态。

一、因革命工作需要而投身党报事业

进入20世纪，以孙中山为代表的资产阶级革命派在革命实践中认识到了报刊的作用和力量。为了更广泛地传播革命的思想和主张，也为了扩大社会影响，资产阶级革命派在国内外积极创办报刊。这些报刊，大多“由革命组织的主要负责人亲自主持”，报刊宣传也在民族民主革命中发挥了积极的作用，具体表现为“为民主革命制造舆论，积聚革命力量”。此后，创办报刊为革命造声势、积聚力量成为政党基本的工作方式之一。

1921年，中国共产党在上海成立之后，为了迅速扩大实力和影响，办报工作放到了极其重要的位置。即便是在“四一二”事变、“七一五”事件之后，仍百折不挠地出版地下报刊，直到1933年中共临时中央迁入赣南闽西的中央苏区为止。投身报业或兼职报业的中国共产党人，数量多，地位重要，作用也明显。为了揭示这一时期中国共产党报人群体的从业缘由，本文拟以这一时期的39份报刊的72位报人为分析样本，爬梳剔抉，以期呈现他们的工作状态和精神世界。

(一)接受指派投身党报事业

建党初期的中国共产党报人,绝大多数是投身革命之后接受了党的指派而成为报人的。其中,一部分人是为了革命工作的实际需要而投身报业,还有一部分人是因为在党内宣传岗位工作而从事报刊工作。

在"苏联模式"的直接影响下,中国共产党从筹建开始就重视报刊宣传工作。报刊宣传,不仅是中国共产党筹建、创建时主要领导人的主要工作,也是其他人员的主要工作。建党初期的中国共产党人,绝大多数有报刊工作经历,这可以从参加过中国共产党"一大"到"五大"的代表中得到印证。

表1 有报刊工作经历的中国共产党"一大"至"五大"代表

	有党报报刊工作经历的党代表大会代表及人数		代表人数(人)	所占比例(%)	全国党员人数(人)
"一大"	李达、李汉俊、毛泽东、张国焘、刘仁静、董必武、陈潭秋、陈公博、王尽美、包惠僧	10	13	76.9	50余
"二大"	陈独秀、张国焘、李达、罗章龙、蔡和森、谭平山、施存统	7	12	58.3	195
"三大"	陈独秀、李大钊、蔡和森、张国焘、毛泽东、瞿秋白、张太雷、何孟雄、谭平山、冯菊坡、林育南、陈为人、王用章、邓中夏、罗章龙、高君宇、陈潭秋、向警予、恽代英、罗绮园、杨章甫、谭植棠	22	40	55.0	420
"四大"	陈独秀、蔡和森、瞿秋白、林育南、周恩来、陈潭秋、彭述之、李启汉、李维汉、谭平山、范鸿劼	11	20	55.0	994
"五大"	蔡和森、陈独秀、陈潭秋、陈为人、邓中夏、董必武、瞿秋白、李求实、李维汉、林育南、陆定一、罗亦农、罗章龙、毛泽东、彭述之、彭湃、谭平山、王若飞、向警予、杨匏安、恽代英、张国焘、张太雷、郑超麟	24	96	25.0	57967

从"一大"到"五大",在出席党的代表大会的人员中,有报刊工作经历者的比例逐渐减少。不过,这不并是说报刊工作的重要性在降低,而是因为党员人数在增加,以及中国共产党建立后工作千头万绪需要骨干成员分工担当。在创建中国共产党的过程中,宣传工作是其核心的工作,因此最早一批党员中,有报人经历的比例非常高。

创办报刊,是中国共产党各地早期组织的核心工作,这从中国共产党驻共产国际的报告中可以得到证实,"我们人手还很少,因此,不能立即提出广泛的战斗任务。我们必须集中全付精力向知识分子和工人阶级进行宣传和组织工作"[1]。为了迅速发展党员,扩大党组织,宣传党的主张,统一党的思想,中国共产党报刊在一些城市陆续出现。

1920年8月22日，刚参加中国共产党上海早期组织的袁振英，与俞秀松、施存统等8人发起成立上海社会主义青年团，并“任《共产党》月刊撰述员、《新青年》杂志撰述员、《俄文生活报》英文翻译、外国语学校英文教员”[2]。1920年11月，上海共产主义小组又创办了半秘密半公开的理论刊物《共产党》月刊，李达任主编，陈独秀、陈望道、袁振英、沈雁冰等人为之撰稿，并将《共产党》月刊以各种方式发行到各地，作为开展共产主义和共产党教育的知识读本，以推进党的筹建工作。由于陈独秀等创党核心成员亲力亲为，《共产党》月刊自创办以来就在革命群众中广为流传，被列为必读教材。包惠僧回忆道：“当时，我们对于学习马列主义的知识是太少了，我们多数同志几乎是当了共产党员才学习马列主义，我们主要读物是《共产党宣言》《新青年》杂志、李汉俊译的《资本论浅说》《共产党》月刊……”[3]

《广东群报》原是由谭植棠、陈公博、谭平山等人于1920年10月在广州创办宣传新文化运动的报纸。1921年春，陈独秀赴广州指导谭平山等人重建广州共产主义小组，并将该报改组成广州共产主义小组的机关报，增辟马克思研究、工人消息等栏目，发表马克思传记、共产国际文件等。[4]

1921年春，刘子通加入中国共产党武汉早期组织，同陈潭秋、黄负生等一起创办并编辑《武汉星期评论》，公开发表《我们应有最低限度的三种觉悟》和《改良湖北教育意见书》等文章，倡导改造社会、革新教育。[5]

1921年春，王翔千、王尽美、邓恩铭、王用章、王复元等秘密组织济南共产主义小组。1921年5月，中国共产党济南早期组织在《大东日报》副刊上创办《济南劳动周刊》，王翔千任主编。在《济南劳动周刊》创刊宣言中他明确提出了增进劳动者知识、提高劳动者地位、改造劳动者生活的办刊方针。

各地共产主义小组的成员几乎是清一色的知识分子。在当时的情况下，推动革命的发展迫切需要发动工人阶级的参加。根据当时大多数工人的知识程度，唤醒他们参与政治斗争的觉悟还需要在宣传上多做功夫。因此，各地共产主义小组创办了一系列面向工人阶级的通俗刊物。1920年8月15日，上海共产主小组创办《劳动界》，陈独秀、李汉俊负责编辑，陈望道、沈玄庐、陈为人、李达等人为之撰稿；1920年3月，北京大学马克思学说研究会成立，罗章龙任书记，主要成员有范鸿劼、何孟雄、邓中夏、刘仁静、高君宇、张国焘等；1920年5月，还是学生的罗章龙与张国焘、李梅羹、刘仁静，参与了李大钊和维经斯基的见面。1920年11月7日，中国共产党北京早期组织创办了《劳动音》，罗章龙参与编辑工作并不久之后担任主编。[6]这些工人刊物，注重用浅显明了的语言、生动形象的事例，联系工人工作和生活的实际情况，向工人宣传中国共产党的思想和主张。

中国共产党成立之后，各项工作有序推进。为了更好地推进工作，出版报刊也成了推进革命工作的主要手段。1922 年 9 月 13 日，陈独秀、蔡和森、高君宇等中共报人克服人手不足、经费紧张等许多困难，创办了中国共产党第一个政治机关报——《向导》周报。蔡和森、彭述之、瞿秋白先后担任主编，高君宇、张太雷、向警予、罗章龙等参与编辑；1923 年中共中央为了加强在国内宣传马克思列宁主义，恢复出版《新青年》，由刚从苏联回国担任中共中央宣传部委员、代理部主任、中央党报编辑委员会负责人的瞿秋白，担任《新青年》季刊的主编；1923 年 7 月 1 日，瞿秋白又创办了中共中央的另一个理论刊物《前锋》，陈独秀、张太雷、向警予等报人参与撰稿。《向导》周报、《新青年》季刊、《前锋》三个刊物各有侧重、相互配合，形成了中共中央强有力的宣传阵地。

随着中国共产党的正式成立，中国社会主义青年团开始重建并得以发展，各地方团组织也创办了一批青年团刊物，配合党中央的宣传工作。主要有：北京团机关报《先驱》、广东社会主义青年团机关报《青年周刊》等等。与此同时，工人刊物也蓬勃发展起来。1921 年 8 月中国劳动组合书记部在上海成立，作为领导工人运动的总机关，随后北京、武汉、长沙、广州、济南等地成立分部，掀起了工人报刊的高潮。张国焘为总部主任，邓中夏为北京分部主任，林育南任武汉分部主任，毛泽东任长沙分部主任，王尽美为济南分部主任，谭平山为广州分部主任。他们编辑出版了各种向工人群众宣传马克思主义和党的革命纲领的工人报刊。到 1923 年，各地工人报刊已发展到 10 多种。[7]他们将办报和指导工人运动结合起来，从 1922 年 1 月至 1923 年 2 月掀起了全国第一次工人运动的高潮。在一年多的时间内，全国罢岗达一百多次，参加的人数达 30 万人以上。[8]

中国共产党党、团、工人报刊纷纷创办、渐成网络的支撑，是一批批活跃的报人。其中，既有资深的革命者，也有刚参加革命的新人；既有刚从海外回国的知识分子，也有刚走出校门的学生……他们在中国共产党的感召之下，投身革命宣传工作。

1922 年 6 月，施洋经许白昊、项英介绍加入中国共产党。7 月，他参与筹建全国最早的地方总工会——武汉工团联合会（10 月 10 日改为湖北全省工团联合会），担任法律顾问并参加该会机关报刊《真报》的编辑工作；《新青年》迁至广州后，继续负责该刊“俄罗斯研究”的编辑和撰稿；1921 年 8 月 20 日，中共领导下的第一个全国性工人报刊——中国劳动组合书记部机关报《劳动周刊》创刊于上海，董锄平负责编辑出版工作，并兼任上海海员、沪西和浦东纱厂的工运工作；[9]在 1922 年 5 月召开的中国社会主义青年团第一次全国代表大会上，蔡和森当选为团中央第一届执行委员，会后一面协助做团的组织发展工作，一面协助编辑团刊《先驱》。“二大”决定将原半秘密半公开出版的《共产党》月刊停刊，新出版中央机关报《向导》，由蔡和森负责筹备。[10]他主编《向导》后，夜以继日地埋头工作，不顾体弱多病，忘寝废食地阅读和写作，为《向导》撰写了大量文章，仅署名"和森"的就有130多篇；[11]中国共产党第一位女中央委员，党中央妇女部首任部长向警予"先后在《向导》《前锋》《妇女周报》《妇女日报》《妇女杂志》和《妇女年鉴》等报刊上，发表了《中国最近妇女运动》《今后中国妇女之国民革命运动》《中国妇女宣传运动之新纪元》《妇女运动的基础》等一系列论述我国妇女解放运动的文章"。[12]此外，王若飞、彭湃、李维汉、张太雷、林育南、周恩来、李启汉、何孟雄、吴雨铭、冯菊坡、瞿秋白、俞秀松、陈为人、施存统、沈泽民、郭瘦真、庞大恩、李震瀛、陈毅、罗明、罗亦农、宛希俨、杨章甫等人，都因为革命实际工作需要而成为报人。

（二）宣传岗位职责所在

建党初期宣传工作的核心地位，还表现在负责宣传工作的专门机构——宣传部纷纷成立。宣传部工作人员的岗位职责，就是创办或者指导报刊，开展宣传工作。1923年5月，罗绮园担任了社会主义青年团广东区委候补委员，负责编辑团的机关刊物《青年周刊》。6月，担任粤东社会主义青年团外围组织"新学生社"刊物《新学生》的编辑。[13]1929年在中共六届二中全会上，改任中共中央宣传鼓动部副部长，担任党的机关刊物《布尔塞维克》的主编。[14]1923年8月，在团的"二大"上恽代英当选为团中央执行委员，负责团的宣传工作，10月，遂担任团中央机关刊物《中国青年》编辑，先后在该刊发表200多篇文章和通讯，1929年初，调上海任中共中央宣传部秘书长，并主编中共中央机关刊物《红旗》并负撰写《每日宣传要点》，从创刊号到1930年3月，累计在该刊发表文章50多篇。[15]1922年，范鸿劼担任中共北京地方执行委员会委员、宣传部部长，1925年秋，中共北京区委改称中共北方区委后，他继续任宣传部部长，并主编区委机关报《政治生活》，用一鸿、鸿的笔名写了不少宣传马克思主义和反对帝国主义、反对军阀的文章。[16]1924年，张伯简从莫斯科东方劳动大学回到上海，开始在中共中央宣传部工作，"他的任务是将蔡和森、恽代英等编好的《向导》《中国青年》的稿件送到私营的明星印刷所去印刷，印好后再秘密取回并转发全国各地"。[17]1922年6月，陈延年参加中国少年共产党成立大会并当选为中央执行委员会成员和宣传部长，负责编辑"少共"机关刊物《少年》月刊。[18]1926年2月，为了加强党的宣传工作，陈延年、张太雷创办了广东区委机关刊物《人民周刊》。该刊的编辑出版事宜具体由区委宣传部和张太雷负责，但每期重要稿件都经过陈延年审阅和修改，陈延年还经常为该刊撰写社论、评论和署名文章。[19]省港大罢岗期间，郭瘦真担任总工会宣传部主任兼总工会《工人之路》编辑。此外,杨匏安、陈潭秋、罗章龙、羊牧之、李求实、卓恺泽、高语罕、陆定一等人都曾担任过党、团组织的宣传部负责人或骨干,也因此成为报人。

除了宣传岗位工作需要之外,被领导看中而指派从事报刊工作,也是一些革命者成为报人的原因。1925 年 6 月 19 日以后,香港罢岗工人涌入广东,“蓝裕业被调到省港罢委会,先在干事局文书部协助邓中夏和李森两位领导同志撰写文稿。由于文笔锐利而有理,遂于 8 月上旬调为《工人之路》总编辑”;[20] 1924 年 7 月,因中国革命形势迅速发展急需工作人员,郑超麟与陈延年等被派回国。9 月下旬抵达上海后,郑超麟被新任中共中央宣传部部长彭述之看中,担任中共中央宣传部秘书兼上海地委委员、中共中央机关刊物《新青年》[21]《向导》[22] 编辑。高语罕、董锄平[23]、杨章甫、何味辛等人的情况,与蓝裕业、郑超麟的经历相似。

另外,由于建党之初各项工作千头万绪,因此报人也可能被委任去兼其他工作。恽代英在担任《中国青年》主编期间,曾因忙于共青团的其他工作而无暇本职工作,只得调萧楚女暂代主编兼“新刊批评”专栏主笔。陈养山回忆说:“在‘五卅’运动中,代英同志非常忙,我多次找他都未见到。他当时主要负责学生和宣传方面的工作。许多学校都请他作报告,他实在忙不过来,后来成立夏令学术讲习会(名称不很准),由各校派人来听讲,总算解决了这个矛盾。此时,代英同志没有时间再来编辑《中国青年》,于是调萧楚女同志来负责了一段时间。”[24] 可见,办报只是党的工作中的一项,报人办报服从于党的实际需要,是这一时期的典型特征。

表 2　建党初期中国共产党报人群体的从业缘由

从业缘由	人员
党的工作需要(55 人,占 76.4%)	陈独秀、刘子通、沈玄庐、谢觉哉、董必武、谭平山、王翔千、李大钊、施洋、李汉俊、李达、黄负生、陈望道、陈公博、谭植棠、毛泽东、包惠僧、邓中夏、袁振英、董锄平、杨章甫、蔡和森、向警予、王若飞、陈潭秋、罗章龙、沈雁冰、高君宇、彭湃、李维汉、张国焘、王用章、张太雷、林育南、周恩来、李启汉、何孟雄、王尽美、吴雨铭、冯菊坡、瞿秋白、俞秀松、陈为人、施存统、沈泽民、郭瘦真、庞大恩、王复元、李震瀛、赵世炎、陈毅、罗明、罗亦农、刘仁静、宛希俨
岗位工作需要(10 人,占 13.9%)	罗绮园、恽代英、杨匏安、范鸿劼、张伯简、陈延年、羊牧之、李求实、卓恺泽、陆定一
领导看中指派(7 人,占 9.7%)	高语罕、董锄平、杨章甫、彭述之、郑超麟、蓝裕业、何味辛
对报刊工作有兴趣(18 人,占 25.0%)	陈独秀、董必武、王翔千、李汉俊、陈望道、毛泽东、罗章龙、陈公博、谭植棠、高君宇、萧楚女、刘清扬、蔡和森、向警予、林育南、俞秀松、郭瘦真、卓恺泽
曾有报刊工作经历(21 人,占 29.2%)	陈独秀、谢觉哉、谭平山、王翔千、李大钊、陈望道、萧楚女、包惠僧、邓中夏、袁振英、罗绮园、恽代英、杨匏安、张太雷、周恩来、瞿秋白、施存统、赵世炎、陈毅、郑超麟、陆定一

二、因对报刊工作有兴趣而被指派办报

“我之所爱为我天职。”一般来说，选择最感兴趣的领域作为自己的职业，从业的过程更轻松，也更容易获得成功。在正式选择职业之前，有意识地做好知识素养、职业技能等方面的训练，一方面可以体现对这一职业的认可和热爱，另一方面也能为以后的成功奠定坚实的基础。

建党初期的中国共产党报人群体，有一些曾在读书、工作期间积极、主动参与新闻学课程的学习。众所周知，以“研究新闻学理，增长新闻经验，以谋新闻事业之发展”为宗旨的北京大学新闻学研究会是中国新闻教育的肇始。1918 年在北京大学新闻学研究会听课的人，听课一年者 23 人，半年者 32 人，后来参加中国共产党的有谭植棠、谭鸣谦、陈公博、毛泽东、罗章龙（当时名叫罗璈阶）、舒启元、高君宇；而除了谭鸣谦之外，其他人都成了建党初期的报人。

以陈独秀为代表的第一代中国共产党报人，还因为看到了报刊的重要性而喜欢上了新闻工作。陈独秀素来重视报刊在传播新思想、新思潮中的作用。1902 年春，他从日本回到安庆后，即联络当地的青年志士在安庆北门藏书楼发起演说会，并在楼内设阅览室，陈列他从东京、上海带回来的各种革命书刊，传播新思想。[25]1903 年秋，陈独秀在上海协助章士钊总理编辑事务和负责全部文字及校对工作，两人常彻夜工作。后来，章士钊回忆道：“两人蛰居昌寿里之偏楼，对掌辞笔，足不出户，兴居无节，头面不洗，衣敝无以易，并也不浣，一日晨起，愚见其黑色袒衣，白物星星，密不可计，愚骇然曰：‘仲甫，是为何耶？’独秀徐徐自视，平然答曰：‘虱耳。’”[26]可见生活之艰苦和忘我的工作态度。1904 年 3 月陈独秀创办《安徽俗话报》后，“每当报纸从上海印好寄来时，他最忙了，‘亲自动手分发、卷封、付邮’。而生活却‘清苦得很’，每天吃两顿稀粥。后来陈独秀回想起这段日子时说：‘我那时也是二十几岁的少年，为革新感情所驱使……日夜梦想革新大业。何物臭虫，虽布满我衣被，亦不自觉。’”[27]

对报刊功能有较充分的认知并因此而重视报刊工作的早期革命者，陈独秀不是唯一的。1919 年夏天，在上海的董必武和李汉俊、张国恩、詹大悲等人经常聚会，交换传播新思想的书籍，议论天下大事。董必武认为，当前急需做两件事：一是办报纸以宣传人民，一是办学校以培养干部。关于办报纸，他们议定要在武汉办一个决不为军阀所左右，专为宣传革命思想的《江汉日报》，可惜未能如愿；私立武汉中学倒是于 1920 年 3 月开学；[28]1919 年 10 月，王翔千的同族王乐平在济南创办齐鲁通讯社及售书部（后改为齐鲁书社），经销《新青年》《每周评论》等介绍俄国革命、宣传马克思主义的杂志和图书，王翔千和王尽美都是

该售书部常客;[29]李汉俊早年留学日本。1918回到上海时,“从日本带回英、德、日文的马克思主义书刊。他以旺盛的精力,从事翻译和撰写工作,积极宣传马克思主义”。据不完全统计,自1919年到1921年,仅在上海一地,他就在《新青年》、上海《星期评论》、上海《民国日报》副刊“觉悟”和《妇女评论》《建设》《劳动界》《共产党》《小说月报》等报刊上,发表了90余篇译文和文章。1919年春,董必武到上海,“经詹大悲介绍,董必武结识了李汉俊,二人过从甚密。李汉俊向董必武等介绍十月革命和马克思主义,并将‘日本新出的杂志和《黎明》《改造》《新潮》等’进步刊物介绍给他们,向他们展示了一个新天地。董必武后来回忆说:‘当时社会上有无政府主义、社会主义、日本的合作运动等等,各种注意在头脑里打仗。李汉俊来了,把头绪理出来了,说要搞俄国的马克思主义’”。董必武是在借阅了李汉俊带回的有关马克思主义的日文书籍后,才逐渐明了俄国革命和孙中山的革命是不同的。李汉俊还善于利用报刊来驳斥他人观点。他在翻译日本人山川菊荣的《世界思潮之方向》一文时,特意在译后写了“我有几句话要说”,明确批评了在新思潮面前打着新牌号的官僚政客所宣称的各种主义;[30]从日本回国后在浙江第一师范学校当语文老师的陈望道,为了响应新文化运动和向学生提供更多的报刊,与其他教员在校内设立了报刊贩卖部,出售《新青年》《每周评论》《星期评论》《浙江新潮》等著名报刊;[31]毛泽东在湖南第一师范学校读书期间,养成了阅读报纸杂志的习惯。虽然经济并不宽裕,却拿出全部生活费用的1/3来订阅报纸杂志。看报看得很认真细致,带着地图、字典、笔记本,常常边看报纸边对地图、边查字典,边做摘记。[32]萧楚女、蔡和森、向警予、林育南、俞秀松、郭瘦真、卓恺泽等人,也有类似的观念和行为。可见,基于对报刊功能的认知而喜欢读报,进而投身报业,也是建党初期报人养成的主要渠道之一。也正因如此,在从事实际工作时,即便不在宣传岗位上,只要有机会、有需要,建党初期的革命者多会积极、主动地充任兼职报人的角色。

三、因早年有报刊工作经历而被指派

72位重点剖析的建党初期中国共产党报人之中,一部分在参加中国共产党、成为中国共产党报人之前,已经投身报刊甚至做出了不小的成就,从而在中国新闻事业发展历程中占据着重要的位置。

陈独秀1903年7月在上海协助章士钊主编继《苏报》而起的《国民日日报》,1904年初回到安庆创办《安徽俗话报》,1914年7月第五次东渡进东京雅典娜法语学校学习,并协助章士钊编辑《甲寅杂志》,1915年9月在上海创办并主编《青年》杂志等等,这些报刊活动,使陈独秀在发起成立中国共产党之前,已经是享誉海内外的著名报人了；1925 年下半年，谢觉哉经何叔衡介绍加入中国共产党。此时他的公开身份是国民党湖南省党部常委、秘书长、代理党校校长，主要任务是做国民党的宣传工作，编辑国民党的秘密党报。[33]在此之前，他曾主编《湖南通俗报》；[34]1918 年秋，谭平山与俞伯平、张崧年等 14 人，加入在陈独秀支持下、由罗家伦、傅斯年等发起组织的学术组织，出版学术刊物《新潮》。1919 年 3 月 25 日，他在《新潮》发表《"德谟克拉西"之四面观》一文，介绍《资本论》《共产党宣言》；[35]1916 年 6 月，李大钊应汤化龙等人邀请，去北京办报，担任新创刊的《晨钟》报的总编辑。他希望借此机会唤起"吾民族之自我的自觉"，以为"青春中华之创造"，不过与研究系不投机，不久离开。[36]1917 年 1 月，李大钊又任章士钊主办的《甲寅日刊》编辑。[37]

新文化运动兴起后，萧楚女与刘泥清创办了《崇德报》，1917 年，萧楚女担任《大汉报》主笔，1919 年武汉五四运动风起云涌时，担任《湖广新报》编辑的萧楚女联合秦纵山一起，向全国报界联合会、报馆、通讯社、新闻社、学校学会及学界各团体发出启事，抗议日本侵略山东，并声明离开该报。[38]1919 年 2 月到 1920 年 1 月，袁振英到菲律宾组织创办全菲律宾华侨共产党，负责编辑工党机关报《平民日报》，兼《民号日报》撰述员，[39]1920 年 2 月至 7 月，在《香港晨报》《新民国报》当记者。[40]1910 年，年仅 15 岁的恽代英即开始向《汉口中西报》投稿，1911 年，写稿投寄《群报》，1914 年在上海《东方杂志》第 11 卷第 4 号上发表《义务论》一文，1915 年，与黄负生、梁绍文等人创办《道枢》杂志，5 月，在《光华学报》创刊号发表《新无神论》，12 月，在《东方杂志》第 12 卷第 12 号发表《文明与道德》一文，1916 年，接连在《光华学报》第 1 年第 2、第 3 期发表《苗族之文明》《原分》等文章，在《妇女杂志》发表翻译的《自然之母教》，在《妇女时报》发表《科学家之结婚观》《家庭教育论》，在《学生杂志》发表《自讼语》等，大学时光，除了学习之外，恽代英发表了很多作品。[41]1918 年，杨匏安举家迁到广州，在广州时敏中学任教，后又兼任《广东中华新报》(当时广东规模较大影响较大的政学系报纸，1919 年 6 月创刊)记者，1919 年六七月间，他在该报上，"以《美学拾零》为总标题，发表了两万多字的文章，分别介绍了西方柏拉图、康德、黑格尔等人的美学思想，"之前，除蔡元培零星介绍过少数西方学者的美学思想外，杨匏安是我国最早系统地介绍西方美学思想的人。[42]1919 年 7 月 17 日，瞿秋白在《晨报》副刊发表第一篇政论文，[43]1919 年 11 月 1 日至 1920 年 5 月 1 日，受北京基督教青年会附属组织社会实进会之邀编辑《新社会》旬刊，且"每一期几乎都有他的文章"，[44]1920 年 8 月瞿秋白又与郑振铎等人创办《人道》月刊，[45]1920 年 9 月，瞿秋白应《晨报》特约通讯员之聘，赴苏俄考察、采访。[46]1919 年，赵世炎进入北京法文专修馆，一边学习，一边主办《工读》半月刊和《平民》周刊。1922 年

6 月,赵世炎与周恩来等筹建旅欧社会主义青年团组织——中国少年共产党,担任中国少年共产党成立大会主持人,并被选为团的领导机构中央执行委员会书记。8 月,中国少年共产党公开出版油印月刊《少年》,由赵世炎负责编辑。[47]郑超麟也参与了油印《少年》的编辑工作。[48]

包惠僧走上新闻记者岗位的经历有些奇特,1918 年的一天,包惠僧在旅馆偶遇一个新闻记者,受其影响,他开始给《大汉报》《汉口新闻报》投稿,不久,受聘为两报没有工资、只有稿费的特约外勤记者——"这种外勤记者只有稿费,没有工资,所投稿件的采用率自然比一般通讯员要高"。[49]在南开中学学习期间(1913—1917 年),周恩来发起组织了敬业乐群会,编辑了《敬业》《校风》刊物并在刊物上发表了小说和文章,[50]五四运动期间,创办《天津学生联合会报》。1919 年 10 月 10 日,俞秀松与施存统、夏衍等人创办《双十》半月刊并担任主编,俞秀松撰写了发刊词,11 月,刊物改名为《浙江新潮》,不久因发表施存统的《非孝》一文轰动全国而被取缔。

在成为中国共产党报人之前即有新闻工作经历,既反映了建党初期的报人群体对新闻业社会功能的认可和新闻职业的认同,又反映了建党初期的中国共产党在人才使用方面的知人善任。中国共产党报人从业时间虽有短有长,但通过报刊活动来表达自己的主张和思想、扩大所从事工作的社会影响是主要的从业动机。而他们的这些报刊工作经历和经验,为建党初期中国共产党报业的快速、稳健的发展奠定了坚实的基础。

四、结论

相对于职业化程度高的商业报刊报人而言,政党报人具有一些特殊属性。如前所述,政党报人业报往往出于党派的委托或指派,而不是自身的主动选择。他们具有办报的能力,也有献身党派工作的决心和动力,因此在报人实际工作中往往以党派需要、党派利益为归依。报人个体是党派组织的一分子。在从业过程中,办报和从事其他革命活动在干劲、心态、待遇等方面几无差异;无论是个人意愿与党派意图一致而工作顺畅、精神愉悦时,还是个人意愿与党派利益不一致而心情沮丧甚至遭受打压、排斥时,他们新闻报道的立场和倾向的选择、个人的意志和情感都必须服务于党派的中心工作,服从于党派的实际需要。从这个意义上说,他们首先是"党人",然后才是"报人"。

(作者:浙江万里学院文化与传播学院教授)

注释：

[1]《北京共产主义组织的报告》，译自中共驻共产国际代表团档案的俄文稿，转引自王晓岚：《中国共产党早期党报管理研究》，《新闻研究资料》，1993 年第 1 期。

[2] 郭彬、李继锋：《袁振英生平大事年表》，中共“一大”会址纪念馆、上海革命历史博物馆筹备处编：《上海革命史资料与研究》(第 8 辑)，上海：上海古籍出版社，2008 年，第 654 页。

[3] 包惠僧：《包惠僧回忆录》，北京：人民出版社，1983 年，第 65 页。

[4] 钱承军：《建国前中国共产党报刊研究》，北京：中国文联出版社，2009 年，第 27 页。

[5] 湖北省地方志编纂委员会编：《湖北省志・人物志稿》(第一卷)，北京：光明日报出版社，1989 年，第 156 页。

[6] 罗章龙：《椿园载记》，北京：生活・读书・新知三联书店，1984 年，第 127 页。

[7] 钱承军：《建国前中国共产党报刊研究》，第 5 页。

[8] 上海市高校《中国共产党历史讲义》编写组：《中国共产党历史讲义》，上海：上海人民出版社，2000 年，第 29 页。

[9] 白刃：《董锄平——我的革命引路人(上)》，《纵横》，2000 年第 2 期。

[10] 罗绍志等：《蔡和森》，中共党史人物研究会编：《中共党史人物传》(第 6 卷)，西安：陕西人民出版社，1982 年，第 21 页。

[11] 方汉奇主编：《中国新闻事业通史》(第二卷)，北京：中国人民大学出版社，1996 年，第 124 页。

[12] 谷茨：《向警予》，《中共党史人物传》(第 6 卷)，第 77 页。

[13] 潘震坚：《罗绮园小传》，卜穗文：《广州农讲所纪念馆论丛》(第 3 辑)，广州：广东人民出版社，2008 年，第 170 页。

[14] 同上，第 173 页。

[15] 郝赫：《恽代英年谱新编》，北京：中国文史出版社，2005 年，第 153 页。

[16] 冯晓蔚：《革命先烈范鸿劼：与李大钊一起英勇就义》，中国共产党新闻网，http://dangshi.people.com.cn/GB/17617757.html.

[17] 徐继涛：《张伯简》，《中共党史人物传》(第 38 卷)，第 129 页。

[18] 孙其明：《陈延年》，《中共党史人物传》(第 12 卷)，第 10 页。

[19] 同上，第 16 页。

[20] 郭瘦真：《蓝裕业与〈工人之路〉》，广东省政协学习和文史资料委员会编：

《广东文史资料存稿选编》(第三卷),广州:广东人民出版社,2005年,第490—491页。

[21] 马光仁:《有关党的早期报刊的一些史实——访郑超麟》,《新闻大学》,1988年第1期。

[22] 同上。

[23] 1922年秋,董锄平受中共中央指派,赴南洋开辟工作。先任吉隆坡中华学校校长,后到缅甸仰光担任《觉民日报》总编辑。

[24] 陈养山:《恽代英是我走向革命的引路人》,《回忆恽代英》,北京:人民出版社,1982年,第37页。

[25] 引自任建树:《陈独秀》,《中共党史人物传》(第51卷),第9页。

[26] 孤桐(章士钊):《吴敬恒—梁启超—陈独秀》,《甲寅周刊》第1卷30号。

[27] 任建树:《陈独秀》,《中共党史人物传》(第51卷),第13页。

[28] 董必武传记编写组:《董必武》,《中共党史人物传》(第13卷),第12页。

[29] 臧济红:《王翔千》,王志民主编:《山东重要历史人物》(第5卷),济南:山东人民出版社,2009年,第277页。

[30] 陈绍康、骆美玲、田子渝:《李汉俊》,《中共党史人物传》(第11卷),第112页。

[31] 邓明以:《陈望道》,《中共党史人物传》(第25卷),第300页。

[32] 吴正裕、蒋建农:《毛泽东》,《中共党史人物传》(第50卷),第7页。

[33] 易凤葵等:《谢觉哉》,《中共党史人物传》(第26卷),第12页。

[34] 同上,第7—11页。

[35] 巫忠、陈登贵:《谭平山》,《中共党史人物传》(第66卷),第166页。

[36] 李新:《李大钊》,《中共党史人物传》(第2卷),第4页。

[37] 同上。

[38] 李倩文、张影辉:《肖(萧)楚女》,《中共党史人物传》(第1卷),第143—144页。

[39] 郭彬、李继锋:《袁振英生平大事年表》,《上海革命史资料与研究》(第8辑),第654页。

[40] 同上。

[41] 郝赫:《恽代英年谱新编》,第2—7页。

[42] 李坚、曾庆榴:《杨匏安》,《中共党史人物传》(第4卷),第206—207页。

[43] 姚守中等:《瞿秋白年谱长编》,南京:江苏人民出版社,1993年,第47页。

[44] 陈铁健:《瞿秋白》,《中共党史人物传》(第38卷),第12页。

[45] 姚守中等:《瞿秋白年谱长编》,第61—63页。

[46] 同上,第 63 页。1921 年 1 月 25 日瞿秋白到达莫斯科,1922 年 12 月 21 日离开莫斯科。

[47] 彭承福:《赵世炎》,《中共党史人物传》(第 7 卷),第 14 页。

[48] 马光仁:《有关党的早期报刊的一些史实——访郑超麟》,《新闻大学》,1988 年第 1 期。

[49] 方城:《包惠僧》,《中共党史人物传》(第 67 卷),第 304 页。

[50] 力平:《周恩来》,中共党史人物研究会编:《中共党史人物传》(第 49 卷),第 3 页。

编后记

2016年10月29日至30日，由浙江大学传媒与国际文化学院、上海史学会史量才研究委员会合作，作为中共浙江省委宣传部与浙江大学共建新闻学科的项目，在浙江大学西溪校区举办了“近代中国报人之路——2016史量才研究学术研讨会”。

来自中国人民大学、复旦大学、华中科技大学等十几所高校的数十名教师、研究生、本科生等出席研讨会，并提交与宣读了自己的论文。在这些论文中，编者选择了其中23篇，并作了原始资料的校订、在文字表述上的修改部分资料的补充，在这个基础上(还不敢保证做得万无一失)结集为《史量才研究》，交由浙江大学出版社公开出版。为此，编者与编辑付出了千辛万苦的努力。

学术研究本是一件严肃的事情，身为学者理应存有敬畏的心理。在做学术研究的时候，用词遣句要准确，要反复推敲(还不敢说千锤百炼)；引用名人名言的时候，要思考是否准确可靠，切忌人云亦云，更不能再添油加醋；注重学术规范本来没能错，但不能为了规范而去设立一个怎么也找不到原文的注释。如此，学术研究才能较好地还原研究对象。

《申报》之所以在世77年而成为新闻舆论界的权威，史量才之所以主持《申报》22年而成为中国报人学习的楷模，有着许许多多的理由，但是其中非常重要的一条便是“认真”，虽然不能说《申报》、史量才从来没有犯过错误、做过错事。我们研究《申报》、研究史量才，首先得学习他们的认真的精神，努力地把研究他们的文章写好。

无论史量才研究还是《申报》研究，是要继续下去的，希望它们会越来越好。编书之余，编者似乎总要说几句话作为结语。本人口绌笔钝，搜肠刮肚，也想不出更恰当的话题来，便胡乱地说上几句，敬请读者见谅。

编　者

2018年月12月1日